Richard Webster

Geistführer und Schutzengel

RICHARD WEBSTER

Geistführer und Schutzengel

Verbinde Dich mit Deinen unsichtbaren Helfern

Aus dem Englischen von
Astrid Ogbeiwi

KAILASH

Die amerikanische Originalausgabe erschien 1998 unter
dem Titel »Spirit Guides & Angel Guardians« bei
Llewellyn Publications, Woodbury, USA.

Verlagsgruppe Random House FSC-DEU-0100
Das für dieses Buch verwendete FSC-zertifizierte Papier EOS
liefert Salzer, St. Pölten.

1. Auflage
Deutsche Erstausgabe

Published by Llewellyn Publications, Woodbury, MN 55125 USA
www.llewellyn.com
Lektorat: Mareike Fallwickl, Salzburg
Satz: EDV-Fotosatz Huber/Verlagsservice G. Pfeifer, Germering
Druck und Bindung: Friedrich Pustet KG, Regensburg
Printed in Germany
ISBN 978-3-424-63005-3
www.kailash-verlag.de

Für Penny, den Schutzengel unserer Familie

Inhalt

Teil zwei: Geistführer

Vorwort

Die Hilfe meiner Schutzengel und Geistführer hat sich für mich stets als unschätzbar wertvoll erwiesen. Immer wieder hatte ich im Laufe der Jahre auch Gelegenheit, anderen Menschen dabei zu helfen, Kontakt mit ihren Geistführern oder Engeln aufzunehmen, und alle haben sehr davon profitiert. Mit diesem Buch möchte ich nun wesentlich mehr Menschen mit der geistigen Welt bekannt machen, als ich das im persönlichen Kontakt je könnte.

Es herrscht viel Verwirrung, was Geistführer und Schutzengel anbelangt. Manche behaupten, Geistführer und Schutzengel seien ein und dasselbe. Das ist nicht weiter verwunderlich, denn manchmal können Geistführer in Gestalt von Engeln auftreten. Allerdings besteht sehr wohl ein beachtenswerter Unterschied zwischen beiden, und diesen möchte ich unter anderem in diesem Buch deutlich machen.

Sie werden feststellen, dass Sie in Ihrem spirituellen und persönlichen Wachstum einen großen Schritt weiterkommen, sobald Sie Ihre Schutzengel und Geistführer bei sich willkommen heißen. Ich hatte das Privileg, dies bei vielen Menschen zu beobachten, und es ist eine wahre Freude, die Veränderungen mit anzusehen, die dann eintreten.

Sie werden mehr Freude, Glück und Erfüllung im Leben finden als je zuvor. Auch anderen werden die Veränderungen an Ihnen auffallen, denn Sie werden merklich ruhiger, entspannter und sehr viel liebevoller sein denn je. Ihre Liebe zu sich selbst, zu Ihrer Familie, Ihren Freunden und der Menschheit im Allgemeinen wird wachsen und Verbesserungen in allen Bereichen Ihres Lebens bewirken.

Wir alle haben hin und wieder Probleme. Aber so schwierig Ihr Leben auch sein mag, Sie werden feststellen, dass alles glatter läuft und sich besser und schneller entwickelt, wenn Sie sich von Ihren Geistführern und Schutzengeln helfen lassen.

Einführung

Unbegrenzte Möglichkeiten liegen vor Ihnen

Wie wäre es, wenn Sie alles erreichen könnten, was Sie sich vornehmen? Nichts würde Sie davon abhalten, Sie kämen rasch und problemlos vorwärts und erlangten Wohlstand, Glück, Liebe und alles, was Sie sich sonst noch wünschen?

Natürlich ist das Leben nicht so einfach. Das Leben ist vielmehr ein Lernprozess, und wir alle durchlaufen darin Höhen und Tiefen. Gerne schieben wir anderen die Schuld an dem zu, was geschieht. Tatsächlich aber ziehen wir alles, was uns passiert, unbewusst selbst an. Mit anderen Worten: Es sind unsere eigenen Gedanken, die uns im Wege stehen.

Wenn wir positiv denken, ziehen wir das Positive an, und das trägt uns Gutes zu. Ähnlich ist es, wenn wir Gedanken an Armut, Verlust und Negativität hegen. Denn das, was wir uns vorstellen, geschieht uns. Im Grunde sind wir Magnete, die das an sich ziehen, woran sie denken. Stimmt der Gedanke nicht traurig, dass wir womöglich ein unglückliches, mit Negativität beladenes Leben führen, während wir genauso gut ein erfülltes Leben voll Glück genießen könnten?

Wäre es nicht wunderbar, wenn wir stets jemanden an unserer Seite hätten, der uns dabei hilft, diesen reichen Segen für uns anzulocken? Jemanden, der uns einen klugen Rat geben könnte, wann immer wir ihn brauchen? Jemanden, der weise und intelligent ist und der immer zu unserem Besten wirkt? Jemanden, dem es einzig um unser Wohlergehen geht? Jemanden, der uns unterstützt, damit wir ein erfülltes, erfolgreiches, glückliches Leben führen können?

Die gute Nachricht ist, dass wir solche geistigen Führer tatsächlich haben. Das ist den meisten Menschen nur einfach nicht bewusst. Wir können ein positives, reiches, erfüllendes Leben führen, weil wir über die Engel und Geistführer mit Gott in Verbindung sind. Wenn wir uns dessen bewusst sind, können wir mit jeder Herausforderung oder Katastrophe fertig werden, denn wir haben die Gewissheit, dass Gott sich um uns kümmert und dass ihm unser Wohlergehen immer am Herzen liegt.

Diese Engel und Geistführer erteilen uns regelmäßig Ratschläge, und manchmal nehmen wir sie auch an. Genauso oft aber gehen wir einfach darüber hinweg und ignorieren den Rat unserer unsichtbaren Begleiter.

Als Kind sagte man mir, dass die Engel sich um uns kümmerten. In Gebeten und Lobliedern erfuhr ich von den Engeln, und als ich noch klein war, waren sie für mich etwas vollkommen Reales. Als ich jedoch älter wurde und anfing, die Dinge zu hinterfragen, entdeckte ich, dass man sogar innerhalb der Kirche Engel geradezu peinlich fand. Daher lehnte ich sie fortan als niedliches Relikt aus Kindertagen ab.

Es musste erst eine größere Katastrophe in meinem Leben eintreten, damit mir klar wurde, dass es Engel wirklich gibt und dass sie uns beschützen und helfen. Als ich etwa Mitte 20 war, ging ich mit meiner Firma pleite. Ich war verheiratet, und meine Frau erwartete unser erstes Kind. Der Konkurs hätte zu keinem ungünstigeren Zeitpunkt kommen können. Wir mussten unser Haus und unser Auto verkaufen und in eine kleine Mietwohnung ziehen. Eine Zeit lang arbeitete ich in einem Kaufhaus, um Geld für unseren Lebensunterhalt zu verdienen.

Die Arbeit war nicht sehr anspruchsvoll, daher hatte ich viel Zeit, darüber nachzudenken, was geschehen war. Ich brauchte lange, bis ich erkannte, dass ich mir das vermeintliche Unglück selbst zuzuschreiben hatte. Hätte ich andere Entscheidungen getroffen, hätte ich immer noch mein eigenes Unternehmen gehabt, statt eine Tätigkeit auszuführen, die mich überhaupt nicht ausfüllte.

Im selben Moment, in dem ich das akzeptieren konnte, wurde mir auch klar, dass mir die ganze Zeit jemand klugen Rat erteilt hatte, den ich aber einfach nicht beachtet hatte. Die stille, leise Stimme, die wir alle ständig hören, Tag für Tag, hatte mir ununterbrochen gute Ratschläge gegeben, aber ich hatte sie nicht angenommen. Damals wusste ich nicht, woher diese Stimme kam. Ich hielt sie wahrscheinlich für mein Gewissen. Tatsächlich aber gehörte sie meinem Schutzengel.

Genau wie ich haben Sie wahrscheinlich auch schon hin und wieder auf diese innere Stimme gehört – und sie in anderen Situationen wieder ignoriert. Inzwischen achte ich immer auf sie, denn ich weiß, dass mein Schutzengel stets das Beste für mich will. Wenn ich dem Rat meines Schutzengels folge, dann treffe ich unweigerlich die richtigen Entscheidungen. Wir tun alle hin und wieder etwas, das wir später bereuen. Doch seit ich auf meinen Schutzengel höre, kommt das bei mir viel seltener vor.

Warum sollten wir durch Engel und Geistführer und nicht einfach direkt mit Gott kommunizieren? Tatsache ist, dass

Gott in der gesamten Bibel öfter durch Boten als im direkten Kontakt mit den Menschen spricht. Im Folgenden ein paar Beispiele:

Im Alten Testament spricht Lot mit zwei Engeln (1. Mose 19, 1–3), ein Engel des Herrn rettet Elias vor dem Hungertod (1. Könige 19, 5–8), und Abraham hört Gott in einem Traum (1. Mose 20, 6). Im Neuen Testament kommt der Engel Gabriel zu Zacharias und verkündet ihm, dass er und Elisabeth einen Sohn bekommen würden (Lukas 1, 26–31); bei Jesu Taufe sieht er »den Geist Gottes wie eine Taube herabfahren und über sich kommen« (Matthäus 3, 16), und ein Engel verkündet Maria Magdalena, dass Jesus von den Toten auferstanden sei (Matthäus 28, 5–7).

Für andere Religionen gilt dasselbe. Auch im Koran ist es Gabriel, der mit Mohammed spricht. Infolge dieser Begegnung entstand die Religion des Islam.

Zu allen Zeiten in der Geschichte haben Männer und Frauen zur Jungfrau Maria, zu den Heiligen und zu Gott gebetet und eine Antwort erwartet. Ja, jedes Mal, wenn wir beten, nehmen wir Kontakt zu Geistwesen auf. Daher senden wir, wenn wir mit unseren Geistführern oder Engeln sprechen, eine Botschaft direkt an Gott.

Wenn wir auf diese Weise mit dem Architekten des Universums kommunizieren und Lösungen für unsere Probleme und Schwierigkeiten erhalten können, sollte es dann nicht möglich sein, alles zu erreichen, was wir wollen? Die Antwort lautet: Ja! Wir können alle ein erfülltes Leben führen!

Wenn wir Kontakt zu unseren Engeln und Geistführern aufnehmen, kommen wir der schöpferischen Intelligenz des Universums wesentlich näher und können sofort Hilfe erhalten. Beim Propheten Jesaja heißt es: »Ehe sie rufen, will ich antworten; wenn sie noch reden, will ich hören.« (Kapitel 65, Vers 24)

Wir alle haben eine ganze Armee von Geistwesen, die ständig damit beschäftigt sind, uns zu helfen, damit wir unsere Ziele erreichen und erfolgreich werden. Wenn wir ihre Existenz anerkennen, mit ihnen kommunizieren und sie in unseren Alltag aufnehmen, können wir unser Leben in jeder Hinsicht reicher und erfüllter gestalten. Wenn wir im Einklang mit der geistigen Welt arbeiten, ist es uns möglich, buchstäblich alles zu erreichen. Das Wissen darum kann für unsere Selbstsicherheit und unser Selbstwertgefühl Wunder wirken. In der Bibel heißt es: »Ich vermag alles durch den, der mich mächtig macht, Christus.« (Philipper 4, 13)

Wenn Sie bis jetzt noch keinen Kontakt zu Ihren Geistführern und Schutzengeln aufgenommen haben, dann versuchen Sie es jeden Tag, so lange, bis es Ihnen gelingt. Ihre Lehrer und Beschützer warten geduldig darauf, dass Sie sie bei sich willkommen heißen.

Die Vorteile der Zusammenarbeit mit Geistführern

Wenn wir uns spirituell weiterentwickeln, werden wir zu ausgeglicheneren und zufriedeneren Menschen. Wir glauben, dass wir aus physischen, mentalen, emotionalen und spirituellen Elementen bestehen, aber nur sehr selten begegnet man jemandem, bei dem alle vier Bereiche gleichermaßen ausgeglichen sind. Häufig trifft man auf Menschen, die ihr Leben im Fitnessstudio verbringen, ihre Figur in Form halten und die bestmögliche körperliche Fitness erreichen. Wahrscheinlich aber verwenden sie nicht einmal ein Viertel ihrer Zeit auf die anderen drei Aspekte.

Wenn wir unsere spirituelle Seite entwickeln, fördern wir damit auch die anderen Bereiche. Denn Menschen, die sich für einen spirituellen Weg entscheiden, lassen sich auf ein

Leben des inneren Wachsens und Lernens ein und unterstützen dadurch auch ihre mentale Seite. Außerdem leben sie im Einklang mit ihrer Umwelt und stellen fest, dass Dinge, die ihnen früher zu schaffen gemacht haben, plötzlich keinerlei Bedeutung mehr haben. Daher entwickeln sie sich auch emotional weiter. Und wenn Menschen spirituell wachsen, betrachten sie häufig ihren Körper als Tempel, für den man gut sorgen muss, und achten daher vermehrt auf ihre körperliche Fitness und ihre Gesundheit.

Kümmern Sie sich um alle vier Bereiche Ihres Lebens, und Sie werden feststellen, dass Sie sich nach und nach verwandeln. Ihre Mitmenschen werden Ihre heitere Gelassenheit und Ihr inneres Leuchten bemerken. Vielleicht erkennt niemand, was genau Sie gemacht haben, aber die Veränderungen an Ihnen fallen auf. Es wird Ihnen in jeder Hinsicht besser gehen, und Sie werden merken, dass Sie alles schaffen können, was Sie sich vornehmen.

Wenn Sie Ihre Geistführer an jedem Schritt teilhaben lassen, werden Sie schneller und leichter vorankommen. Rückblickend wurde mir klar, dass ich viele, wenn nicht sogar alle Fehler in meinem Leben hätte vermeiden können, wenn ich meine Geistführer um Rat gefragt hätte, bevor ich handelte.

Es ist gut, wenn Sie sich jeden Tag ein wenig Zeit für die Kommunikation mit Ihren Geistführern gönnen. Ich versuche, dies zweimal täglich einzurichten. Das gibt mir zehn Minuten Atempause, in denen ich Entspannung, Klarheit und Hilfe finden kann.

Meinem Cousin wurde einmal eine Stelle bei einem Unternehmen angeboten, das der größte Konkurrent seines damaligen Arbeitgebers war. Das Angebot kam ihm gerade recht, denn er hatte das Gefühl, an seinem bisherigen Arbeitsplatz nur seine Zeit zu vertrödeln und nicht vorwärtszukommen. Die neue Stelle versprach beträchtlich mehr Gehalt, und da er mit seinem Lohn Frau und zwei Kinder zu ernähren hatte, war dies ein starker Anreiz. Mein Cousin bittet seine Geistführer regelmäßig um Rat. Bei seiner täglichen Meditation fragte er sie, ob es gut sei, das Angebot anzunehmen. Für sich hatte er das bereits entschieden, daher war die Antwort, die er daraufhin erhielt, eine Überraschung. In der Zeit der Stille, die auf seine Frage folgte, erhielt er die Botschaft, er solle bleiben, wo er sei, denn es werde eine neue Abteilung geschaffen und er solle der Leiter werden. Aus der Erfahrung hatte er gelernt, das zu tun, was seine Geistführer ihm sagten: Daher lehnte er das Stellenangebot ab. Jeder, dem er davon erzählt hatte, hielt ihn für verrückt, und auch er selbst fragte sich mehr als einmal, ob er wirklich die richtige Entscheidung getroffen hatte. Doch ein paar Monate später leitete er tatsächlich die neue Abteilung, und seine Zukunftsaussichten waren wesentlich besser als jene, die ihm beim Konkurrenten angeboten worden waren. Die Beförderung bedeutete auch, dass es ihm finanziell besser ging, als es bei einem Stellenwechsel der Fall gewesen wäre.

Indem er seine Geistführer um Hilfe bat, nutzte mein Cousin einen stillen Vorteil, den die meisten Menschen übersehen. Wir alle haben hin und wieder Ahnungen oder Intuitionen. Manchmal richten wir uns danach, oft aber ignorieren wir sie und vergessen sie schnell. Diese Ahnungen kommen wie zufällig. Mein Cousin hingegen nimmt jeden Tag Kontakt zu seinen Geistführern auf und spricht mit ihnen wie mit lebendigen Menschen. Er hat eine ausgezeichnete Kommunikation mit der geistigen Welt aufgebaut, und dieser Kontakt hilft ihm, in jedem Bereich seines Lebens voranzukommen. Folglich sind auch die Botschaften, die er erhält, nicht so zufällig wie die Intuitionen, die wir alle hin und wieder haben. Seine Geistführer leiten ihn bei jedem Schritt auf seinem Lebensweg.

Auch für Sie gibt es diese gezielte Hilfe. Es ist ganz normal, dass Sie Zweifel und Ängste hegen, bis Sie beginnen, tagtäglich mit Ihren Geistführern zu arbeiten. Sobald Sie aber regelmäßig Kontakt aufnehmen, verschwinden diese Ängste und Zweifel schnell. Vertrauen Sie Ihren Geistführern. Lassen Sie sich von ihnen dabei helfen, all das zu werden, was Sie sein können. Sie verfügen über wahrhaft unbegrenzte Möglichkeiten. Mit der Hilfe Ihrer Schutzengel und Geistführer können Sie alles erreichen.

Teil eins

Schutzengel

1 Engel

Was ist ein Engel? Die Lexika sagen, Engel seien überirdische Wesen, die Gott dienen. Sie gelten auch als Boten Gottes. Martin Luther schrieb: »Ein Engel ist ein geistiges Wesen, von Gott ohne einen Körper geschaffen, zum Dienst am Christentum und an der Kirche.«[1]

Diese Definitionen deuten an, dass Engel nur für spirituelle Menschen sichtbar sind. Das ist aber nicht der Fall. Menschen aller Religionen – und auch Menschen, die keiner Religion angehören – haben Engel gesehen. Noch ungenauer wird die Definition angesichts der Tatsache, dass Engel den Menschen in unterschiedlicher Gestalt erscheinen können. Manche können sie sehen, andere hingegen spüren einfach, dass sie da sind. Die meisten Menschen nehmen Engel nur dann wahr, wenn sie auf die leise Stimme in ihrem Inneren hören, die man üblicherweise als Gewissen bezeichnet.

Selbst die Menschen, die Engel sehen, haben unterschiedliche Ansichten über sie. Als ein Freund einmal einen Engel sah, war dies für ihn ein Erlebnis, das sein ganzes Leben verändern sollte. Er erzählte mir, dass er zunächst große Angst vor dem Engel hatte. »Er war riesig, mindestens drei Meter groß, und bis auf die glitzernden Flügel sah er aus wie ein ganz normaler Mensch.«

Eine Woche später kam nach einem Vortrag eine Frau zu mir und sagte, der Engel, den sie gesehen habe, sei »eine kleine Putte gewesen, die ich in den Arm nehmen und knuddeln wollte«.

Engel können ihre Gestalt und ihre Form ganz nach Belieben wandeln. Natürlich sind sie auch in der Lage, ihr Aussehen den Weltregionen anzupassen, in denen sie gerade wirken. In Afrika werden Engel wahrscheinlich als Afrikaner erscheinen, im Fernen Osten hingegen als Asiaten. Ein Freund von mir, der lange Jahre in Japan gelebt hat, erzählte mir von einem Engel, den er in seinem Büro sah. Er trug einen Kimono und sah sehr japanisch aus.

Wenn Sie einen Engel sehen, dann muss er nicht klassisch in fließende weiße Gewänder gehüllt sein, einen goldenen Heiligenschein haben und ein gleißendes Schwert mit sich führen oder Harfe spielen. Ein Engel kann, wenn er will, sogar als ganz normal aussehender Mensch erscheinen. Dafür gibt es viele Beispiele.

Interessant ist in diesem Zusammenhang auch das Erlebnis einer Freundin. Eines Morgens stellte sie nach dem Aufwachen überrascht fest, dass es über Nacht stark geschneit hatte. Ihr Wagen sprang nicht an. Weil sie ihre beiden Kinder in die Schule bringen musste, rief sie ein Taxi. Als es kam, bestand ihr kleiner Sohn darauf, dass sie mitfahren sollte. Sie ließ die Kinder bei der Schule aussteigen und fuhr dann mit dem Taxi weiter zum Einkaufszentrum. Erst dort wurde ihr klar, dass sie wahrscheinlich nicht genug Geld dabeihatte. Sie war allein erziehend, und ein Taxi war ein seltener Luxus.

Zum Glück hatte sie gerade genug Geld für den Taxifahrer, aber nichts mehr für die Fahrt zurück nach Hause.

Eine halbe Stunde lang saß sie auf einer Bank in dem Einkaufszentrum und wusste nicht, was sie tun sollte. Schließlich rief sie verschiedene Taxi-Unternehmen an, um über einen Sonderpreis zu verhandeln. Aber darauf wollte sich niemand einlassen.

Sie beschloss, zu Fuß nach Hause zu gehen, und verließ das Einkaufszentrum. Im selben Augenblick kam ein Taxi auf sie zu, und der Fahrer sprach sie mit ihrem Namen an. »Ich bin Ihr Fahrer«, sagte er, warf einen Blick auf ein Blatt Papier, las ihre Adresse vor und fragte: »Da wollen Sie hin?«

Überrascht und etwas verwirrt stieg sie in das Taxi und wurde nach Hause gefahren. Dort angekommen, zückte sie ihren Geldbeutel und fragte, was es denn koste.

»Das geht auf mich«, sagte der Fahrer.

»Dankeschön«, erwiderte sie, verwirrter denn je. Sie stieg aus und schaute zu ihrer Haustür. Plötzlich überkam sie das Gefühl, dass ihr kurzes »Dankeschön« zu wenig gewesen war. Sie drehte sich um und wollte dem Taxifahrer nochmals danken. Aber Taxi samt Fahrer waren verschwunden. Die Straße war vollkommen leer.

Etwas Ähnliches erlebte eine Bekannte, als sie einmal spät abends in der Innenstadt von Los Angeles ohne Autoschlüssel und Geld dastand. Sie hatte ihr Büro in Eile verlassen und ihren Geldbeutel liegen gelassen. Während sie noch überlegte, was sie tun sollte, betete sie um Hilfe. Plötzlich ging ein Mann, den sie noch nie zuvor gesehen hatte, auf den Haupteingang des Bürogebäudes zu, in dem sie arbeitete, und schloss die Tür auf. Sie grüßten einander kurz, als meine Bekannte hineinrannte und schnurstracks in ihr Büro ging. Als sie wieder herunterkam, war der Mann verschwunden. Am nächsten Tag erkundigte sie sich bei den anderen Firmen im selben Gebäude nach dem Mann, denn sie wollte ihm danken. Aber keiner wusste etwas über ihn, und sie hat ihn seither auch nie wiedergesehen. Sie ist überzeugt davon, dass er ein Engel war, der als Antwort auf ihr Gebet erschienen ist.

Dies sind anschauliche Beispiele dafür, wie Engel uns zu Hilfe kommen können, wenn wir sie am meisten brauchen und am wenigsten damit rechnen. Im Allgemeinen erscheinen sie, wenn wir Hilfe benötigen, und sobald der Auftrag erfüllt ist, verschwinden sie einfach wieder.

Die Geschichte der Engel

Engel finden sich in zahllosen religiösen Schriften. Die ersten Berichte über Engel stammen aus der assyrischen und babylonischen Zeit.[2] Die Babylonier glaubten, dass alle Menschen einen persönlichen Schutzengel haben. Für sie waren diese Engel überirdische Wesen, die zum Besten der Menschen wirken, bei ihnen bleiben, wenn sie gut sind, und sie vorübergehend verlassen, wenn sie Unrecht tun. Außerdem überbringen sie Bitten an die Götter und von den Göttern.

Die Israeliten entwickelten diese Kosmologie noch einen Schritt weiter. Sie glaubten an einen einzigen Gott, dem aber zahllose Engel als Mittler zur Seite standen. Der Glaube an Engel spielte im jüdischen Denken und in der jüdischen Literatur, besonders in den nichtbiblischen Schriften, eine bedeutende Rolle.[3] Auch das Christentum nahm die Engel mit an Bord, aber der Glaube an den Heiligen Geist erlegte der Angelologie, der Lehre von den Engeln, Grenzen auf. Ja, in der Bibel wird sogar vor der Engelanbetung gewarnt (Brief an die Kolosser 2, 18).[4]

Engelüberlieferungen finden sich in beinahe allen großen Religionen, am bekanntesten aber sind sie im Christentum,

Judentum und Islam. Das ist nicht weiter verwunderlich, wenn man bedenkt, dass dem Judentum und dem Christentum das Alte Testament gemeinsam ist und dass auch der Islam stark vom Alten Testament beeinflusst wurde. Die Jüdische Diaspora stand ebenfalls stark unter dem Einfluss der zarathustrischen Engelkosmologie, die mindestens bis ins 7. Jahrhundert vor Christus zurückreicht.

Engel werden in der Bibel um die 300 Mal erwähnt.[5] Zum Beispiel sandte Gott einen Engel zu Daniel, als er in der Löwengrube gefangen war. Der Engel kam und hielt den hungrigen Löwen den Rachen zu (Daniel 6,23). Auch sandte Gott dem Paulus einen Engel, um ihm zu sagen, dass er einen Schiffbruch überleben werde (Apostelgeschichte 27, 21–26).

Im Buch Hiob (38,7) gibt es Hinweise darauf, dass sich die Engel bereits vor der Schöpfung der materiellen Welt des Lebens erfreuten. Sobald aber die Welt erschaffen war, kam den Engeln die Aufgabe zu, sich um die Menschen zu kümmern und sie zu behüten. Und in Psalm 91, 11–12 heißt es:

> *Denn er hat seinen Engeln befohlen, dass sie dich behüten auf allen deinen Wegen, dass sie dich auf den Händen tragen und du deinen Fuß nicht an einen Stein stoßest.*

Ein tief berührendes Ereignis spielte sich im Garten Gethsemane ab, als Jesus betete (Lukas 22, 42–43), wohl wissend, dass ihm die Kreuzigung bevorstand:

> *Vater, willst du, so nimm diesen Kelch von mir; doch nicht mein, sondern dein Wille geschehe! Es erschien ihm aber ein Engel vom Himmel und stärkte ihn.*

Außerdem haben Engel die bedeutende Aufgabe, Gottes Boten zu sein. Offensichtlich stehen sie in einer wichtigen Beziehung zu Gott, können aber nie Gottes Herrlichkeit sehen. Mit einer einzigen bekannten Ausnahme waren Engel nie Menschen. Der Prophet Henoch, Verfasser des apokryphen Buches Henoch, wurde vom Erzengel Michael in den Himmel erhoben, und Gott verwandelte ihn in einen Engel.

Engel können sich verkleiden und in menschlicher Gestalt erscheinen, wenn sie wollen, aber sie sind nicht die Seelen Verstorbener. Sie sind unsterblich, alters- und geschlechtslos (Matthäus 22, 30) und verfügen über die Fähigkeit, sich sichtbar oder unsichtbar zu machen. Niemand weiß, wie viele Engel es gibt. In der katholischen Kirche glaubt man, dass jedem Menschen bei seiner Geburt mindestens ein Schutzengel beigegeben wird. Nach alter jüdischer Lehre hat jeder Jude 11.000 Schutzengel![6]

Der Zahl Sieben wird seit jeher eine besondere spirituelle Bedeutung beigemessen. Die Essener sind eine mindestens 4000 Jahre alte jüdische Sekte. Zu ihrem Glaubenssystem gehört ein Baum des Lebens mit sieben Ästen, die bis zum Himmel reichen, und sieben Wurzeln, die ihn fest in der Erde verankert halten. Diese Äste und Wurzeln werden in Bezug gesetzt zu den sieben Morgen und Abenden der Woche sowie zu sieben Engeln. Hieraus leiten sich die sieben Erzengel des Christentums ab. Doch das Wissen um die Engel stammt größtenteils nicht aus der Bibel, sondern von Pseudo-Dionysios, dessen Engelshierarchie wir im nächsten Kapitel besprechen werden.

Auch in Indien kennt man Engel seit Tausenden von Jahren, und in der Sanskrit-Literatur werden Engel zahllose Male erwähnt.[7] Die Bhagavadgita rät den Menschen, täglich den Engeln zu opfern.[8] Auch heute noch vollziehen orthodoxe Hindus verschiedene Riten und Zeremonien zu Ehren der

Engel, weil sie glauben, dass ihr Wohlergehen und ihr Wohlstand davon abhängen, in welchem Ansehen sie bei den Engeln stehen.

Der Erzengel Gabriel erschien Mohammed, und dies führte zur Gründung des Islam. Ähnlich erschien der Engel Moroni am 21. September 1823 Joseph Smith, was zur Gründung der Kirche Jesu Christi der Heiligen der Letzten Tage[9] führte.

Jeanne d'Arc war ein einfaches Bauernmädchen. Sie hörte Engelsstimmen und wurde zur Anführerin der französischen Armee, die im Hundertjährigen Krieg die Engländer aus dem Land vertrieb. Sie sah regelmäßig Engel. Jeanne d'Arc sagte: »Ich sah sie mit meinen körperlichen Augen so klar, wie ich Euch sehe. Und wenn sie gingen, weinte ich und wünschte, sie nähmen mich mit sich.«[10]

Jeanne d'Arc verfügte außerdem über telepathische, hellsichtige und präkognitive Fähigkeiten. So konnte sie dem König zum Beispiel den Wortlaut eines Gebetes nennen, das er erdacht hatte. Sie konnte hellsichtig ein Schwert »sehen«, das hinter dem Altar einer Kirche versteckt war. Und sie zeigte den Menschen die Stelle an ihrem Körper, an der sie im bevorstehenden Kampf um Orléans von einem Pfeil verwundet werden würde. Ein flämischer Diplomat schrieb ihre Vorhersage vor der Schlacht nieder, und sie sollte sich in allen Einzelheiten bewahrheiten.[11]

Die Vorstellung vom persönlichen Schutzengel erfuhr um 140 n. Chr. einen bedeutenden Schub, als Hermas seine Erlebnisse mit seinem persönlichen Engelhirten niederschrieb. Seine Schrift *Hirte des Hermas* war ausgesprochen beliebt, denn sie ermutigte die Menschen, die Engel als ihre persönlichen, von Gott gesandten Hirten zu betrachten.[12]

Im 13. Jahrhundert verfasste Thomas von Aquin (1225–1274), wegen seines erstaunlichen Intellekts Doctor Angelicus genannt, 18 umfangreiche Bände und damit eine wahre Enzyklopädie des religiösen Denkens. Sein berühmtestes Werk, die *Summa Theologica*, enthält 15 seiner Lehrreden über Engel, die er in nur einer Woche gehalten hat. Viele Ideen des Aquinaten wurden zu seiner Zeit nicht akzeptiert, doch beim Tridentiner Konzil (1545–1563) machten die reformatorischen Kräfte der römisch-katholischen Kirche seine Werke zur Grundlage ihrer Dekrete. So erlangte Thomas von Aquin seine herausragende, bis heute unangefochtene Stellung in der römisch-katholischen Kirche. 1879 erklärte der Papst die Theologie des Aquinaten für »ewig gültig«.

Etwa 200 Jahre lang dachte man, Engel seien Teil einer obsoleten, überholten Vorstellung von der Welt. Heute jedoch feiern sie ihr Comeback. Psychologen nehmen das Thema ernst. Carl Gustav Jung beschrieb Engel als »seelenlose Wesen, die lediglich die Gedanken und Intuitionen ihres Herrn repräsentieren«.[13] Auch sind viele Hundertausende, wenn nicht gar Millionen Menschen auf der ganzen Welt überzeugt, Engel gesehen zu haben. In den meisten Fällen zählt ein solches Erlebnis zu den kostbarsten Erinnerungen im Leben.

Wie Engel wirken

Für gewöhnlich agieren Engel als Boten zwischen Himmel und Erde, obgleich sie auch als Führer, Beschützer und Versorger auftreten. Das Wort »Engel« kommt vom griechischen *angelos*, das sich wiederum vom hebräischen *mal'akh* ableitet, was »Bote« bedeutet.

Normalerweise arbeiten Engel einzeln mit uns – in Form unserer Schutzengel. Es gibt aber auch Berichte, wonach in bestimmten Fällen eine große Anzahl an Engeln gesehen wurde. Das bekannteste Beispiel ist wahrscheinlich, als der Engel des Herrn den Hirten erschien und ihnen Jesu Geburt verkündete. Nachdem er seine Botschaft überbracht hatte, war er plötzlich von einer Vielzahl von Engeln umgeben (Lukas 2, 31). Ein modernes Beispiel ist das Erscheinen »einer ganzen Kompanie Engel« bei einem Hügel in der Nähe der Abtei Lee in North Devon im Jahre 1952.[14]

Es gibt viele Berichte, wonach im Ersten Weltkrieg ganze Gruppen von Engeln den Britischen Streitkräften geholfen haben. Die erste Engelerscheinung ereignete sich 1915, und die Hilfe der Engel dauerte bis Kriegsende an. Bekannt wurden diese Engel als »die Engel von Mons«, weil sie dort zum ersten Mal gesehen wurden. Im Juli 1918 sahen die deutschen Truppen eine Brigade Kavallerie auf sich zukommen. Aber die Männer waren nicht khakifarben gekleidet, sondern trugen weiße Uniformen und ritten auf weißen Pferden. Die Deutschen feuerten wiederholt auf die Brigade, aber die Soldaten rückten weiter vor, ohne dass einer getroffen worden wäre. Selbst Maschinengewehre konnten nichts ausrichten. Der Anführer der Brigade ritt ein Stück vor den anderen. Sein Haar sah aus wie gesponnenes Gold und wirkte wie eine Aura um seinen Kopf. An der Seite trug er ein riesiges Schwert, aber seine Hände hielten locker die Zügel seines Hengstes. Plötzlich wandten sich die deutschen Soldaten zur Flucht und rannten davon, zutiefst erschrocken über diese seltsame weiße Kavallerie.[15]

Diese Beispiele zeigen, dass Engel auch heute noch in der Welt tätig sind. Viele Menschen lehnen dies jedoch ab und verweisen Engel in das Reich der Mythen und Märchen. Vielleicht sprechen deshalb diejenigen, die Engel gesehen haben, nicht darüber. Und auch wenn Sie selbst noch keinen Engel gesehen haben, kennen Sie bestimmt jemanden, dem schon einmal ein Engel begegnet ist. Sehr wahrscheinlich aber hält dieser Mensch sein Erlebnis geheim, weil er nicht ausgelacht werden möchte.

In früheren Jahrhunderten sprach man offen über Engel. Aber heute ist selbst Angehörigen des Klerus das Thema oft unangenehm. Das überrascht umso mehr, wenn man bedenkt, dass die katholische Kirche jedes Jahr am 29. September St. Michael und alle Engel feiert. Noch genauer nimmt es die römisch-katholische Kirche. Sie feiert an diesem Tag Michael, Gabriel, Raphael und alle Erzengel.

Engel können jederzeit und überall erscheinen. Im Brief an die Hebräer (13,2) schreibt Paulus: »Gastfrei zu sein vergesst nicht; denn dadurch haben etliche ohne ihr Wissen Engel beherbergt.«

Wahrscheinlich existieren Engel als Bilder und brauchen unser Zutun, um lebendig zu werden. Carl Gustav Jung glaubte an universelle Bilder, die jeder Mensch in sich trägt. Schutzengel sind mit Sicherheit ein solches universelles Bild, das die ganze Menschheit gemeinsam hat. Wenn wir akzeptieren, dass es sie gibt, können wir unsere Seele öffnen und sie in unserem Leben willkommen heißen.

Der Glaube an Geistführer und Engel ermöglicht es uns, mit unserem höheren Selbst Kontakt aufzunehmen, was wiederum unsere Intuition und Kreativität freisetzt und Engel real macht. G. Don Gilmore, Priester und Autor in Spokane im amerikanischen Bundestaat Washington, beschreibt Engel als »Formen, Bilder oder Ausdrucksweisen, durch die Essenz und Energiekräfte Gottes übermittelt werden können«.[16]

Früher haben Menschen in der Gruppe Engel manifestiert, doch das ist heute kaum noch der Fall.[17] Man kann dies aber sehr wohl auch als Einzelner tun, und ich werde an späterer Stelle in diesem Buch noch näher darauf eingehen, damit Sie Ihren persönlichen Schutzengel auffinden können.

Die himmlische Hierarchie

Es gibt eine himmlische Hierarchie, eine heilige Ordnung der Engel. Zum ersten Mal wurde diese Hierarchie im 5. Jahrhundert von Dionysius Areopagita oder Pseudo-Dionysios beschrieben.[18] In dem Versuch, die verschiedenen Rangordnungen der Engel zu klären, studierte Pseudo-Dionysios das Buch Henoch und viele andere jüdische und christliche Schriften. Schließlich entwickelte er ein System aus neun Engelchören, die zu drei Gruppen oder Triaden zusammengefasst werden.

Erste Triade
1. Seraphim
2. Cherubim
3. Throne

Zweite Triade
4. Herrschaften
5. Kräfte
6. Gewalten

Dritte Triade
7. Fürstentümer
8. Erzengel
9. Engel[19]

Die Chöre der ersten Triade umfassen die Engel, die ständig in der Gegenwart Gottes weilen. Man bezeichnet sie als »Gottes getreue Engel«. Nach Auffassung des Thomas von Aquin steigen die Engel der ersten Triade nie zur Erde hinab.

Die Seraphim sind die Engel, die Gott am nächsten sind, und ihre Hauptaufgabe besteht darin, den Thron Gottes zu umkreisen und den Kadosch zu sprechen, ein berühmtes hebräisches Gebet, das auch heute noch gesprochen wird (»Heilig, heilig, heilig«). Nach Henoch gibt es vier Seraphim, den »vier Winden der Welt entsprechend«.

Die Seraphim sind Wesen aus strahlendem Licht, das so hell ist, dass kaum ein Mensch sie ansehen könnte. Die wenigen Propheten, die sie gesehen haben, beschreiben sie als »Flammenengel«. Pseudo-Dionysios sagt, das Wort Seraphim bedeute sowohl »die Wärmenden« als auch »die Brennenden«. Dies sind die Engel der Liebe, aber auch des Lichts und des Feuers.

Die Cherubim sind die Hüter der Sterne und der Weg zum Baum des Lebens. Das Wort Cherubim bedeutet »die Betenden«, »die sich Einsetzenden« und »Fülle des Wissens«. Die Cherubim sind bereit, uns Schutz und Erkenntnis zu gewähren, wenn wir bereit sind, dies anzunehmen. Der Prophet Hesekiel, einer der wenigen, die die Cherubim gesehen haben, beschreibt sie als viergesichtig und vierflügelig (Hesekiel 1,6). Viele sehen sie in Gestalt von halb Mensch, halb Tier. Das mag daran liegen, dass Hesekiel den Kopf eines Cherubims als »vorn gleich einem Menschen und zur rechten Seite gleich einem Löwen … und zur linken Seite gleich einem Stier … und hinten gleich einem Adler« (Hesekiel 1, 10) beschrieben hat. Die Cherubim sind die ersten Engel, die im Alten Testament erwähnt werden (1. Mose 3,22).

Die Throne oder Räder (zuweilen auch Ophanim genannt) dienen Gott zur Übermittlung. Ihre Aufgabe ist das Weiterleiten positiver Energie. Diese richten sie gezielt aus, um Ungerechtigkeiten aufzudecken und den Menschen, die Kraft brauchen, Heilenergie zu schicken. Interessanterweise nimmt man an, dass die Throne uns diese Energie normalerweise nicht direkt, sondern durch unseren persönlichen Schutzengel übermitteln.[20]

Die Engel der zweiten Triade sind die organisierenden und dienenden Engel. Sie befassen sich eher mit dem Universum als mit den Menschen, sind aber bekannt dafür, dass sie auf Erden helfen, wenn es notwendig ist.

Die Herrschaften achten darauf, dass jeder Engel voll eingesetzt wird. Sie führen die Befehle der Engel der ersten Triade aus und tragen Kugel und Zepter als Symbole ihrer Autorität. Die Kräfte geben Stärke, Mut und Motivation. Sie schenken spirituelle Energie, wenn sie gebraucht wird, und versetzen Menschen in die Lage, wesentlich mehr zu erreichen, als sie selbst glauben, erreichen zu können. Die Gewalten schützen den Himmel und gelten als Kriegerengel. Sie helfen uns, zwischen richtig und falsch zu unterscheiden, und sorgen dafür, dass die universellen Gesetze überall eingehalten werden.

Die Engel der dritten Triade sind am meisten mit dem Leben auf der Erde befasst.

Die Fürstentümer haben die Aufgabe, sich um Kontinente, Völker, Städte und alle anderen großen Gruppen zu kümmern. Ständig übermitteln sie Informationen vom und an den Himmel. Ihnen kommt auch die Aufgabe zu, darauf zu achten, dass die führenden Politiker der Welt gut beraten werden und klug handeln.

Die Erzengel sind Gottes wichtigste Boten. Im Islam kennt man vier Erzengel, nach christlicher Überlieferung hingegen sieben. Jeder Erzengel hat einen eigenen Namen und bestimmte Pflichten.

Die Engel sind jeweils einzelnen Menschen zugeordnet und werden oft als Schutzengel bezeichnet. Sie sind bei unserer Geburt zugegen, bleiben das ganze Leben lang bei uns und helfen uns auch am Ende dieser Inkarnation. Die

Schutzengel arbeiten mit allen anderen Engeln der neun Chöre zusammen. Wenn wir Hilfe brauchen, kann unser Schutzengel sie von jedem anderen Engel oder von Gott für uns erlangen.

Im 17. Jahrhundert bereicherte John Milton die Erzählungen und Legenden von den Engeln um sein 12-bändiges episches Gedicht *Das verlorene Paradies*. Hundert Jahre später begab sich Emanuel Swedenborg, ein führender Wissenschaftler seiner Zeit, manchmal tagelang in Trance. In diesen Trancezuständen besuchte er die geistige Welt und schrieb, was er erlebte, in allen Einzelheiten nieder.[21]

Die Erzengel

Wer in der Schule den Religionsunterricht besucht hat, kennt bestimmt die Namen einiger Erzengel. Im zweiten Jahrhundert vor unserer Zeitrechnung beschrieb Henoch seine Besuche im Himmel. In dieser Schrift werden zum ersten Mal alle sieben Erzengel beim Namen genannt. Das Alte Testament nennt Michael und Gabriel. Allerdings ist Michael der Einzige, der ausdrücklich als Erzengel bezeichnet wird (Der Brief des Judas, 9). Die sieben Engel, die gemäß der Offenbarung des Johannes vor dem Herrn stehen, gelten üblicherweise als die sieben Erzengel (Offenbarung 15–17). Die Namen dieser Engel lauten Michael, Gabriel, Raphael, Uriel, Raguel, Sariel und Remiel. Die ersten vier (die so genannten »Vier Engel der Gegenwart«) sind auch die Erzengel des Islam. Der Name jedes Erzengels endet auf -el. Das bedeutet »strahlendes Wesen«.

Engel sind weder männlich noch weiblich. Wenn Sie daher Besuch vom Erzengel Michael erhalten, muss er nicht unbedingt ein männlich aussehender Engel sein. Michael kann in jeder beliebigen Gestalt oder Form erscheinen. Er richtet sich ganz nach der Situation und den Umständen.

Michael

Michael ist bei Weitem der bekannteste Erzengel. In der römisch-katholischen Kirche wird er auch als St. Michael bezeichnet. Katholiken beten zu St. Michael, dem Erzengel, und bitten ihn, sie vor dem Bösen zu behüten. Er gilt außerdem als der Beschützer der katholischen Kirche. Der Name Michael bedeutet »der wie Gott ist«. Michael ist, so glaubt man, der Erzengel, der Gott am nächsten steht. Er gilt seit jeher als der besondere Freund und Verteidiger des jüdischen Volkes. Man glaubt, dass Michael erscheint, wenn die Welt in großer Gefahr ist.

Rudolf Steiner (1861–1925), der österreichische Philosoph und Gründer der Anthroposophischen Gesellschaft, nahm an, dass Michael vom Erzengel zum Archai erhoben wurde, was ihm gestattet, mit all seinen Kräften der Menschheit als Ganzes zu helfen.[22]

Michael soll es gewesen sein, der Abraham davon abhielt, seinen Sohn Isaak zu opfern (1. Mose 22, 10). Außerdem erschien er Moses im brennenden Dornbusch (2. Mose 3, 2) und rettete Daniel aus der Löwengrube (Daniel 6, 22). Auch Jeanne d'Arc soll ihn gesehen haben.

Der Michaelitag geht auf das 5. Jahrhundert zurück. Im Mittelalter erlangte er seine größte Bedeutung, denn Michael ist der Schutzheilige der Ritter. Heute feiern die katholische und die anglikanische Kirche den Michaelitag am 29. September. Die griechische, die armenische, die russische und die koptische Kirche hingegen ehren Michael am 8. November.

Michael steht für: Liebe
Element: Feuer
Himmelsrichtung: Süden
Jahreszeit: Herbst
Farbe: Rot
Sternzeichen: Widder, Löwe und Schütze

Gabriel

Gabriel sitzt zur Linken Gottes und ist der zweitwichtigste Erzengel. Zwar gelten Engel weder als männlich noch als weiblich, doch wird Gabriel häufig weiblich dargestellt, wenngleich er teilweise auch in männlicher Gestalt erschienen ist. Der Name Gabriel bedeutet »Gott ist meine Stärke«. Gabriel gilt traditionell als der Gesandte Gottes für die Menschen.

Gabriel ist stark mit Schwangerschaft und Geburt verbunden, und zwar gleich aus mehreren Gründen. Gabriel kam zu Zacharias und verkündete ihm, dass seine Frau Elisabeth Johannes den Täufer gebären würde (Lukas 1, 11–20). Gabriel erschien auch Maria und sagte ihr, sie werde Jesus gebären (Lukas 1, 26–35). In der katholischen Kirche glaubt man, dass das »Gegrüßet seist du, Maria« Gabriels Gruß an Maria war.[23] Nach katholischer Überlieferung verkündete Gabriel den Hirten die Geburt Jesu.[24] Die katholische Kirche feiert den heiligen Gabriel am 24. März. Gabriel verkündete außerdem Daniel das Kommen des Messias (Daniel 9, 21–27).

Es war Gabriel, der zum Berg Hira kam und Mohammed verkündete, er sei ein Prophet, ein Gott. In diesem Augenblick war der Islam geboren. Die Muslims kennen Gabriel unter dem Namen Jibril und glauben, dass er den Koran diktiert hat.[25]

1862 erschien Gabriel in Neuseeland dem Maori-Propheten Te Ua Haumene und verlieh ihm die notwendige Kraft, damit er sich von den Stricken befreien konnte, mit denen er gefesselt war. Später sagte Te Ua, um ihn herum seien Gabriel, Michael und »eine Schar unzähliger dienstbarer Geister« erschienen.[26]

Wie alle Engel kann auch Gabriel in jeder beliebigen Gestalt erscheinen. Als Gabriel Mohammed erschien, verdunkelte sein Körper den halben Himmel, der vom Klang seiner Schwingen widerhallte. Doch der Sufi Ruzbehan Baqli sah ihn ganz anders:

> *Im ersten Rang sah ich Gabriel, wie eine junge Frau oder wie der Mond unter den Sternen. Sein Haar fiel wie das einer Frau in langen Wellen herab. Er trug eine rote Robe mit grünen Stickereien … Er ist der schönste unter den Engeln … Sein Antlitz ist wie eine rote Rose.*[27]

Gabriel steht für: die Überwindung von Zweifeln und Angst
Element: Wasser
Himmelsrichtung: Westen
Jahreszeit: Winter
Farbe: Smaragd
Sternzeichen: Krebs, Skorpion und Fische

Raphael

Raphael ist der drittwichtigste Erzengel. Der Name Raphael bedeutet »der Strahlende, der heilt«. Raphael wird nicht im Alten Testament der Bibel erwähnt, wohl aber im apokryphen Buch Tobias. Man glaubt, dass er die Wunden der Märtyrer heilt und die Reisenden beschützt. Die katholische Kirche feierte ihn früher am 24. Oktober, aber seit der Bereinigung des liturgischen Kalenders wird er nun üblicherweise am 29. September zusammen mit dem »Heiligen Michael und allen Engeln« geehrt.

Raphael steht für: Heilung
Element: Luft
Himmelsrichtung: Osten
Jahreszeit: Frühling
Farbe: Blau
Sternzeichen: Zwillinge, Waage und Wassermann

Uriel

Uriel ist der letzte der vier Engel der Gegenwart. Der Name Uriel bedeutet »Feuer Gottes«. Uriel gilt oft als der Engel der Reue, der die Seelen der Sünder empfängt, wenn sie in den Himmel kommen. Uriel ist enorm vielseitig. Er ist auch der Engel der Musik, und man glaubt, dass Gott ihn zu Noah sandte, um diesen vor der bevorstehenden Sintflut zu warnen. Nach jüdischer Überlieferung hat er den Juden die Kabbala gebracht.

Uriel steht für: klares Denken
Element: Erde
Himmelsrichtung: Norden
Jahreszeit: Sommer
Farbe: Weiß
Sternzeichen: Stier, Jungfrau und Steinbock

Raguel

Der Name Raguel bedeutet »Freund Gottes«. Raguel ist der Engel, der Henoch in den Himmel führte. Henoch schreibt,

Raguel achte darauf, dass die anderen Engel sich stets tadellos verhielten.

Sariel

Sariel kennen wir aus dem Buch Henoch. Er ist derjenige, der die Engel für Fehlverhalten bestraft. In manchen Überlieferungen gilt er als der Engel, der Moses unterrichtete.

Remiel

Remiel ist der Engel der Hoffnung. Der Name Remiel bedeutet »Gott erhöht« und ist bereits ein Hinweis auf seine wichtigste Aufgabe, nämlich die Seelen in den Himmel zu führen.

Metatron

In der Kabbala ist Metatron der wichtigste Engel. Sein Name bedeutet »der dem Thron am nächsten ist«. Metatron ist kein Erzengel, wird aber oft als der König der Engel bezeichnet. Als der größte und imposanteste Engel wird er diesem Titel wahrlich gerecht. Beschreibungen zufolge ist er zwischen 2,50 und vier Meter groß, hat 36 Flügel und zahlreiche Augen, mit denen er über die ganze Welt wachen kann.

Metatron ist der einzige Mensch, der je zum Engel wurde. Henoch wurde in den Himmel hinaufgeführt, wo Gott Michael anwies, ihn mit Öl zu salben. Sodann verwandelte Gott ihn in einen Engel und gab ihm einen neuen Namen: Metatron.

Der Engel des Herrn

Es gibt Anhaltspunkte dafür, dass Jesus Christus die Erde bereits vor seiner Inkarnation als Engel besuchte. Im 1. Buch Mose wird erzählt, wie Hagar von ihrer Herrin Sarau weglief, nachdem sie schwanger geworden war. Der Engel des Herrn fand sie bei einer Wasserquelle in der Wüste. Der Engel sprach zu ihr: »Siehe, du bist schwanger geworden und wirst einen Sohn gebären, dessen Namen sollst du Ismael nennen.« (1. Mose 16, 11) In Vers 13 heißt es weiter: »Und sie nannte den Namen des Herrn, der mit ihr redete: Du bist ein Gott, der mich sieht.« In diesem Bericht sind ganz offensichtlich der Engel des Herrn und Gott ein und derselbe.

Eine ähnliche Situation wird im 2. Buch Mose beschrieben, als Mose ein Engel im brennenden Dornbusch erscheint. In Kapitel 3, Vers 2 bis 4 heißt es:

> *Und der Engel des Herrn erschien ihm in einer feurigen Flamme aus dem Dornbusch. Und er sah, dass der Busch im Feuer brannte und doch nicht verzehrt wurde. Da sprach er: Ich will hingehen und die wundersame Erscheinung besehen, warum der Busch nicht verbrennt.*
>
> *Als aber der Herr sah, dass er hinging, um zu sehen, rief Gott ihm aus dem Busch und sprach: Mose, Mose! Er antwortete: Hier bin ich.*

Wieder sind der Engel des Herrn und Gott ein und derselbe. Daher scheint es, als sei zumindest im Alten Testament der Engel des Herrn eine sichtbare Erscheinungsform von Jesus Christus.

Die Königin der Engel

Am Morgen des 18. Juli 1830 erblickte Catherine Labouré, Ordensschwester der Töchter der christlichen Liebe, einen wunderschönen Engel, als sie erwachte. »Geh schnell in die Kapelle«, wies sie der Engel an. Catherine gehorchte und fand sich in Gesellschaft der Jungfrau Maria. Maria sagte, sie sei die gesegnete Mutter aller Kinder und werde die Königin der Engel genannt.

Nach dieser Erscheinung verbrachte Catherine viele Monate in Kontemplation und Gebet. Jeden Morgen ging sie zur Kapelle in der Hoffnung, dort erneut die Königin der Engel zu sehen.

Eines Morgens erschien die Königin tatsächlich wieder. Sie stand auf einer Kugel aus reinem Licht und strahlte wie die Sonne. Sie öffnete ihre Hände, und aus den Ringen, die sie an jedem Finger trug, drangen feurige Lichtstrahlen, die die Kugel aufleuchten ließen. Die Königin erklärte Catherine, die Kugel stelle die Erde dar und die feurigen Strahlen symbolisierten die Hilfe, die sie allen Kindern gewähren könne, die sie darum bäten. Die Ringe aber, die kein Licht aussandten, stünden leider für die Kinder, die vergäßen, um Hilfe zu bitten.

Die Königin der Engel sagte Catherine, es sei der Wille Gottes, dass eine Schutzmedaille geprägt werde, auf der diese Szene dargestellt sei. Diese Medaille werde ein Symbol der bedingungslosen Liebe Gottes sein und allen Schutz bieten, die sie tragen.

Nach Catherines Vision wurde diese Medaille millionenfach geprägt und getragen. Sie ist die so genannte »Wundertätige Medaille«. Catherine wurde später als Heilige Catherine Labouré heiliggesprochen.

Seither wird die Jungfrau Maria auch »Königin der Engel« genannt, zuweilen auch »Engel des Friedens«. Im Laufe der letzten 2000 Jahre hat es zahlreiche Berichte über Marienerscheinungen gegeben. Interessanterweise häuften sie sich im 19. und 20. Jahrhundert.

Die wohl beeindruckendste Erscheinung ereignete sich im französischen Lourdes. Vom 11. Februar bis 16. Juli 1858 erschien die Jungfrau Maria in der Grotte Massabielle am Fluss Gave de Pau viele Male dem 14-jährigen Bauernmädchen Bernadette Soubirous. Diese Felsengrotte auf der linken Flussseite wurde schnell zu einem Heiligtum, und heute kommen jährlich etwa drei Millionen Menschen nach Lourdes. 1876 wurde über der Grotte eine Basilika errichtet, die jedoch die ständig wachsende Pilgerschar bald schon nicht mehr fassen konnte. Daher erbaute man 1958 eine Krypta mit 20.000 Plätzen.

An der Universität Neapel wurde eine interessante Studie über das heilkräftige Wasser von Lourdes durchgeführt. Proben von dem Quellwasser und von gewöhnlichem Leitungswasser wurden mit giftigen Keimen verunreinigt, und diese Lösung wurde dann Meerschweinchen injiziert. Die Tiere, denen man das gewöhnliche Leitungswasser gespritzt hatte, starben, diejenigen aber, die Lourdes-Wasser erhalten hatten, blieben unversehrt.[28]

Die Königin der Engel zeigte sich auch in Fatima in Portugal. Am 13. Mai 1917 erschien den drei Hirtenkindern Lucia dos Santos sowie ihrem Cousin und ihrer Cousine Francisco und Jacinta Marto eine Frauengestalt, die sich als »Unsere Liebe Frau vom Rosenkranz« vorstellte. Bis Oktober erschien sie jeden Monat um dieselbe Zeit. Am 13. Oktober wurden, unmittelbar nachdem »Unsere Liebe Frau vom Rosenkranz« den Kindern erschienen war, 70.000 Zuschauer Zeugen des so genannten »Sonnen-Wunders«. Am 13. Oktober 1930 erkannte der Bischof von Leiria die Erscheinungen als echte Marien-Erscheinungen an, und den Pilgern wurde die päpstliche Sündenvergebung zugesagt. Doch die erste nationale Wallfahrt nach Fatima fand bereits 1927 statt. Am 13. Mai 1967 kamen eine Million Menschen nach Fatima zur Messe, die Papst Paul VI. anlässlich des 50. Jahrestags der ersten Erscheinung las. Es wird von zahlreichen Heilungen in Fatima berichtet, über die allerdings im Allgemeinen nicht öffentlich berichtet wird.

Die Königin der Engel können wir immer dann anrufen, wenn wir Hilfe im Zusammenhang mit oder für kleine Kinder brauchen.

Die gefallenen Engel

Jedes Buch über Engel wäre unvollständig ohne ein Wort über die gefallenen Engel.

Als Gott die Engel erschuf, war der Erzengel Luzifer, der Lichtträger, der schönste von allen. Leider jedoch rebellierte er gegen Gottes Autorität. Im Buch des Propheten Hesekiel heißt es: »Du warst ohne Tadel in deinem Tun, von dem Tage an, als du geschaffen wurdest, bis an dir Missetat gefunden wurde.« (Hesekiel 28, 15) Das Buch Jesaja schildert die Sünden, die Luzifer beging:

> *Du aber gedachtest in deinem Herzen: »Ich will in den Himmel steigen und meinen Thron über die Sterne Gottes erhöhen, ich will mich setzen auf den Berg der Versammlung im fernsten Norden. Ich will auffahren über die hohen Wolken und gleich sein dem Allerhöchsten.«* (Jesaja 14, 13–14)

Wie nicht anders zu erwarten, wurde Luzifer aus dem Himmel hinaus und hinab in die Hölle geworfen. Viele weitere

Engel folgten ihm. In *Das verlorene Paradies* gibt John Milton einen anschaulichen Bericht von diesem Fall:

> *... Denn der Allherrscher schleudert*
> *Als Feuerband ihn häuptlings aus dem Himmel,*
> *Gestürzt, gesengt, hinunter grausig tief*
> *Ins bodenlose Nichtssein; dort zu wohnen*
> *In Ketten von Demant und Feuerqualen,*
> *Der Allmacht in die Schranken durfte fordern.*[29]

Dieser »Fall« wurde zum beliebten Motiv für Maler und Schriftsteller, bleibt aber ein ungelöstes Rätsel. Warum sollte ein barmherziger, liebender Gott es zulassen, dass sein Feind seine Schöpfung, die Welt, mit Hass, Leid und Bösem erfüllt?

Eine vorchristliche Überlieferung kann dies etwas erhellen. In alten östlichen Schriften wird Luzifer als einer der sieben Engel des Sonnensystems bezeichnet. Er war der Wächter der Venus, die als der heiligste aller Planeten galt.

Eines Tages suchte Gott unter seinen führenden Engeln einen Freiwilligen, der sich zur Erde hinunterbegeben sollte, um dort der Menschheit zu helfen. Seine Aufgabe bestand darin, die Menschen in Versuchung zu führen, um so ihren Glauben und ihre Spiritualität zu stärken. Luzifer meldete sich, und mit der Zeit wurde er als Teufel angesehen. Man erzählte sich viele Geschichten über ihn, und nach und nach vergaß man, dass er von Gott gesandt worden war, um die Menschheit zu prüfen. Stattdessen wurde er nun als die Kraft des Bösen betrachtet.

Luzifer steht für die dunkle Seite des Lebens. Er ist notwendig, denn ohne Dunkel gäbe es kein Licht. Ohne Böses gäbe es kein Gutes. Wie Yin und Yang erschaffen erst diese Gegensätze ein vollkommenes Ganzes.[30]

2 Ihr persönlicher Schutzengel

Sie haben Ihren ganz persönlichen Schutzengel. Diese Tatsache war im Laufe der Geschichte immer wieder Auslöser für Kontroversen unter Theologen. Wenn jeder Einzelne einen Schutzengel hat, dann muss die Bevölkerung des Himmels offensichtlich um einiges größer sein als die der Erde. In der Bibel heißt es, tausend mal Tausende dienten Gott und zehntausend mal Zehntausende stünden vor Ihm (Daniel 7, 10). Die Weltbevölkerung wächst ständig; doch die Zahl der Engel bleibt immer gleich, sie wächst nicht und schrumpft nicht.

Die Psalmen berichten: »Denn er hat seinen Engeln befohlen, dass sie dich behüten auf allen deinen Wegen.« (Psalm 91, 11) Dies besagt eindeutig, dass wir alle einen besonderen Engel haben, der sich um uns kümmert.

Auch Jesus sprach von den Schutzengeln der Kinder, als er sagte: »Denn ich sage euch: Ihre Engel im Himmel sehen allezeit das Angesicht meines Vaters im Himmel.« (Matthäus 18, 10)

Im Jahr 379 unserer Zeitrechnung schrieb der heilige Basilius, dass jeder, der an Gott glaube, einen Schutzengel habe. Der mittelalterliche Theologe Thomas von Aquin sagte, jedem werde bei seiner Geburt ein Schutzengel zugewiesen, und dieser Engel »erleuchtet, behütet, führt und leitet ihn stets«.[31]

Man erzählt sich viele Geschichten über St. Patrick, den Schutzheiligen Irlands, und seinen Schutzengel Victoricus, der ihm häufig in Visionen und Träumen erschien. St. Patrick stammte aus einer wohlhabenden Familie im Römischen Britannien, wurde jedoch entführt und in Irland als Sklave gehalten. Bei seinem ersten Engelerlebnis hörte St. Patrick eine Stimme, die ihm detailliert beschrieb, wie er in den Süden Irlands fliehen könne, wo ein Schiff auf ihn warte, das ihn wegbringen würde.[32] Diese Stimme muss seinem Schutzengel gehört haben.

In Frankreich begrüßten sich die Bauern lange mit den Worten: »Guten Tag dir und deinem Kameraden«. Der Kamerad war der Schutzengel des Bauern.

Seit Jahrhunderten lernen katholische Kinder ein Gebet, das ebenfalls den Glauben an Schutzengel bestärkt:

Engel Gottes, mein Beschützer,
dir hat Gottes Vaterliebe mich anvertraut.
Erleuchte, beschütze, lenke und leite mich.
Amen

Der katholische Priester Pater Pio trug die Stigmata. Das bedeutet, dass die Zeichen von Jesu Kreuzigung an seinen Händen und Füßen erschienen. Sein ganzes Leben lang stand er in engem Kontakt mit seinem Schutzengel. Zum Glück schrieb er viele seiner Erlebnisse mit Engeln nieder. Einige davon griff Pater Alessio Parente wieder auf, als er sein Buch

Send Me Your Guardian Angels, Padre Pio[33] verfasste. In dieser Biografie schreibt Parente: »Pater Pios geistliche Seelenführung geschah zum größten Teil mithilfe und unter Anleitung seines Schutzengels.« Pater Pios Schutzengel konnte außerdem die vielen Briefe übersetzen, die aus der ganzen Welt eintrafen, und er versetzte Pater Pio in die Lage, den Verfassern in ihrer Muttersprache zu antworten. Am 16. Juni 2002 wurde Pater Pio heiliggesprochen.

Von Papst Pius XI (1857–1939) heißt es, er habe einer Besuchergruppe erzählt, dass er jeden Morgen und jeden Abend zu seinem Schutzengel bete. Vor einem Gespräch mit jemandem, der voraussichtlich gegenteiliger Meinung sein würde als er selbst, bat er regelmäßig seinen Schutzengel, zuerst mit dem Schutzengel seines Gegenübers zu sprechen. Die beiden Schutzengel wurden sich schnell einig, und die Begegnung zwischen dem Papst und seinem Besucher konnte angenehm und reibungslos verlaufen.[34] Ein späterer Papst, Johannes XXIII (1881–1963) glaubte ebenfalls fest an Schutzengel und erwähnte sie oft in seinen Rundfunkansprachen. Darin ermutigte er regelmäßig Eltern, ihren Kindern zu sagen, dass sie niemals allein sind, weil sich stets Schutzengel um sie kümmern.[35]

1968 erkannte Papst Paul VI (1897–1978) das Opus Sanctorum Angelorum, kurz »Engelwerk« genannt, offiziell an. Zu den Zielen der Organisation gehört die Stärkung des Glaubens an die Schutzengel. Der Beitritt zum Engelwerk erfolgt in drei Stufen.

Die erste Stufe umfasst ein Jahr. In dieser Zeit versprechen die Neumitglieder Gott, dass sie ihren Schutzengel lieben und seinem Wunsch gehorchen werden. Außerdem erfahren sie den Namen ihres persönlichen Schutzengels. Auf der zweiten Stufe nehmen die Neulinge an einer Zeremonie bei Kerzenschein teil. Dabei versprechen sie, wie Engel zu werden und die Engel zu verehren. Auf der dritten Stufe erfolgt die Engelweihe, bei der man sich der gesamten Engelshierarchie weiht.

Die Vorstellung von einem weisen Schutzgeist, der sich um unser Wohlergehen kümmert, ist schon seit Jahrtausenden für Menschen aller Glaubensrichtungen und auch für Menschen ohne Glauben ein enormer Trost. Origines (185–253 oder 254), einer der ersten Kirchenväter, glaubte, dass wir zwei Schutzengel haben, einen guten und einen bösen. Das hängt mit dem antiken griechischen Glauben an die Daimones zusammen, die als Mittler zwischen Himmel und Erde fungieren. Der gute Daimon ermutigt den Menschen, auf dem rechten Weg zu bleiben, wohingegen der böse ihn zum Unrecht verleitet.

Manche Fachleute behaupten, unsere Schutzengel würden uns entweder bei der Zeugung oder der Geburt zugewiesen. Ich neige zu der Auffassung, dass die Geburt der logisch schlüssige Zeitpunkt für das Auftreten des Schutzengels ist. Am sympathischsten ist mir aber die uralte Überlieferung, wonach der Schutzengel in dem Moment erscheint, in dem das Baby zum ersten Mal lacht.

Engel-Erfahrungen

Unser Schutzengel bleibt unser ganzes Leben lang bei uns und hilft uns auch beim Übergang durch den Tod. Viele Nahtoderfahrungen aus aller Welt bestätigen diese Hypothese.

Ein Freund von mir hatte ein Nahtoderlebnis bei seiner Mandeloperation.

»Plötzlich schwebte ich über dem Operationstisch und schaute auf die Menschen hinunter, die sich an meinem Körper zu schaffen machten. Es war seltsam, denn ich hatte überhaupt keine Gefühle, nahm aber alles ganz genau wahr. Zugleich bemerkte ich ein unglaubliches Licht. Es begann ganz schwach, nahm aber rasch an Helligkeit zu, bis ich schließlich völlig darin eingehüllt war. Es war ein wunderbares Gefühl. Ich kann die Kraft oder Intensität dieses Lichts nicht beschreiben. Es war das Schönste, was ich je gesehen habe. Eigentlich hätte ich völlig geblendet sein müssen, weil es so hell war, aber es blendete mich überhaupt nicht, wahrscheinlich, weil es so rein war. Und es war voller Liebe.

Ich fühlte mich vollkommen von Liebe umgeben. Es war auch nicht bloß ein Licht. Es war ein Wesen, ein Lichtwesen. Ich wusste, dass ich gerade starb, aber ich war glücklich. Ich wollte nicht zurückkommen. Ich habe ein schönes Leben, aber dieses Gefühl war so vollkommen, so erhebend, dass ich am liebsten für immer darin geblieben wäre. Eine Stimme, die ich eher spürte als hörte, sagte: ›Noch nicht, noch nicht‹, und plötzlich war ich wieder in meinem Körper. Seit damals habe ich keine Angst mehr vor dem Tod.«

Was mein Freund mit diesem Licht erlebt hat, ähnelt vielen anderen Berichten.[36] Oft bezeichneten die betroffenen Menschen dieses Licht als ihren Schutzengel. Manche erkennen es sogar aus Kindheitserlebnissen wieder und bedauern dann, dass sie die Hilfs- und Schutzangebote ihres Schutzengels so lange ignoriert haben.

Auch viele kleine Kinder wissen um ihre Engel-Beschützer. Oft nennen sie diese unsichtbaren Freunde beim Namen. Vor einigen Jahren nahm ich einmal im Auto eines Freundes Platz und fing mir sofort eine Rüge seiner Tochter ein, ich säße auf ihrem Freund. Natürlich versuchte ich das sofort wiedergutzumachen. Ich nahm den Fantasiefreund in den Arm, knuddelte ihn, entschuldigte mich und ließ ihn dann die gesamte Fahrt über auf meinem Schoß sitzen.

Nach einem Erdbeben in Taormina auf Sizilien lag ein kleiner Junge viele Tage lang verschüttet unter den Trümmern. Seine Retter konnten kaum glauben, dass er so lange überlebt hatte, aber der Junge behauptete, eine Dame »in strahlend weißen Gewändern« hätte ihm jeden Tag etwas zu essen gebracht.[37]

Leider werden uns diese Fantasiefreunde meist aberzogen. Manche Menschen finden sie jedoch im Alter wieder. Paola Giovetti erzählt von einem Erlebnis, als eine alte Dame plötzlich ausrief: »Da ist er ja wieder!« Um eine Erklärung gebeten, sagte sie, als sie noch ein kleines Mädchen gewesen sei, sei »er« immer bei ihr gewesen, aber dann habe sie ihn völlig vergessen. Am nächsten Tag starb die Dame glücklich und zufrieden, denn sie wusste, dass »er« auf sie wartete.[38]

Ihr Schutzengel weiß alles über Sie und ist bereit, Ihnen auf jede nur erdenkliche Weise zu helfen, damit Ihr Leben so reich und erfüllt wird wie nur irgend möglich. Vor Ihrem Schutzengel können Sie nichts geheim halten. Wenn Sie jemanden beneiden, dann weiß es Ihr Schutzengel. Wenn Sie versucht sind, unehrlich zu werden – Ihr Engel weiß es. Vielleicht hören Sie eine leise innere Stimme, die Ihnen sagt, dass Sie etwas nicht tun sollen. Sie können sie als Ihr Gewissen bezeichnen. Ich habe gelernt, sie meinen Schutzengel zu nennen.

Vor ein paar Jahren hielt ich eine Vortragsreihe in einem Hochsicherheitsgefängnis. Mit großem Interesse hörte ich von mehreren Insassen, dass bei ihnen tatsächlich wenige Sekunden über Gefängnis und Freiheit entschieden hatten. Alle hatten einen Moment lang eine leise innere Stimme vernommen, die ihnen geraten hatte, ihr Vorhaben lieber fallen zu lassen. Hätten sie auf diese innere Stimme gehört, könnten sie immer noch ein Leben in Freiheit genießen. Doch sie hatten den Rat ihres Schutzengels ignoriert und nun sehr viel

Zeit, darüber nachzudenken, was wenige Sekunden ausmachen können. In vielerlei Hinsicht erinnerten sie mich an die alte Redensart: »Da hat mich der Teufel geritten.«

Einer der Insassen lernte nach seiner Inhaftierung seinen Schutzengel kennen. Er hatte nach einem häuslichen Streit einen Nachbarn zusammengeschlagen und dabei fast umgebracht.

»Gewalt zieht sich durch mein Leben«, sagte er mir. »Mein Vater hat mich ständig geschlagen, deshalb schlug ich andere, kleinere Kinder. Als ich größer wurde, war ich Mitglied einer Bande und geriet dauernd in Schlägereien. Mit meiner Heirat habe ich versucht, das alles hinter mir zu lassen. Immer wenn ich an Gewalt dachte, habe ich diese Gedanken tief in mir vergraben. Eines Tages bin ich dann einfach explodiert.« Bei der Erinnerung daran schüttelte er den Kopf. »Es war schrecklich, so völlig außer Kontrolle zu geraten, und ich habe deshalb alles verloren.« Als ich mit ihm sprach, hatte seine Frau sich gerade von ihm scheiden lassen. »Jedenfalls, als ich kaum zwei Tage hier drin war, wachte ich eines Morgens auf, und neben meinem Bett stand ein riesiger Engel. Ich wollte schreien, solche Angst hatte ich. Aber in den ersten Tagen hatte ich sowieso vor allem und jedem Angst, und ich wollte kein Aufsehen erregen. Der Engel war in weiße Gewänder gehüllt, und alles an ihm leuchtete. Das war kein gewöhnliches Weiß. Es war irgendwie rein und vollkommen, und als ich mich erst einmal an ihn gewöhnt hatte, hörte auch mein Herz auf zu rasen.

›Was willst du?‹, habe ich ihn gefragt. Der Engel hat nichts gesagt und mich einfach nur angesehen. In seinen Augen war so viel Mitgefühl und Verständnis, dass ich weinen musste. Ich schämte mich so sehr, vor mir selbst und für das, was ich getan hatte. Während ich weinte, legte er mir die Hand auf die Schulter, und ein Prickeln durchlief meinen ganzen Körper. Es war wie ein leichter Elektroschock, aber angenehm. Auf einmal war ich so glücklich wie seit Monaten, wahrscheinlich sogar seit Jahren nicht mehr. Und dann verschwand er einfach.

Mein Zellengenosse hat die ganze Zeit geschlafen. Und ich habe es ihm auch nicht erzählt. Ich habe es niemandem erzählt, aber immer darauf gewartet, dass der Engel wiederkommt. Es macht mir nichts aus, wenn ich auf ihn warten muss. Ich habe ja Zeit.

Es dauerte ewig, bis er wiederkam. Vielleicht drei Monate. Jedenfalls wachte ich eines Morgens auf – und da war er. Ich fragte ihn, wo er gesteckt hatte, und er sagte, er habe darauf gewartet, dass ich ihn rufe. ›Du kannst mich immer rufen, wenn du mich brauchst‹, sagte er, und weg war er.

›Komm wieder her!‹, rief ich. Und dann hörte ich seine Stimme in mir drin. Er sagte: ›Sei ganz ruhig. Ich bin immer bei dir.‹ Und das ist er. Ich weiß, dass er da ist. Ich sehe ihn nur ganz selten, aber er ist ganz eindeutig da.«

Dieser Mann, der früher so gewalttätig war, ist nun viel ruhiger und gelassener. Ich bin zuversichtlich, dass aus ihm nach seiner Entlassung aus dem Gefängnis mithilfe seines Schutzengels ein guter Mensch wird. Jetzt weiß er, dass er auf die leise Stimme in seinem Inneren hören muss.

Dieser Mann begegnete seinem Schutzengel, als er am Tiefpunkt seines Lebens angelangt war. Schutzengel erscheinen häufig dann, wenn alle Hoffnung vermeintlich verloren ist.

Debra, eine Frau, die ich nach einem meiner Vorträge kennenlernte, erzählte mir, ihr Schutzengel sei ihr nach dem Selbstmord ihres Sohnes begegnet. »Ohne meinen Schutzengel hätte ich mich umgebracht«, sagte sie. »Das Leben erschien mir nicht mehr lebenswert. Es hat natürlich seine Zeit gedauert, aber durch die Hilfe meines Schutzengels habe ich mein Leben in den Griff bekommen. Und jetzt bin ich wieder glücklich.«

Der Gefangene, mit dem ich gesprochen habe, hatte Angst, als er zum ersten Mal einen Engel sah. Das ist häufig so. In der Bibel beginnt fast jede Engelserscheinung damit, dass der Engel sagt: »Fürchte dich nicht!«

Kinder können ihre Schutzengel oft sehen. Leider verlieren sie diese Fähigkeit im Allgemeinen, wenn sie älter werden. Oft sind die Erwachsenen daran schuld, weil sie sich über die »Fantasiefreunde« der Kinder lustig machen.

Vor Jahren hatte ich ein interessantes Erlebnis mit einem Jungen, dem ein geradezu überbehütender Schutzengel zur Seite stand. Seine Mutter stellte mir ihren Sohn in meiner Eigenschaft als Hypnotherapeut vor, weil er unter elektivem Mutismus litt. Das bedeutet, dass er zwar sprechen konnte, aber nur dann sprach, wenn er unter Menschen war, bei denen er sich vollkommen sicher fühlte. Natürlich versetzte das seine Eltern in große Sorge. Tony (Name geändert) war zunächst ein ganz normales Kind, entwickelte dann aber im Alter von etwa fünf Jahren diesen elektiven Mutismus. In der Schule hatte er noch nie mit seinen Lehrern oder Mitschülern gesprochen, und er hatte keine Freunde. Erstaunlicherweise war er aber gut in Mannschaftssportarten, auch wenn er während des ganzen Spiels kein Wort sprach. Außerdem war er ein Einserschüler.

Tony ließ sich leicht hypnotisieren, und in der ersten Sitzung suggerierte ich ihm, dass es für ihn in Ordnung war, mit mir zu sprechen. Als er seine Augen wieder öffnete, fing er an zu sprechen und hörte 20 Minuten lang nicht mehr auf. Seine Mutter, die draußen im Wartezimmer saß, traute ihren Ohren nicht, als sie den Wortschwall durch die Tür hörte. Zuvor hatte sie mir erzählt, dass er ihr gegenüber immer so war, wenn er aus der Schule kam.

Bei der zweiten Sitzung versuchte ich, ihn zu der Situation zurückzuführen, die ihn hatte verstummen lassen. Es gelang mir nicht, aber als die Sitzung etwa zur Hälfte um war, sagte er plötzlich: »Mein Engel ist bei mir.«

»Das ist prima«, antwortete ich. »Hat dein Engel auch einen Namen?«

»Natürlich«, erwiderte er. »Er heißt Dana.«

»Hilft er dir?«

»Klar tut er das. Er ist mein Freund.«

Als er seine Augen wieder öffnete, bat ich Tony, mir von seinem Engel zu erzählen. Offensichtlich fühlte er sich in meiner Gegenwart sicher, daher berichtete er mir in allen Einzelheiten von Dana.

Dana war ein großer Engel mit wunderschönen, weißen Flügeln. Meist trug er blendend weiße Gewänder, manchmal aber auch rote Kleidung, die ein bisschen wie ein Pyjama aussah. Tony und er sprachen die ganze Zeit miteinander, brauchten dabei aber nicht laut zu reden. Dana half ihm in der Schule, indem er die Fragen beantwortete, die Tony nicht wusste. Dana half Tony auch beim Sport, indem er ihm sagte, was er tun sollte. Dana hatte Tony sogar das Leben gerettet, denn er hatte ihn zurückgehalten, als er vom Gehweg auf die Straße treten wollte und dabei geradewegs vor einen vorbeifahrenden Lastwagen geraten wäre.

Tony erzählte mir das alles in einem sehr sachlichen Ton. Nach mehreren Minuten fragte er: »Glaubst du mir?«

»Natürlich«, erwiderte ich. »Alle Menschen haben einen Schutzengel.«

Tony war überrascht. »Alle? Sogar Mami und Papi?«

»Alle!«

»Warum reden die Leute dann nicht über sie?«

»Manche schon«, sagte ich. »Du hast mir doch auch alles über Dana erzählt.«

»Aber du bist der Erste, dem ich das gesagt habe.«

»Dana macht es nichts aus, wenn du mit anderen Menschen sprichst«, sagte ich. »Du kannst trotzdem innerlich immer mit Dana sprechen, wenn du willst. Er ist immer da und hilft dir. Aber ich bin sicher, er will nicht, dass du nur mit ihm sprichst und mit sonst niemandem. Warum fragst du ihn nicht einmal, ob er etwas dagegen hat, wenn du mit anderen redest?«

Tony nickte und war ungefähr eine halbe Minute lang still.

»Er sagt, ich kann mit anderen reden, aber ich soll ihnen nichts von ihm erzählen. Er möchte, dass es unser Geheimnis bleibt.«

»Das ist eine prima Idee«, sagte ich.

Drei Tage später rief mich Tonys Mutter an und erzählte mir, dass Tony angefangen hatte, in der Schule zu sprechen. Ja, er redete sogar pausenlos, und alle Kinder standen Schlange, um sich mit ihm zu unterhalten.

Tony hatte von Anfang an gewusst, dass ein Schutzengel an seiner Seite war. Viele Menschen entdecken ihren Engel jedoch erst spät.

Der schüchternen College-Schülerin Elizabeth fiel es schwer, ihre Geschichte zu erzählen, denn sie hatte noch nie mit jemandem darüber gesprochen.

»Ich spielte Korbball. Es waren die Highschool-Meisterschaften, und ich war die Korbwerferin. Vor lauter Nervosität vermasselte ich sogar die einfachsten Würfe. Ich hatte Angst, ich würde meiner Mannschaft alles verderben. Ich bin keine Christin, aber ich sagte: ›Bitte, Gott, hilf mir.‹ Als ich das nächste Mal zum Korb schaute, saß ein kleiner Engel drauf. Ich traute meinen Augen nicht. Ich hatte keine Angst, weil der Engel so niedlich und süß aussah. Es war eindeutig ein Engelmädchen, klein und feminin. Ich wollte es in den

Arm nehmen und knuddeln. Ich konnte gar nicht glauben, dass keiner außer mir das Engelmädchen sehen konnte. Als ich jedenfalls das nächste Mal auf den Korb zielte, half mir mein Engel, den Ball reinzukriegen. Immer wieder hat er das gemacht. Wir haben um Längen gewonnen, und ich war die Heldin des Tages.

Seither ist mein Schutzengel immer bei mir und hilft mir, wenn ich ihn brauche. Natürlich weiß ich, dass sie auch vorher schon da war, bloß hab ich das vorher nie gemerkt.« Elizabeth lächelte und schüttelte den Kopf. »So viele verschwendete Jahre!«

Bob begegnete seinem Schutzengel am Tag seiner Hochzeit. »Mein Trauzeuge Terry und ich waren ziemlich früh bei der Kirche. Wir stellten das Auto ab und gingen noch ein wenig auf dem Friedhof neben der Kirche spazieren. Es war ein wunderschöner Tag, Frühlingsanfang, die Bäume sahen hinreißend aus, die Vögel sangen – ein zauberhafter Tag.

›Was für ein toller Tag zum Heiraten‹, sagte ich zu Terry. Er lachte, und genau neben ihm stand ein Engel. Ich zeigte mit dem Finger auf ihn und sagte: ›Schau mal!‹, aber Terry konnte den Engel nicht sehen. Er lachte mich aus, und ich bat ihn, es niemandem zu sagen. Er versprach es. Der Engel kam mit uns in die Kirche und blieb während des ganzen Gottesdienstes an meiner Seite.

Das war der schönste Tag in meinem Leben. Ich heiratete meine Sandkastenliebe und begegnete am selben Tag meinem Schutzengel. Meine Frau hat ihn nie gesehen, aber sie glaubt unerschütterlich an meinen Schutzengel, denn er ist immer da, wenn wir ihn brauchen.«

Dies alles sind spontane Erscheinungen von Schutzengeln. Keine war zu erahnen oder gar zu erwarten, und wie in den meisten Fällen, von denen ich im Lauf der Jahre gehört habe, hatte der betroffene Mensch erst einmal Angst.

Es gibt auch viele Beispiele, bei denen Menschen wussten, dass ihr Schutzengel zugegen war, auch wenn sie ihn nicht sehen konnten.

So geschah es auch dem britischen Polarforscher Sir Ernest Shackleton. Als er mit zwei Begleitern unter härtesten Bedingungen die Berge Südgeorgiens überquerte, spürten alle drei die ganze Zeit »noch einen«, der sie begleitete.[39]

1916, also während des Ersten Weltkrieges, entkamen Commander Stoker und zwei Begleiter aus einem türkischen Gefängnis. Bis zum Mittelmeer legten sie über 480 Kilometer zu Fuß zurück, erst dann waren sie in Freiheit. Während des ganzen Marsches spürte Commander Stoker ständig die Anwesenheit einer weiteren Person. Die Männer sprachen erst darüber, als sie auf sicherem Boden waren, und stellten dann fest, dass alle dasselbe Gefühl gehabt hatten.[40] Auch der Bergsteiger Sir Francis Smythe liefert ein Beispiel für eine solche unsichtbare Begleitung durch einen Schutzengel. Während des letzten Abschnitts der Besteigung des Mount Everest im Jahr 1933 war sein Kamerad zum Umkehren gezwungen, und Smythe stieg allein weiter. Die ganze Zeit über hatte er das Gefühl, dass ein stiller, freundlicher und unsichtbarer Begleiter mit ihm unterwegs war. »In seiner Gegenwart«, so sagte er, »konnte ich mich weder einsam fühlen, noch konnte mir irgendetwas geschehen.«[41]

In seinem Buch *Adventures of a Mountaineer* schreibt Smythe:

> *Als ich allein kletterte, war mir ständig so, als kletterte jemand mit mir. Auch hatte ich das Gefühl, dass ich, sollte ich ausrutschen, aufgefangen und gehalten würde, so als hätte ich über mir einen Kameraden mit einem Seil … Als ich das Band erreichte, spürte ich, dass ich etwas essen sollte, um mir meine Kräfte zu erhalten. Aber*

ich hatte lediglich ein Stück Kendal Mint Cake[42] *mitgenommen. Den zog ich aus der Tasche, teilte ihn sorgfältig in zwei Hälften, drehte mich um und bot die eine Hälfte in der offenen Hand meinem »Kameraden« an.*[43]

Wir können unseren Schutzengel auch bitten, sich zu zeigen. Dazu gibt es mehrere Möglichkeiten.

Bei den indigenen Völkern Amerikas wurden die Jugendlichen zu Beginn der Pubertät nackt ausgeschickt, um ihren jeweiligen Schutzgeist zu finden. Mit dieser Methode sollen durch Stress, Deprivation und Leiden Visionen gefördert werden. Zum Glück brauchen Sie sich derlei schwierigen Prüfungen nicht zu unterziehen, wenn Sie Ihren Schutzengel finden wollen. Ja, häufig erscheint Ihr Schutzengel bereits in dem Moment, in dem Sie ihn zu sich einladen.

Im Folgenden beschreibe ich Ihnen die Methoden, die ich als die wirksamsten Einladungen an unseren Schutzengel empfinde.

Die Erzengel anrufen

Vielleicht haben Sie sich gefragt, warum ich im letzten Kapitel über die Erzengel gesprochen habe. Die Erzengel haben viele Aufgaben. Unter anderem sollen sie uns dabei unterstützen, unsere Ziele zu erreichen. Wenn Ihr Ziel der Kontakt mit Ihrem Schutzengel ist, dann können Ihnen die Erzengel helfen.

Mit etwas Übung können Sie die Erzengel schon bald immer anrufen, wenn Sie wollen. Ich habe es sogar schon einmal an einer überfüllten U-Bahn-Station mitten in der Hauptverkehrszeit getan. Achten Sie aber beim ersten Mal darauf, dass Sie allein sind und möglichst nicht gestört werden. Sorgen Sie für eine angenehme Temperatur im Raum – es sollte weder zu heiß noch zu kühl sein. Ziehen Sie den Telefonstecker, und schalten Sie Ihr Handy aus. Wenn Sie möchten, können Sie Meditationsmusik auflegen. Tragen Sie bequeme, locker sitzende Kleidung. Schütteln Sie Ihre Arme und Hände kräftig aus, um alle Spannungen zu lösen. Normalerweise kreise ich auch mit den Schultern. Stress und Spannungen des Tages setzen sich gern im oberen Rücken und in den Schultern fest, und bevor Sie mit einer spirituellen Arbeit beginnen, sollten Sie diese unerwünschte Last loslassen.

Setzen Sie sich auf einen bequemen Stuhl, atmen Sie dreimal tief durch, und sagen Sie sich beim Ausatmen: »Entspann dich, entspann dich ganz tief.«

Konzentrieren Sie sich auf Ihren Atem, bis Sie spüren, dass Sie entspannter werden. Wenden Sie sich dann den verschiedenen Körperteilen zu, und sagen Sie ihnen, dass sie sich nun entspannen dürfen. Ich beginne mit Kopf und Gesicht und gehe dann über Nacken und Schultern, Arme und Finger, Bauch und Beine nach unten, bis sogar meine Zehenspitzen entspannt sind. Andere beginnen lieber mit den Füßen und gehen von da aus nach oben. Machen Sie es ganz so, wie es Ihnen am liebsten ist. Das Ziel ist einfach, sich so gut wie möglich zu entspannen.

Es kann passieren, dass Sie während dieser Übung einschlafen, insbesondere am Abend nach einem anstrengenden Arbeitstag. Machen Sie sich in diesem Fall keine Gedanken. Ganz offensichtlich hat Ihr Körper die Ruhe gebraucht. Genießen Sie also Ihren Schlaf, und versuchen Sie es zu einem späteren Zeitpunkt noch einmal.

Wenn Sie spüren, dass Ihr ganzer Körper entspannt ist, dann können Sie die Erzengel anrufen. Von der Wortbedeutung her ist dieses »Anrufen« üblicherweise mit einer Bitte um Hilfe oder eine Inspiration verbunden. Wir rufen die Erzengel um Hilfe bei der Kontaktaufnahme zu unserem Schutzengel und auch um Inspiration an.

Glücklicherweise ist es leicht, die Erzengel anzurufen. Wir müssen einfach nur die Tatsache annehmen können, dass es sie gibt und dass sie bereit sind, uns zu helfen.

Stellen Sie sich zu Anfang vor, dass der Erzengel Michael an Ihrer rechten Seite steht. Sie können ihn in jeder beliebigen Gestalt oder Form visualisieren. Wenn Sie noch aus dem Religionsunterricht in der Schule ein bestimmtes Bild von ihm haben, dann verwenden Sie es; Sie können es bestimmt ganz leicht vor Ihrem inneren Auge sehen. Wenn Sie keine religiöse Erziehung haben, dann malen Sie sich einfach einen wunderschönen Engel aus, der für die Liebe steht.

Ich sehe die vier Erzengel immer als etwa 2,50 Meter große Wesen mit wunderschönen Gesichtern, die wirken, als wären sie aus Marmor gehauen worden. Sie tragen hinreißende weiße, fließende Gewänder und haben große anliegende Flügel. Dieses Bild kenne ich noch aus Kindertagen, und ich kann es mir ganz leicht vorstellen.

Andere Menschen, mit denen ich gesprochen habe, sehen die Erzengel ganz anders. Einer meiner Nachbarn nimmt sie als Kugeln aus Energie und reinem Licht wahr. In seinem Fall haben sie keinerlei Ähnlichkeit mit klassischen Engelbildern, aber für ihn ist diese Form der Visualisierung genau das Richtige. Eine Bekannte, die sich intensiv mit indianischen Überlieferungen beschäftigt hat, sieht die Erzengel als Tiergeister.

Sie können sich die Erzengel in jeder nur erdenklichen Form und Gestalt vorstellen. Gut ist, wenn Sie keinerlei feste Vorstellung davon haben, wie sie aussehen sollten. Dann zeigen sich Ihnen die Erzengel in der Gestalt, in der sie es selbst möchten.

Es kann durchaus einige Minuten dauern, bevor Sie spüren, dass Erzengel Michael neben Ihnen steht. Machen Sie sich deswegen keine Gedanken. Mit etwas Übung werden Sie ihn bald in Sekundenschnelle rufen können, wann immer Sie wollen.

Sobald Sie spüren, dass Erzengel Michael an Ihrer rechten Seite steht, rufen Sie den Erzengel Gabriel. Gabriel kommt an Ihre linke Seite. Gabriel ist der Erzengel, der Ihnen hilft, Zweifel und Ängste zu überwinden. Er schenkt Ihnen Selbstwertgefühl und stärkt Ihr Selbstvertrauen. Mit Gabriel zu Ihrer Linken können Sie Ihre Ängste überwinden und alles erreichen, was Sie wollen. Ich spüre, wie mein Selbstvertrauen wächst, sobald ich Gabriel neben mir visualisiere.

Jetzt sollten Sie sich deutlich gestärkt fühlen. Zur Rechten haben Sie Michael, den Engel der Liebe, und zur Linken Gabriel, der Ihnen Selbstvertrauen schenkt.

Jetzt ist es an der Zeit, Erzengel Uriel anzurufen. Visualisieren Sie Uriel direkt vor sich. Wenn Uriel an dieser Stelle steht, wird Ihr Denken klarer, Ihre Konzentrationsfähigkeit und Ihre Beobachtungsgabe nehmen zu, und Sie erkennen und verstehen besser, warum andere auf eine bestimmte Weise handeln.

Zum Schluss rufen Sie Erzengel Raphael an. Raphael, der Engel der Heilung, steht direkt hinter Ihnen. Sie werden seine starken Heilkräfte sofort spüren, sobald Raphael kommt.

Wenn nun alle vier Erzengel ihre Position eingenommen haben, sind Sie von einem mächtigen Schutzkreis umgeben. Dies ist ein so wunderbares, intensives, herrliches Gefühl, dass Sie es bestimmt oft erleben möchten. Und das sollten Sie. Denn es tut Ihnen in vielerlei Hinsicht ausgesprochen gut. Dieser Ritus schenkt Ihnen Liebe, Selbstvertrauen, geistige Klarheit, Heilung – und vollkommenen Schutz!

Wenn die vier Erzengel um Sie stehen, dann visualisieren Sie einen Strom reinen, klaren, göttlichen Lichts, der aus den Himmeln herunterkommt, durch Ihren Kopf in Ihren Körper eintritt und jeden Nerv, jedes Organ, jeden Muskel und jede Faser Ihres Körpers revitalisiert. So viel Licht ist da, dass es aus Ihrem Körper überfließt und Sie wie in einen riesigen Lichttunnel vollkommen einhüllt.

Nach jüdischer Überlieferung heißt dieses Licht Schekinah. Es ist das weibliche Prinzip Gottes und Teil des lebendigen Geistes, der in uns allen wohnt.[44]

Meistens genügt es schon, einfach diese vier Erzengel anzurufen. Das Ritual schenkt Ihnen Selbstvertrauen, wenn Sie es brauchen, macht Ihnen bewusst, wie unglaublich gut Sie behütet sind, stellt Gesundheit und Wohlbefinden wieder her und schenkt Ihnen die Fähigkeit, alles in einem neuen, klareren Licht zu sehen.

Doch die Erzengel handeln auch nach Ihren Wünschen. Sie müssen nur aus reinem Herzen kommen und dürfen niemandem schaden. Wenn Sie die vier Erzengel zum ersten Mal rufen, dann nehme ich einmal an, dass Sie sie darum bitten wollen, Ihnen bei der Kontaktaufnahme zu Ihrem Schutzengel zu helfen.

Vielleicht gelingt Ihnen bei der ersten Anrufung der Erzengel noch nicht alles auf Anhieb. Vielleicht können Sie einen oder zwei Erzengel visualisieren, aber keinen Kontakt zu den übrigen aufnehmen. Womöglich schlafen Sie ein oder werden unterbrochen. Machen Sie sich keine Gedanken, wenn Ihnen aus dem einen oder anderen Grunde etwas nicht ganz gelingt. Übung macht den Meister. Lassen Sie alte »Misserfolge« los, und fangen Sie bei nächster Gelegenheit einfach wieder ganz von vorne an.

Bestimmt werden Sie sich sehr wohl fühlen, wenn die vier Erzengel um Sie sind und das Licht der Schekinah Sie in reine Liebe hüllt. Wenn Sie erst einmal etwas Erfahrung mit der Anrufung der Erzengel haben, können Sie die Augen öffnen und sich umsehen. Ich rate Ihnen aber, dies erst dann zu tun, wenn Sie dieses Ritual bereits mehrere Male durchgeführt haben. Und zwar weil die Schönheit, Heiterkeit, Reinheit und das geradezu blendend helle Licht der Erzengel Sie wahrscheinlich völlig verblüffen und im Nu wieder in Ihre Alltagswelt versetzen. Das Verlustgefühl, das mit diesem Empfinden einhergeht, ist unbeschreiblich. Ich weiß aus eigener Erfahrung, dass dieses dumpfe, elende Gefühl in der Magengrube stundenlang anhalten kann. Öffnen Sie deshalb die Augen erst dann, wenn Ihnen die Situation völlig in Fleisch und Blut übergegangen ist. Wenn Sie so weit kommen, wartet eine unglaubliche Belohnung auf Sie.

Danken Sie den vier Erzengeln für ihr Kommen, ihre Liebe, ihre Führung und ihren Schutz. Ich spreche dabei gerne jeden einzeln an. Wenn es die Situation zulässt, sage ich die folgenden Worte laut. Wenn es nicht möglich ist, zum Beispiel, weil ich gerade an der U-Bahn-Station stehe, dann spreche ich sie in Gedanken:

»Danke, Michael«, könnte ich sagen. »Ich weiß, du hast viel zu tun, und ich bin dankbar, dass du mir heute zu Hilfe gekommen bist. Deine Gabe der Liebe wird mir helfen, freigebiger und liebevoller zu werden. Und dafür bin ich dir wirklich dankbar. Danke.«

Dann warte ich auf eine Antwort. Manchmal höre ich Worte, aber meistens fühle ich mich nur kraftvoll und doch sanft und voller Liebe in den Arm genommen.

»Danke, Gabriel«, fahre ich nach einem Weilchen fort. »Ich bin dir dankbar, dass du auf meine Bitte hin gekommen bist. Ich bin oft ängstlich, aber ich weiß, dass ich mit deiner Hilfe und deinem Schutz alles vermag. Danke, dass du mir Selbstvertrauen und Kraft schenkst.«

Wieder warte ich. Gabriel antwortet meist in der Form, dass er mich spüren lässt, dass ich wirklich alles erreichen kann. Gabriel stelle ich mir immer weiblich vor, aber hin und wieder habe ich seine Worte in einer tiefen, sonoren Stimme vernommen.

»Danke, Uriel, dass du mir geistige Klarheit schenkst. Auch du hast viel zu tun, und ich weiß zu schätzen, dass du mir zu Hilfe kommst. Ich kann alle meine Aufgaben am besten erfüllen, wenn mein Geist klar und offen ist. Danke für deine Hilfe.«

Uriel antwortet mir meist mit einem Wärmegefühl, besonders auf meinen Augenlidern. Es hält nur wenige Sekunden an, vermittelt aber immense Geborgenheit.

»Danke, Raphael, für deine Heilkräfte. Du tust jedem Teil meines Körpers gut und hilfst mir, auch anderen gutzutun. Ich bin dankbar. Danke, dass du mir heute zu Hilfe gekommen bist.«

Raphael antwortet, indem er mir ein starkes Gefühl körperlichen Wohlbefindens vermittelt. Wenn ich mit Raphael gesprochen habe, fühle ich mich immer voll grenzenloser Energie.

»Ich danke euch allen«, fahre ich fort. »Heute brauche ich eure Hilfe noch in anderer Hinsicht.« An dieser Stelle bitte ich die Erzengel um das, was gerade mein Anliegen ist. Wenn Sie dies zum ersten Mal tun, wollen Sie wahrscheinlich Kontakt zu Ihrem Schutzengel aufnehmen. Daher können Sie zum Beispiel Folgendes sagen: »Bis jetzt bin ich meinem Schutzengel noch nie begegnet oder hatte noch keinen richtigen Kontakt zu ihm. Bitte helft mir. Ich weiß, dass ich einen Schutzengel habe, und wenn ich auch seinen Schutz um mich herum spüren kann, so möchte ich doch mehr wissen. Bitte helft mir, meinen Schutzengel kennen zu lernen.«

Wenn Sie Ihre Bitte ausgesprochen haben, halten Sie inne, und spüren Sie einfach nur sich selbst und die Erzengel. Visualisieren Sie auch das Licht der Schekinah um Sie alle herum. Wenn Sie so weit sind – das kann wenige Sekunden oder auch mehrere Minuten dauern –, sagen Sie einfach »Danke« (am besten laut), und öffnen Sie die Augen. Vertrauen Sie darauf, dass Ihre Bitte erhört wird.

Sie werden feststellen, dass Ihnen die Welt noch mehrere Stunden nach diesem Ritual vollkommen anders erscheint. Alles kommt Ihnen satter und erfüllter vor, und Sie sehen mit neuer Klarheit. Ihre Beziehungen zu anderen verlaufen reibungsloser, Sie sind weniger gestresst, und Sie empfinden eine stille Zuversicht. Wenn Sie dieses Ritual kurz vor dem Schlafengehen vollziehen, werden Sie wahrscheinlich so gut schlafen wie schon lange nicht mehr.

Vielleicht müssen Sie dieses Ritual mehrmals machen, bis Ihr Schutzengel erscheint. Natürlich ist er immer bei Ihnen. Doch wie den meisten Menschen ist Ihnen das vielleicht nicht immer bewusst.

Die Gegenwart Ihres Schutzengels erleben

Viele Menschen erwarten, dass ihr Schutzengel sich ihnen in fließenden Gewändern, lichtumflort und mit einer Harfe in der Hand zeigt. Das kann durchaus so sein, ist aber eher unwahrscheinlich. Vielleicht sehen Sie Ihren Schutzengel eher als wunderschöne Farbkugel oder als reines Licht.

Gewissheit

Womöglich fühlen Sie nach und nach immer stärker, dass Ihr Schutzengel Sie behütet, und Sie bekommen die Gewissheit, dass er immer da ist.

So erging es einer Freundin. Sie war sehr jung Witwe geworden und hatte sich danach immer mehr in ihre kleine Wohnung zurückgezogen. Nach ein paar Jahren war diese Wohnung ihr zu einem regelrechten Gefängnis geworden, und sie hatte Angst, vor die Tür zu gehen. Sie ließ sich alles liefern und bat, es vor der Wohnung abzustellen. Erst wenn der Überbringer wieder gegangen war, öffnete sie die Tür. Sobald sie aber ihren Schutzengel spüren konnte, wagte sie sich wieder nach draußen. Auch heute noch ist sie ängstlicher als andere, aber zumindest führt sie jetzt ein normales Leben, und dank der Hilfe ihres Schutzengels wächst auch ihr Selbstvertrauen allmählich wieder.

Träume

Sie können Ihren Schutzengel auch im Traum kennen lernen. Das kommt sogar sehr häufig vor. Schließlich helfen uns unsere Träume, das Geschehen in unserem Alltag richtig zu beurteilen, damit wir den größeren Zusammenhang verstehen und entsprechend handeln können. Wenn Sie feststellen, dass Ihr Schutzengel auf diese Art zu Ihnen Kontakt aufnimmt, dann legen Sie Papier und Bleistift neben Ihr Bett, damit Sie gleich nach dem Aufwachen alles aufschreiben können, woran Sie sich erinnern. Wie Sie wissen, verblassen unsere Träume meist schnell, und wir vergessen sie, sobald wir unseren normalen Tagesablauf erst einmal begonnen haben.

Ein Traumtagebuch ist ohnehin eine gute Sache, denn es kann Ihnen wertvolle Hinweise auf die Themen geben, an denen Ihr Unterbewusstsein gerade arbeitet. Ihre Träume können Ihnen auch einen Ausblick auf die Zukunft vermitteln. Dann sind Sie in der Lage, zum richtigen Zeitpunkt das Richtige zu tun und auf diese Weise größtmögliche Erfolge zu erzielen.

Gedanken und Gefühle

Gedanken und Gefühle sind ein weiteres Medium, durch das unser Schutzengel mit uns spricht. Skeptiker könnten dagegen einwenden, dass wir doch ständig Gedanken und Gefühle haben. Das stimmt. Natürlich kommt nicht jeder Gedanke und jedes Gefühl von unserem Schutzengel. Doch hin und wieder wissen wir bei Gedanken oder Gefühlen instinktiv, dass sie aus einer anderen Quelle stammen, nicht aus unserem Unterbewusstsein. Viele kreative Menschen erleben so etwas regelmäßig. Ich glaube, diese andere Quelle ist unser Schutzengel. Selbstverständlich lohnt es sich, diesen Gedanken und Gefühlen besondere Aufmerksamkeit zu schenken.

Ein sehr erfolgreicher Geschäftsmann erzählte mir einmal, dass er immer eine besondere Wärme empfindet, wenn ihm solche Gedanken oder Gefühle kommen. »Dann weiß ich, dass ich auf dem richtigen Weg bin«, sagte er. »Wenn ich dem Gefühl nachgebe, treffe ich die richtige Entscheidung. Wenn ich es ignoriere, bereue ich das im Nachhinein jedes Mal.«

Intuition

Eng mit unseren Gefühlen verbunden ist unser intuitives Gespür, das wir alle besitzen. Ist es eine Botschaft von unserem Schutzengel? Ich würde sagen, ja.

Interessanterweise entwickeln wir dieses Gespür manchmal, ohne uns dessen bewusst zu sein. Vor vielen Jahren führte der Parapsychologe William E. Cox mit den Fahrgästen in bestimmten Zügen ein statistisches Experiment durch. Er wollte die Zahl der Fahrgäste in Zügen, die in einen Unfall verwickelt waren, mit der Zahl der Fahrgäste in Zügen vergleichen, die ohne Zwischenfall an ihrem Bestimmungsort ankamen. Er besorgte sich Angaben über die Anzahl der Fahrgäste auf einer bestimmten Strecke, 7, 14, 21 und 28 Tage bevor der entsprechende Zug einen Unfall hatte. Die statistischen Tabellen, die er anhand dieser Zahlen erstellte, zeigten, dass es einer bestimmten Menge an Fahrgästen offensichtlich irgendwie gelang, Züge zu meiden, die auf ihrer Fahrt verunglücken. Das geschah nicht absichtlich. Doch an den Tagen, an denen sich ein Unfall ereignete, verschliefen sie entweder, nahmen sich einen Tag Urlaub oder verpassten ihren Zug. Bei elf Zugunglücken waren in sieben Fällen weniger Fahrgäste im Zug als am Vortag. In sechs Fällen waren es weniger Fahrgäste als in der Woche zuvor, und in vier Fällen waren es sogar weniger Fahrgäste als an allen acht vorangegangenen Tagen.

Noch interessanter sind seine Statistiken über Fahrgäste im Pullman-Wagen. Cox nahm an, dass sie ihre Plätze im Voraus buchen. Seine Statistik zeigte jedoch, dass von siebzehn Zugunglücken, bei denen auch Pullman-Fahrgäste betroffen waren, in zehn Fällen weniger Fahrgäste im Zug saßen als am entsprechenden Tag der Vorwoche. Fünf Züge hatten darüber hinaus am Tag des Unglücks weniger Fahrgäste als an jedem anderen Tag der vorangegangenen Woche.

Cox erweiterte seine Forschungen auf 35 Unglücke und kam für 80 % der Zugunglücke zu einem ähnlichen Ergebnis.[45]

Warum haben diese Menschen an dem verhängnisvollen Tag ihren Zug verpasst? Die Zahlen sind viel zu eindeutig, als dass man dies dem Zufall zuschreiben könnte. Ist es allzu weit hergeholt zu glauben, dass die Fahrgäste, die an den schicksalhaften Tagen ihren Zug verpasst haben, von ihrem Schutzengel gewarnt oder behütet worden sind?

Beten

Beten ist ebenfalls eine Möglichkeit, Kontakt zu Ihrem Schutzengel aufzunehmen. Die Bibel verbietet die Anbetung der Engel (Kolosser 2, 18 und Offenbarung 19, 10). Aber das tun wir ja auch nicht. Beten Sie einfach so, wie Sie das immer machen, und bitten Sie im Laufe Ihres Gebets um Hilfe bei der Kontaktaufnahme mit Ihrem Schutzengel. Wie bereits erwähnt, betete auch Papst Pius XI jeden Abend und jeden Morgen zu seinem Schutzengel. Und wenn er die Notwendigkeit verspürte, dann betete er auch tagsüber zu ihm.

Zufälle, Synchronizität und Glück

In einem alten Witz heißt es: »Glaubst du an Zufälle?«

»Nein.«

»Ich auch nicht. Was für ein Zufall!«

Ich glaube, dass Zufälle, Synchronizität und »Glück« samt und sonders Beispiele für das Wirken der Schutzengel sind.

1982 wollte ich einen Wordprocessor[46] kaufen. Bis dahin hatte ich eine mechanische Schreibmaschine benutzt, diese Anschaffung war daher ein immenser Fortschritt. Ich sah mir alles an, was es damals in dieser Richtung gab, und entschied mich schließlich für einen Wordprocessor, bei dem ich die soeben geschriebene Zeile in einem kleinen Display sehen konnte. Wenn ich die Zeilenschaltungstaste betätigte, druckte die Maschine diese Zeile aus, und ich konnte die nächste Zeile schreiben. Heute kommt einem das recht primitiv vor, aber damals war es weitaus fortschrittlicher als alles, woran ich davor gewohnt gewesen war. Ich entschloss mich zum Kauf. Der Verkäufer bot mir einen kleinen Barzahlungsrabatt an, also ging ich zur Bank, um das nötige Geld abzuheben. In den Monaten davor hatte ich eine fast freundschaftliche Beziehung zu dem Kassierer entwickelt, und so erzählte ich ihm, wofür ich das Geld brauchte.

»So etwas sollten Sie nicht kaufen«, riet er mir. »Ein Computer kann hundertmal mehr und kostet in etwa genauso viel.«

Einen Computer zu kaufen hatte ich nie erwogen, weil mich allein der Gedanke daran in Angst und Schrecken versetzte.

»Ich habe gleich Mittagspause. Dann zeige ich Ihnen einen Computer.«

Er war sehr freundlich und erklärte mir einen der Computer in der Bank. Er überzeugte mich, ich verließ die Bank und kaufte meinen ersten Computer.

Aus mehreren Gründen bin ich überzeugt, dass hier mein Schutzengel am Werk war.

1. Ich habe noch nie, weder davor noch danach, einem Kassierer in der Bank erzählt, wofür ich Geld abhebe.
2. Ich versuche, mit jedem, dem ich begegne, gut auszukommen, aber dieser Mann war der einzige Bankangestellte, mit dem sich je ein freundschaftliches Verhältnis entwickelt hat.
3. Ich hatte das Glück, dass dieser Kassierer etwas von Computern verstand.
4. Es war außerdem mein Glück, dass er sich für Computer begeisterte und sogar bereit war, einen Teil seiner Mittagspause zu opfern, um mir einen vorzuführen. Noch dazu hatte ich Glück, dass ich

gerade unmittelbar vor seiner Mittagspause von ihm bedient wurde.

5. Weil ich den Computer kaufte, konnte ich schneller und effizienter schreiben als je zuvor. Das hatte zur Folge, dass ich meine schriftstellerische Tätigkeit ernster nahm.

Briefe schreiben

Eine besonders effektive Möglichkeit, mit Ihrem Schutzengel Kontakt aufzunehmen, ist das Briefeschreiben. Beginnen Sie mit »Lieber Schutzengel«, und schreiben Sie dann einfach alles auf, was Sie sagen wollen. Sie können ganz einfach formulieren, zum Beispiel so:

Lieber Schutzengel,

ich weiß, dass Du immer um mich bist und mich tagein, tagaus behütest und leitest. Jetzt möchte ich Dich gerne besser kennenlernen. Bitte nimm Kontakt mit mir auf, damit wir einander näherkommen können. Danke.

Liebe Grüße
(Ihr Name)

Ich kenne Menschen, die ihrem Schutzengel regelmäßig Briefe schreiben. Sie können den Brief an Ihren Schutzengel so persönlich halten, wie Sie möchten, denn es liest ihn ja niemand außer Ihnen und Ihrem Engel.

Wenn Sie mit dem Brief fertig sind, stecken Sie ihn in einen Umschlag, und adressieren Sie ihn »An meinen Schutzengel«. Versiegeln Sie ihn – und verbrennen Sie ihn. Machen

Sie eine Zeremonie daraus. Glauben Sie fest daran, dass Sie den Brief durch das Verbrennen an Ihren Schutzengel schicken. Bewahren Sie die Asche auf, und verstreuen Sie sie in freier Natur. Ich führe die ganze Zeremonie am liebsten draußen durch. Ich habe einen persönlichen »Orakelbaum«.[47] Unter den setze ich mich, wenn ich einen Brief an meinen Schutzengel schreibe. Dann verbrenne ich das Papier und lasse die Asche mit dem Wind fliegen. Auch hier gilt wie bei allen anderen Methoden: Seien Sie gewiss, dass Ihr Engel den Brief erhält und mit Ihnen Kontakt aufnimmt.

Ihren Schutzengel zeichnen

Jede Art von Kreativität kann sich verbessern, wenn Sie Ihren Schutzengel um Hilfe anrufen. Aber Sie können Ihre Kreativität auch nutzen, um Ihren Schutzengel zu finden.

Experimentieren Sie, indem Sie Engel zeichnen. Dabei kommt es nicht darauf an, wie gut Ihr Kunstwerk ist. Einer meiner Cousins ist ein erfolgreicher professioneller Künstler, ich dagegen bin hoffnungslos schlecht im Zeichnen und Malen. Dennoch zeichne ich Engel ganz für mich allein, und keiner bekommt sie zu sehen.

Wenn Sie sich darauf konzentrieren, Engel zu zeichnen, dann ziehen Sie damit Ihren Schutzengel an. Vielleicht spüren Sie sogar, wie Ihr Schutzengel nach und nach Ihre Linienführung beeinflusst, und am Ende ist Ihnen etwas sehr Schönes gelungen.

Offen und aufmerksam sein

Offen und aufmerksam zu sein ist ebenfalls eine höchst effektive Methode, Kontakt zu Ihrem Schutzengel aufzunehmen. Machen Sie sich bewusst, dass Ihr Schutzengel da ist und

Ihnen helfen möchte. Der einfache Ruf »Hilfe!« ist sogar eine der schnellsten Methoden, Kontakt zu Ihrem Schutzengel aufzunehmen. Aber natürlich sollten Sie das nur dann tun, wenn es unbedingt notwendig ist.

Sprechen Sie mit Ihrem Schutzengel. Bitten Sie ihn um alles, was Sie brauchen. Formulieren Sie Ihre Bitte so klar und deutlich wie möglich. Wenn Sie nicht genau wissen, was Sie wollen, dann können Sie auch nicht richtig darum bitten. Es ist sehr gut, wenn Sie sich angewöhnen, Ihre Bitten klar und präzise zu formulieren. Zu wissen, was Sie wollen, ist ein entscheidender Teil des ganzen Vorgangs. Wenn Sie nicht wissen, was Sie wollen, wie sollen Sie dann wissen, wann Sie es erhalten haben? Bitten Sie Ihren Schutzengel um alles, was Sie brauchen, was immer es auch sein mag. Bleiben Sie ruhig und gelassen, und seien Sie zuversichtlich, dass Ihr Engel alles Notwendige tun wird, damit Sie das, was Sie brauchen, bekommen.

Regelmäßige Gespräche mit Ihrem Schutzengel können sehr hilfreich sein. Bitten Sie um das, was Sie benötigen, aber erzählen Sie ihm auch, was in Ihrem Leben gerade los ist. Sprechen Sie über Ihre eigenen Erfolge und Errungenschaften und auch über die Ihrer Lieben. Sagen Sie Ihrem Schutzengel, wenn Sie glücklich, genervt, einsam oder gelangweilt sind. Solche regelmäßigen Gespräche machen es Ihrem Schutzengel wesentlich leichter, intensiv an Ihrem Leben teilzuhaben. Erwarten Sie keine schnellen Ergebnisse, auch wenn diese durchaus möglich sind. Haben Sie Geduld, und sprechen Sie weiter mit ihm.

Es ist eine schöne Angewohnheit, wenn Sie Ihrem Schutzengel allabendlich dafür danken, dass er Sie behütet und Ihnen geholfen hat. Wir alle haben es gern, wenn man uns dankt, und Engel bilden da keine Ausnahme.

Den Schutzengel selbst erschaffen

Diese Methode ist ausgesprochen praktisch und erbringt ausgezeichnete Ergebnisse. Wir werden uns im nächsten Kapitel ausführlich damit beschäftigen.

Der Name Ihres Schutzengels

Wenn Sie den Kontakt zu Ihrem Schutzengel hergestellt haben, dann fragen Sie ihn nach seinem Namen. Dieser ist in vielerlei Hinsicht wichtig. Wenn man den Namen von jemandem kennt, kommt man ihm gleich viel näher. Bestimmt erinnern Sie sich an das Märchen vom Rumpelstilzchen. Diese Geschichte zeigt anschaulich, wie viel Macht ein Name hat.

Wenn Sie den Namen Ihres Schutzengels kennen, gewinnen Sie blitzschnell Zugang zu ihm, denn nun müssen Sie nur seinen Namen nennen, und schon kommt Ihnen Ihr Schutzengel ins Bewusstsein.

Vielleicht erfahren Sie den Namen spontan bei Ihrem ersten Kontakt. Doch ärgern Sie sich nicht und seien Sie nicht traurig, wenn es ein Weilchen dauert, bis es so weit ist. Meditieren Sie einfach, oder machen Sie eine progressive Entspannungsübung, und bitten Sie darum. Der Name wird Ihnen dann bestimmt eingegeben.

3 Den Schutzengel selbst erschaffen

Diese Methode bewährt sich meiner Erfahrung nach für all jene besonders, die sonst nur schwer mit ihrem Schutzengel in Kontakt kommen. Aber auch wenn Sie mit den Methoden aus Kapitel 2 Erfolg hatten, bereitet es Ihnen sicher Freude , Ihren Schutzengel selbst zu kreieren.

Wir erschaffen uns unsere eigene Realität. Normalerweise geschieht das nicht bewusst, obwohl die Psychologie erwiesen hat, dass wir unser Leben verändern können, indem wir unser Denken verändern. Wir können alles erschaffen, was wir zu einem erfüllten und sinnvollen Leben brauchen.

Unsere Gedanken haben unglaubliche Macht und manifestieren alles, was in unserem Leben geschieht. Haben Sie schon einmal einen Raum betreten, in dem sich ein enthusiastischer, quicklebendiger Mensch befand? Ich bin sicher, die Fröhlichkeit dieses Menschen hat Sie angesteckt. Und ganz bestimmt sind Sie auch schon einmal in eine Situation mit einem Menschen geraten, der wütend war. Haben Sie auf die Gedanken und Gefühle dieses Menschen reagiert?

Telepathie tritt ein, wenn jemand die Gedanken eines anderen erfasst. Ganz offensichtlich hat derjenige, der die Gedanken aussendet, Energie und Kraft hineingelegt, damit ein anderer sie aufnehmen kann. Es gibt nachweislich auch viele Fälle, in denen zwei Menschen den gleichen Traum hatten. Dabei greift ein Träumer im Traum den Traum eines anderen auf.[48] Ganz offensichtlich sendet derjenige, der den Traum als Erster träumt, Energien aus, die der zweite Träumer unbewusst aufgreift. Wenn wir in unseren Träumen unwissentlich Energien aussenden können, dann sind wir bei vollem Bewusstsein erst recht fähig, Energien mit unseren Gedanken auszuschicken – »Tagträume«, wenn Sie so wollen.

Carl Gustav Jung beschrieb Engel als »weiter nichts als die Gedanken und Intuitionen ihres Herrn«.[49] Dieses Zitat deutet darauf hin, dass Jung glaubte, Gott erschaffe die Engel durch Gedanken und Intuition. Und genau dasselbe tun Sie, wenn Sie die Übungen in diesem Kapitel machen. Thomas von Aquin glaubte, dass Engel Gedankenformen sind, denn er schrieb: »Engel bestehen aus der Luft des Ortes, an dem sie erscheinen. Diese ordnen und verdichten sie zu einer entsprechenden Form.«[50] In seinem Buch *A Dictionary of Angels*[51] bemerkte Gustav Davidson: »Ich möchte behaupten, dass die Engel existieren, wenn nur genügend Leute an Engel glauben.«

Ein Gebet ist ein gutes Beispiel für das bewusste Aussenden von Gedanken und Gefühlen. Betende Menschen würden sich diese Mühe nicht machen, wenn sie nicht glaubten, dass ihre Gebete auch erhört werden. Betende erschaffen etwas, das die Theosophen Gedankenformen nennen.

Gedankenformen sind kleine Pakete konzentrierter Energie. Wir haben am Tag etwa 50.000 bis 60.000 Gedanken. Diese Gedanken können Sie sich als Tausende kleiner Pakete an einer langen Schnur vorstellen. Meistens jedoch haben wir keinerlei Kontrolle über unsere Gedanken. Wir denken an eine Sache, dies führt uns zu einer anderen, was uns wiederum an etwas erinnert, was wir schon gestern hätten erledigen sollen, und so weiter.

Wenn wir zum Beispiel eine bestimmte Schokoladensorte essen, dann könnte uns das daran erinnern, dass wir diese Schokolade schon einmal zusammen mit einer guten Freundin gegessen haben. Dann wandern unsere Gedanken plötzlich zurück in unsere Kindheit, als wir fünf Jahre alt waren und in einem Kaufhaus eine wunderschöne Theke mit den verlockendsten Schokoladenpralinen entdeckt haben. Daraufhin erinnern wir uns, wie wir einmal zu viel Schokolade gegessen haben und uns schlecht wurde, und so weiter.

Unsere Gedanken folgen durchaus einer inneren Logik. Für jemand anderen aber, der zufällig hineingeriete und sie aufschnappte, wären die meisten ausgesprochen langweilig. Dass so etwas geschieht, ist allerdings sehr unwahrscheinlich, denn normalerweise schnappen wir nur solche Gedanken auf, die mit Energie oder Emotion verbunden sind. Gebete werden zum Beispiel oft gesprochen, wenn jemand verzweifelt ist und Hilfe oder Trost braucht. Es ist ganz klar, dass damit beträchtliche Emotionen verbunden sind. Dies erschafft eine starke Gedankenform.

Gedankenformen sind im Allgemeinen für andere nicht sichtbar, es gibt aber nachweislich Fälle, in denen sie doch gesehen werden. In ihrem Buch *Selbstverteidigung mit PSI* beschreibt Dion Fortune geisteskranke Menschen, die über Angriffe durch unsichtbare Wesen klagten. Die Ärzte und Psychologen hielten dies für einen weiteren Beweis ihrer geistigen Umnachtung, doch medial Begabte konnten die angreifenden Wesen sehen. »Bedeutet dies, dass das Medium sich irrt, wenn es glaubt, ein Astralwesen wahrzunehmen?«, fragt Fortune. »Meiner Meinung nach haben sowohl das Medium als auch der Psychologe Recht, und ihre Feststellungen erklären einander gegenseitig. Was das Medium sieht, ist der dissoziierte Komplex, der als Gedankenform aus der Aura abgesondert wurde.«[52]

Charles Dickens erschuf seine Figuren mit so viel geistiger Kraft, dass sie zu Gedankenformen wurden, die ihm auf Schritt und Tritt folgten. James T. Field sagt: »Er (Charles Dickens) erzählte mir, bei der Arbeit am *Raritätenladen* seien ihm seine Fantasiegeschöpfe so sehr nachgegangen, dass er nicht einmal in Ruhe habe schlafen oder essen können.«[53]

Eine Gedankenform konstruieren

Wenn wir eine kraftvolle Gedankenform erschaffen wollen, brauchen wir Folgendes:

Emotion

Wir sind emotionale Wesen und verbinden unsere Gedanken häufig mit Gefühlen. Tatsächlich verwerfen wir Gedanken, mit denen keine Emotion verbunden ist, normalerweise sogar recht schnell. Probieren Sie es einmal aus, und denken Sie absichtlich an ein negatives Erlebnis, das Sie als Kind hatten. Wenn Sie daran denken, werden Sie spüren, wie alle Gefühle von damals wiederkehren, auch wenn das Erlebte bereits Jahrzehnte zurückliegt. Nun denken Sie an etwas Unwichtiges, das gestern geschehen ist. Weil es unwichtig war, fällt Ihnen wahrscheinlich so schnell gar nichts ein. Weil keine Gefühle damit verbunden waren, ist der Vorfall schnell verblasst, und Sie haben ihn vergessen.

Dies gehört zu unserem angeborenen Schutzsystem. Würden wir uns immer alles merken, was wir erleben, würde uns das schnell überfordern, und wir könnten im Alltag nicht mehr funktionieren. Daher nehmen wir alles Unwichtige kaum wahr, häufig dringt es sogar nicht einmal in unser Bewusstsein.

Wenn wir eine Gedankenform erschaffen wollen, müssen wir Gefühle aufbringen, damit die Gedankenform lebendig wird und in Erinnerung bleibt. Ja, je mehr Emotion wir hineingeben, desto wirkungsvoller wird sie.

Denken Sie an etwas sehr Erfreuliches aus Ihrem Leben. Vielleicht daran, wie Sie jemand Bestimmtem begegnet sind, oder daran, dass Ihnen eine besondere Ehre zuteil wurde. Weil mit diesen Erinnerungen Gefühle verbunden sind, sind sie sehr energiegeladen und intensiv und bleiben Ihnen Ihr ganzes Leben lang erhalten.

Geistige Bilder

Wir müssen uns die Gedankenform, die wir erschaffen wollen, klar vorstellen können. Wenn wir keine Vorstellung von dem haben, was wir kreieren wollen, dann können wir nicht wissen, ob und wann es uns gelungen ist. Jeder Zweifel, jede Verwirrung und jedes Zögern zerstören die Gedankenform, noch bevor sie konstruiert worden ist.

Bestimmt sind Sie schon einmal Menschen begegnet, die nie exakt das ausdrücken können, was sie sagen wollen. Meist liegt das daran, dass sie die Sache nicht richtig durchdacht haben, bevor sie anfingen zu reden. Wenn Ihre Gedanken gut formuliert sind und Sie ein klares Bild davon vor Ihrem geistigen Auge haben, dann können Sie sich auch gut darauf konzentrieren.

Entspannung

Wenn wir eine Gedankenform bewusst konstruieren wollen, müssen wir ruhig und entspannt sein. Wenn Sie sich Sorgen machen oder innerlich sehr mit etwas beschäftigt sind, dann sollten Sie die Angelegenheit klären oder beiseiteschieben, bevor Sie beginnen.

Außerdem brauchen wir für diese Arbeit eine ruhige, angenehme und entspannende Umgebung. Wenn im Nebenraum gestritten wird oder es im Zimmer zu heiß oder zu kalt ist, ist es schwer, sich auf den Aufbau einer Gedankenform zu konzentrieren. Wählen Sie für diese Übungen einen geeigneten Zeitpunkt, zu dem die Bedingungen so perfekt wie möglich sind.

Das Gesetz der Anziehung

Uns sollte stets bewusst sein, dass wir genau das in unser Leben holen, woran wir denken. Wenn wir negative Gedanken hegen, dann ziehen wir Negativität an. Wenn wir dauernd an Armut denken, dann raten Sie mal, was passiert. Wir entwickeln ein Armutsbewusstsein und ziehen Armut geradezu magnetisch an. Wenn wir absichtlich an Fülle denken, dann erhalten wir diese Fülle. Wenn wir positive, glückliche Gedanken denken, dann ziehen wir auch ähnlich denkende, positive, glückliche Menschen an.

Wir können das ganz bewusst tun, indem wir uns unsere Gedanken vergegenwärtigen und alle unerwünschten Gedanken in dem Moment ändern, in dem wir sie bemerken. Wenn Sie sich konsequent daran halten, können Sie im wahrsten Sinne des Wortes Ihr Leben verändern.

Wenn Sie bisher hauptsächlich negative Gedanken hegten, dann werden Sie einen unglaublichen Wandel feststellen, sobald Sie anfangen, diese Gedanken bewusst ins Positive zu wenden. Statt Mangel, Einschränkungen und Begrenzungen ziehen Sie mit einem Mal Fülle und Wohlbefinden an. Dies wirkt sich auf alle Lebensbereiche sehr positiv aus. Daher müssen wir, wenn wir bewusst Gedankenformen erschaffen, darauf achten, dass wir nur positive Gedanken und Emotionen aussenden.

Ihren Schutzengel erschaffen

Jetzt ist es soweit. Sie können Ihren persönlichen Schutzengel erschaffen.

1. Sorgen Sie dafür, dass im Zimmer die richtige Temperatur herrscht und dass Sie nicht gestört werden. Ziehen Sie den Telefonstecker, und schließen Sie die Rollläden oder Vorhänge.
2. Wenn Sie mögen, entzünden Sie etwas Räucherwerk und/oder zünden Sie vier weiße Kerzen an. Wenn Sie Kerzen verwenden, dann stellen Sie je eine in jede Himmelsrichtung und setzen Sie sich in die Mitte. Wenn Sie sich damit wohler fühlen, dann lassen Sie Meditationsmusik laufen. Spielen Sie aber keine Stücke, die Sie gut kennen, oder eine CD Ihres Lieblingsinterpreten, denn das lenkt eher ab. Meditations- oder Entspannungsmusik kann jedoch hilfreich sein.
3. Tragen Sie bequem sitzende Kleidung. Sie sollten sich so locker und entspannt wie möglich fühlen können.
4. Setzen Sie sich in einen gemütlichen Sessel. Sie können sich auch in einen Entspannungssessel legen und die Rückenlehne herunterklappen. Das Bett ist nicht so gut geeignet, denn Sie sollten

während der Übung nicht einschlafen. Mir ist das selbst ein paar Mal passiert, und ich mache diese Übung seither immer in einer entspannten Sitzhaltung, statt mich ganz hinzulegen.

5. Wenn Sie es sich so bequem wie möglich gemacht haben, schließen Sie die Augen. Das sollten Sie aus mehreren Gründen tun. Sobald ein Sinn ausgeschaltet wird, werden die anderen geschärft. Außerdem ist es wesentlich einfacher, etwas mit geschlossenen Augen zu visualisieren. Das schließt auch mögliche Ablenkungen aus, etwa dass Ihr Blick plötzlich an einem Gegenstand im Zimmer hängen bleibt.
6. Entspannen Sie alle Muskeln so gut wie irgend möglich. Normalerweise verwende ich dazu die progressive Entspannungsmethode, die ich im nächsten Kapitel beschreibe. Aber jede Technik, die bei Ihnen gut wirkt, ist in Ordnung.

   Eine gute Methode ist zum Beispiel, alle Muskeln in einem Arm anzuspannen, dann loszulassen und zu entspannen. Machen Sie dasselbe mit dem anderen Arm und nacheinander mit beiden Beinen. Entspannen Sie danach Rumpf, Nacken und Kopf.

   Bei einer anderen Methode strecken Sie die Arme vor sich aus, atmen tief ein und zählen dann beim Ausatmen rückwärts von fünf bis eins. Lassen Sie bei »eins« die Arme locker in den Schoß sinken, und sagen Sie sich: »Entspann dich.« Mit ein wenig Übung können Sie mit dieser Übung in Sekundenschnelle vollkommen entspannen.
7. Nehmen Sie die Ruhe und Stille um sich herum bewusst wahr. Gehen Sie im Geiste Ihren ganzen

Körper durch, und spüren Sie, ob Sie vollständig entspannt sind. Wenn Sie irgendwo noch nicht entspannt sind, dann konzentrieren Sie sich auf diese Stelle und sagen Sie dem Körperteil, dass er sich entspannen darf.

8. Sobald Sie vollkommen entspannt sind, stellen Sie sich vor Ihrem inneren Auge Ihren rechten Handrücken vor. Wenn Sie Linkshänder sind, nehmen Sie den linken Handrücken. Drehen Sie nun im Geiste Ihre Hand um, so dass Sie die Handfläche klar vor sich sehen. Malen Sie sich die großen Handlinien und auch die kleinen Muster an der Handkante aus. Erkennen Sie, was für ein erstaunliches Wunderwerk Ihre Hand ist.

   Drehen Sie nun die Hand wieder um, betrachten Sie den Daumen, und konzentrieren Sie sich auf den Daumennagel. Lassen Sie Ihren Daumennagel so groß werden, dass er das ganze Bild vor Ihrem inneren Auge ausfüllt. Dieser Nagel ist der Bildschirm, auf den Sie Ihre Gedankenform projizieren.

9. Stellen Sie sich im Geiste Ihren Schutzengel vor. Beim ersten Mal ist das gar nicht so einfach, und wahrscheinlich wandern Ihre Gedanken immer wieder ab. Wenn das geschieht, dann visualisieren Sie einfach erneut Ihren Daumennagel und malen Sie sich Ihren Schutzengel aus. Wichtig ist, dass Sie entspannt bleiben. Unsere Gedanken schweifen gerne ab, daher brauchen Sie nicht mit sich zu hadern, wenn es geschieht. Kehren Sie einfach wieder zu dem inneren Bild von Ihrem Daumennagel zurück.

10. Jeder Mensch hat ein anderes Bild von seinem Schutzengel. Vielleicht stellen Sie sich eine süße

kleine Putte vor oder auch einen großen Engel in wunderschönen Gewändern. Ihr Schutzengel kann auch einfach ein helles Licht sein, das unaussprechliche Liebe aussendet. Ihr Engel kann Flügel haben, muss aber nicht. Ja, es kann sogar einfach nur ein Eindruck sein, den Sie haben, eine Gewissheit, dass Ihr Engel da ist. Setzen Sie Ihre Fantasie ein, und lassen Sie im Geiste ein Bild entstehen.

Wir können unserer Lebenserfahrung und unserer Erziehung nicht entrinnen. Wenn Sie aus einer religiösen Familie kommen, dann haben Sie wahrscheinlich ein eher traditionelles Bild von Ihrem Schutzengel: blendend weiß, mit großen Flügeln und in fließenden Gewändern. Wenn Sie keine religiöse Erziehung haben, dann könnte Ihr Bild ganz anders aussehen. Das spielt keine Rolle. Visualisieren Sie es einfach nur so gut und vollständig, wie Sie können.

11. Sobald Sie einen Eindruck von Ihrem Schutzengel vor Ihrem inneren Auge haben, können Sie ihn in eine Gedankenform verwandeln. Lassen Sie das Bild Ihres Schutzengels verschwinden, und ersetzen Sie es durch das Abbild Ihres Daumennagels. Sobald er Ihnen klar vor Augen steht, schalten Sie, so schnell Sie können, wieder um auf das Bild Ihres Schutzengels. Wiederholen Sie das mehrmals. Sie werden feststellen, dass es immer schneller und leichter geht, je öfter Sie es machen.
12. Nun können Sie beginnen, das Bild Ihres Schutzengels mit Gefühlen aufzuladen. Denken Sie an eine besonders glückliche Zeit in Ihrem Leben, als Sie sich rundum geborgen und glücklich gefühlt haben. Wenn Sie so etwas nie erlebt haben, dann

stellen Sie sich einfach vor, wie es sein könnte. Lassen Sie sich von diesem Gefühl vollkommen erfüllen, bis Ihr ganzes Wesen in die Energie reiner Liebe gehüllt ist.

Wenn nun diese starken Gefühle Sie durchdringen, dann visualisieren Sie noch einmal Ihren Schutzengel. Weil Sie ja durch das »Umschalten« im vorangegangenen Schritt schon etwas Übung haben, sollte Ihnen das leicht gelingen.

Wiederholen Sie auch dies mehrfach. Lassen Sie das Bild Ihres Schutzengels verblassen und stattdessen das Gefühl vollkommener Liebe wiederauftauchen. Wenn Sie davon ganz erfüllt sind, schalten Sie wieder um auf das Bild Ihres Schutzengels. Sie prägen damit das starke Gefühl vollkommener Liebe dem Abbild Ihres Schutzengels ein.

13. Nun beobachten Sie Ihren Schutzengel einfach. Wahrscheinlich wird sein Bild vor Ihrem inneren Auge wesentlich deutlicher. Vielleicht spiegelt Ihr Engel Ihnen Liebe wider. Eventuell entwickelt Ihr Engel jetzt sogar ein Eigenleben und überrascht Sie mit einer spontanen Handlung. All das ist wunderbar, und Sie können sich zu dem Erreichten gratulieren.
14. Mit diesem abschließenden Schritt geben Sie Ihrem Schutzengel die Freiheit, zu kommen und zu gehen, wie es gerade erforderlich ist. In gewisser Weise wurde Ihr Schutzengel durch Ihre Vorstellungskraft und Visualisierung konstruiert, aber Sie haben Bewusstsein und Liebe hinzugefügt. Als Ihre Schöpfung ist Ihr Schutzengel ein Teil von Ihnen, hat aber auch eine eigene Individualität.

Daher wird Ihr Engel zwar stets so handeln, wie es am besten für Sie ist, aber nicht immer tun, was Sie wollen.

Achten Sie nun wieder auf Ihren Daumennagel, und weiten Sie allmählich Ihren Blick, bis Sie Ihre ganze Hand deutlich vor sich sehen. Drehen Sie sie im Geiste um, so dass die Handfläche nach oben zeigt. Visualisieren Sie Ihren Schutzengel, wie er in Ihrer Handfläche steht. Egal, ob er sonst groß oder klein ist, Ihr Schutzengel kann jederzeit in Ihre Handfläche passen.

Danken Sie Ihrem Schutzengel im Geiste dafür, dass er da ist. Umgeben Sie den Engel mit Liebe, und beobachten Sie, wie er die Liebe in sich aufnimmt. Führen Sie nun vor Ihrem geistigen Auge Ihre Handfläche an die Lippen, und pusten Sie sanft. Beobachten Sie, wie Ihr Engel aus Ihrer Handfläche auffliegt.

15. Verweilen Sie noch ein paar Augenblicke in stiller Kontemplation, bevor Sie wieder in Ihren Alltag zurückkehren. Kommen Sie langsam zurück, und zählen Sie dabei von eins bis fünf. Wenn Sie bei fünf angekommen sind, öffnen Sie die Augen, räkeln Sie sich, und sobald Sie so weit sind, stehen Sie auf.

Wahrscheinlich wird es Ihnen beim ersten oder vielleicht auch bei den ersten fünf bis sechs Mal nicht gelingen, diese Übung zu Ende zu führen. Aber ganz gleich, wie lange Sie brauchen, bis es so weit ist – Sie werden jedes Mal ein wenig weiterkommen.

Aber ist ein erschaffener Schutzengel auch echt?

Diese Frage wurde mir schon oft gestellt. Meist antworte ich darauf mit einer Gegenfrage: »Wirkt Ihr Schutzengel echt?«

Die Antwort lautet immer »Ja«.

»Kümmert sich Ihr selbst erschaffener Schutzengel um Ihr Wohlergehen?«

Wieder lautet die Antwort »Ja«.

»Spüren Sie, dass Ihr Schutzengel Ihnen Geborgenheit, Wärme und Schutz bringt?«

»Ja.«

»Spielt es dann eine Rolle, ob Ihr selbst erschaffener Schutzengel echt ist oder nicht?«

»Nein.«

Dennoch glaube ich persönlich, dass ein selbst erschaffener Schutzengel echt ist. Wenn wir eine Gedankenform konstruieren, kreieren wir ein lebendiges Päckchen strahlender, liebevoller, heilsamer und nährender Energie. Und diese Gedankenform ist genauso real wie der Stuhl, auf dem ich sitze.

C. G. Jung sagte, Engel personifizierten »das Bewusstwerden von etwas Neuem, was aus den Tiefen des Unbewussten aufsteigt«. Und haben Sie, als Sie Ihren Schutzengel erschufen, nicht genau das getan?

Peter Lamborn Wilson schreibt: »Wenn der Mensch sein Herz öffnet, und sei es auch nur einen einzigen Augenblick lang, so ist die Gestalt, die er dann sieht (oder die Intuition, die er empfängt), sein Schutzengel.«[54] Joel Goldsmith lehrte uns, »nicht an die äußere Welt zu glauben, sondern uns stets nach innen zu wenden und unseren Schutzengel, den Engel des Herrn, immer besser kennen zu lernen, der seit Anbeginn der Zeit in unsere Mitte eingepflanzt wurde.«[55] Beides tun wir mit diesem Experiment.

Gedankenformen können Sie für alles erschaffen, was Sie wollen. In ihrem Buch *Magier und Heilige in Tibet*[56] beschreibt Alexandra David-Néel, wie sie »einen höchst unbedeutenden Charakter« kreierte, »einen Mönch, klein und dick, von unschuldigem und fröhlichem Wesen«. Sie brauchte etwa drei Monate, um ihren Mönch zu erschaffen, und schließlich entwickelte er ein Eigenleben. Einmal brachte ihr ein Hirte etwas Butter als Geschenk und sah dabei den Mönch in ihrem Zelt. Er »hielt ihn für einen lebendigen Lama«. Schließlich wurde dieser Mönch so lästig, dass Alexandra David-Neel ihn »auflösen« musste. Ihre Erfahrung zeigt, dass man sich sehr sorgfältig überlegen sollte, worum man bittet. Wenn Sie einen Schutzengel erschaffen, kann Ihnen nichts geschehen, aber ich würde es mir sehr gut überlegen, bevor ich etwas anderes kreiere.

Es ist eine wertvolle Übung, regelmäßig Gedankenformen der Liebe, der Heilung und der Vergebung auszusenden. Die Menschen, denen Sie diese Gedankenformen schicken, werden nicht unbedingt merken, dass sie von Ihnen kommen, aber sie werden dankbar ihre Wirkung spüren, und Sie selbst erleben dabei, welche Freude und Befriedigung es vermittelt, etwas Gutes und Sinnvolles zu tun.

4 Mit den Erzengeln arbeiten

Sie wissen bereits, wie Sie die Erzengel anrufen können. Tun Sie es regelmäßig, es kann Ihnen in allen Lebensbereichen enorm helfen.

Es wird aber auch Zeiten geben, in denen Sie nur einen Erzengel brauchen. Am einfachsten können Sie eine Beziehung zu demjenigen Erzengel aufbauen, der Ihrem Sternzeichen entspricht:

Michael: Widder, Löwe, Schütze
Gabriel: Krebs, Skorpion, Fische
Raphael: Zwillinge, Waage, Wassermann
Uriel: Stier, Jungfrau, Steinbock

Das bedeutet nicht, dass Sie nicht auch zu einem der anderen Erzengel Kontakt aufnehmen können, wenn Sie wollen. Am besten passt aber immer derjenige Erzengel zu Ihnen und Ihren Energien, der Ihrem Sternzeichen entspricht.

Ihr Schutzengel ist immer bei Ihnen, um Ihnen zu helfen

und Sie zu beschützen. Vielleicht fragen Sie sich, warum Sie dann einen der Erzengel anrufen sollten. Womöglich haben Sie ein Ziel, das besonders viel Kraft oder Hilfe erfordert. Es könnte eine Herausforderung sein, die Sie an Ihre Grenzen bringt. Hin und wieder müssen wir Gewohntes und Liebgewordenes aufgeben und uns mit etwas befassen, das uns vielleicht Angst einjagt. So wachsen wir als Menschen.

Ein Bekannter von mir arbeitet als Komiker, und allabendlich wünscht er sich vor seinem Auftritt, er hätte Comedy nie zu seinem Beruf gemacht. Er schwitzt, ihm schlottern die Knie, und er ist sich sicher, dass das Publikum ihn hassen wird. Doch in dem Moment, in dem er die Bühne betritt, ist er wie verwandelt. Und wenn seine Vorstellung gut läuft, fühlt er sich den ganzen Abend wie der glücklichste Mensch der Welt. Natürlich erlebt er hin und wieder auch ein Fiasko auf der Bühne, und vor jeder Vorstellung hat er Angst, dass es sich wiederholen könnte. Mein Freund ist Löwe, und er spürt sein Lampenfieber wesentlich weniger stark, seit er mit Erzengel Michael in Verbindung ist. »Ich glaube, Michael könnte meine Nervosität komplett abstellen«, sagte er mir. »Aber das möchte ich gar nicht. Ich muss ein bisschen nervös sein, damit ich mein Bestes geben kann, wenn ich vor Publikum stehe.«

Wenn Sie also eine Extraportion Kraft oder Schutz brauchen, rufen Sie einfach den richtigen Erzengel zu Hilfe.

Jeder Erzengel hat einen eigenen Verantwortungsbereich:

Michael schenkt Schutz und Geduld, wenn wir sie am meisten brauchen. Er kann uns auch beschützen, wenn wir von anderen angegriffen werden – egal, ob es sich dabei um verbale Kritik oder einen körperlichen Angriff handelt.

Gabriel schenkt Hoffnung, Liebe, Intuition und Spiritualität. Wenn wir uns diese Eigenschaften wünschen, so kann Gabriel sie uns in Überfülle schenken.

Raphael vermittelt Kreativität und Heilung. Dieser fürsorgliche Erzengel kann unserem physischen Körper wieder zu strahlender Gesundheit verhelfen. Raphael verbessert auch unsere kreative Leistung. Wenn Sie etwas Künstlerisches oder Kreatives tun wollen, dann kann Raphael dafür sorgen, dass Sie es nicht immer wieder auf die lange Bank schieben und Ihnen tatsächlich etwas Gutes gelingt.

Uriel schenkt Erkenntnis, Klarheit und Visionen. Wenn Sie das Gefühl haben, Sie übersehen etwas Wesentliches oder durchschauen die verborgenen Absichten anderer nicht, können Sie Uriel anrufen. Mit seiner Hilfe werden Sie sehen, was vor sich geht.

Erzengel kann man auf vielerlei Art und Weise rufen. Unsere erste Methode nutzt eine progressive Entspannungstechnik.

Methode eins

Wenn Sie so etwas noch nie gemacht haben, wird Ihnen diese Erfahrung ganz besonders guttun, denn dabei kann sich jede Zelle Ihres Körpers entspannen. Eigentlich sollte es nachts im Schlaf ganz von selbst geschehen, dass Sie sich vollkommen entspannen, häufig ist das aber nicht der Fall. Wenn Sie schon einmal morgens aufgewacht sind mit dem Gefühl, dass Sie eigentlich noch ein paar Stunden Schlaf vertragen könnten, dann bedeutet das, dass verschiedene Körperteile angespannt waren, obwohl Sie geschlafen haben. Durch regelmäßiges progressives Entspannen können Sie die Entspannung herbeiführen, die jede Körperzelle braucht, wenn sie richtig arbeiten soll.

Am besten sprechen Sie dazu den folgenden Text auf Band. Dann brauchen Sie nur noch die Augen zu schließen und zuzuhören.

Sorgen Sie zunächst dafür, dass Sie nicht gestört werden. Vielleicht müssen Sie dazu vorübergehend den Telefonstecker ziehen und Ihr Handy ausschalten. Achten Sie darauf, dass das Zimmer angenehm warm ist, oder decken Sie sich zu. Legen Sie sich hin, oder setzen Sie sich in einen bequemen Sessel. Hier folgt nun der Text, den ich verwende:

»Ich atme angenehm tief ein und schließe beim Ausatmen sanft die Augen. Ich lasse diese angenehme Entspannung durch alle Körperteile strömen. Nichts kann mich mehr stören oder plagen, wenn ich jetzt in die angenehme Welt völliger Ruhe und Entspannung gleite.

Mit jedem Atemzug werde ich immer entspannter. Ich spüre, wie Stress und Anspannung von mir abfallen, bis ich mich fühle wie eine ganz weiche Stoffpuppe.

Ich atme noch einmal tief ein und spüre beim Ausatmen, wie die Spannung aus jedem Teil meines Kopfes und meines Gesichts weicht. Es fühlt sich wunderbar an, so zu entspannen.

Ich atme noch einmal tief ein und spüre beim Ausatmen, wie die Spannung aus meinem Hals und Nacken weicht. Das ist herrlich angenehm.

Ich atme wieder tief ein und spüre dieses Mal beim Ausatmen, wie die Spannung aus meinen Schultern weicht. Ich lasse die Spannung auch aus Armen, Händen und Fingern weichen.

Von nun an weicht mit jedem Atemzug jeglicher Stress, alle Anspannung und Belastung aus jedem Teil meines Körpers. Ich spüre, wie die Spannungen aus Brust und Bauch weichen. Ich sitze so bequem, dass ich gar kein Bedürfnis habe, mich zu bewegen.

Ich möchte einfach nur spüren, wie sich diese wunderbare Entspannung in meinem ganzen Körper ausbreitet und jede Zelle meines Wesens mit neuer Energie erfüllt.

Ich spüre, wie meine Beine entspannen. Meine Füße und sogar meine Zehen entspannen sich immer mehr.

Ich fühle mich völlig entspannt, aber ich kann sogar noch tiefer entspannen. Ich spüre, wie ein Energiestrahl durch meinen Körper läuft. Er beginnt am Kopf und strömt von dort nach unten. Überall, wo er auf Spannung, Stress, Belastung oder Härte trifft, bündelt er sich und sorgt dafür, dass die Stelle sich entspannen kann. Ich spüre, wie dieser Energiestrahl jeden Körperteil untersucht und entspannt.

Jetzt bin ich tief entspannt, und mit jedem Atemzug werde ich sogar noch entspannter, ich werde ganz locker und weich und vollkommen offen für die Worte, die ich jetzt höre.

Ich stelle mir nun vor meinem inneren Auge die schönste Treppe der Welt vor. Sie führt nach unten. Ich sehe diese Treppe ganz deutlich vor mir. Ich stelle mir vor, wie das Geländer aussieht, und lege meine Hand darauf. Ich spüre den Teppich oder den kühlen Marmor unter meinen Füßen. Ich sehe alle Stufen und den anmutigen Bogen der Treppe. Ich stelle mir den wunderschönen Raum vor, in den sie führt. Ich werde jetzt gleich diese Treppe hinuntergehen, und eine Welle freudiger Erregung durchläuft mich, weil ich weiß, dass ich gleich den Erzengel Michael (oder den Erzengel Ihrer Wahl) sehen werde.

Ich gehe jetzt die erste Treppenstufe hinunter und verdopple dabei meine Entspannung.

Ich gehe noch eine Stufe hinunter und verdopple meine Entspannung wieder. Ich tue das bei jeder Stufe, während ich die Treppe weiter hinuntergehe.

Ich sehe vor mir, wie ich die Treppe hinuntergehe, um meinem Erzengel zu begegnen.

Ich spüre, wie ich den Boden erreiche. Ich bleibe stehen und schaue mich um. Dieser Raum ist der prachtvollste, den ich je gesehen habe. Ich setze mich in einen bequemen Sessel und spüre, wie ich in die weichen Polster sinke. Ich streiche über den üppigen Stoff, den Brokat, und nehme die satten Farben in mir auf.

Ich fühle mich sehr wohl in diesem Raum. An einem Ende befindet sich eine große Tür. Dies ist die prachtvollste Tür, die ich je gesehen habe. In die Tür ist ein Name geschnitzt – der Name meines Erzengels. Ich beschließe, hinüberzugehen und an die Tür zu klopfen, und während ich dies tue, öffnet sich die Tür, und mein Erzengel kommt herein.«

(Sie werden Ihren Erzengel in der Gestalt sehen, die für Sie genau die richtige ist. Viele Menschen sehen eher eine Kugel aus reinem, strahlendem Licht statt einen »Menschen«. Andere können die Gestalt des Erzengels gar nicht richtig erkennen, weil er von einem starken Strahlen umgeben ist. Thomas von Aquin glaubte, Engel seien reine Gedanken und selbst ihre Körper seien aus Gedanken geschaffen.[57] Deshalb sehen Sie Ihren Erzengel vielleicht sogar eher als einen Gedanken denn als ein Wesen. Es ist vollkommen gleichgültig, wie Sie Ihren Engel sehen. Sie sollten einfach nur wissen, dass dies von Ihrem kulturellen Umfeld und Ihrer religiösen Erziehung abhängt und dass jede Form und Gestalt richtig ist.)

»Ich begrüße meinen Erzengel so, wie es mir richtig erscheint. Mein Erzengel ist freundlich, warmherzig und bezaubernd. Ich beginne eine angenehme Unterhaltung und stelle jetzt meine Fragen.

Ich sehe vor mir, wie ich Fragen stelle und Antworten erhalte.« (Pause)

»Jetzt ist mein Erzengel bereit zum Abschied. Ich sehe, wie ich ihm danke und wie sich die Tür langsam wieder schließt. Jetzt bin ich in diesem wunderschönen Raum wieder allein.

Ich setze mich bequem in einen Sessel und gleite ein paar Augenblicke lang noch tiefer in die Entspannung.« (Pause)

»Jetzt ist es an der Zeit, in meinen Alltag zurückzukehren. Ich zähle gleich bis fünf und öffne dann die Augen. Ich werde mich energiegeladen und frisch fühlen. Ich werde mich an alles erinnern, was geschehen ist, und kann mich der Welt mit größerem Selbstvertrauen stellen.

Eins. Ich nehme Energie auf und fühle mich wunderbar.

Zwei. Ich bin im Einklang mit mir und der Welt.

Drei. Ich bin vollständig belebt und voller Energie.

Vier. Ich kenne meine besonderen Begabungen und Fähigkeiten.

Fünf. Ich öffne die Augen und fühle mich wunderbar.«

Für mich ist es immer sehr gut, wenn ich meine Erkenntnisse gleich nach einer solchen Sitzung aufschreibe, solange mir alles noch deutlich in Erinnerung ist.

Wenn Sie etwas Erfahrung mit progressiver Entspannung haben, können Sie die Übung abkürzen, indem Sie am oberen Ende der Treppe mit der Entspannung beginnen. Sobald Sie damit gute Ergebnisse erzielen, können Sie sogar einfach die Augen schließen, von fünf rückwärts bis eins zählen – und schon sind Sie in Ihrem Raum. Sie brauchen sich damit aber wirklich nicht zu beeilen. Zwar kann ich inzwischen in Sekundenschnelle in meinem Raum sein, doch oft lasse ich mir lieber Zeit, weil ich auf dem Weg dahin die Möglichkeit habe, alles Negative abzuwerfen, was mir im Laufe des Tages begegnet ist.

Methode zwei

Diese zweite Methode ist nicht ganz so zuverlässig wie die erste, aber ich kenne viele Menschen, die damit gute Ergebnisse erzielen.

Setzen Sie sich wieder in einen bequemen Sessel, und schließen Sie die Augen. Stellen Sie sich vor, dass der Erzengel, den Sie anrufen wollen, direkt vor Ihnen steht. Können Sie ihn deutlich sehen? Vielleicht dauert es ein paar Minuten, bis das Bild klar wird. Sobald Sie ein deutliches Bild vor sich haben, malen Sie sich alles in lebhaften Einzelheiten aus. Betrachten Sie das Gesicht des Erzengels eingehend, und achten Sie auf die Liebe und Zärtlichkeit, die sich darin zeigen. Schauen Sie auf sein Haar und seine Kleidung. Sehen Sie alles in Farbe. Erkennen Sie das Strahlen, das Ihren Erzengel umgibt.

Nicht alle Menschen können deutlich visualisieren, daher brauchen Sie vielleicht mehrere Versuche, bis sich das erwünschte Ergebnis zeigt. Sobald Sie den Erzengel deutlich sehen können, bitten Sie ihn um das, was Sie brauchen. Wenn Sie Ihre Bitte ausgesprochen haben, verschwindet der Erzengel meist allmählich. Vielleicht spüren Sie einen leichten Druck auf der Schulter, so als berühre Sie der Erzengel, bevor er geht. Sagen Sie »Danke«, am besten laut, bevor das Bild vollständig verblasst ist.

Lassen Sie sich ein paar Sekunden Zeit, um wieder in Ihre normale Umgebung zurückzukommen, und öffnen Sie dann die Augen.

Methode drei

Viele Kursteilnehmer sagen, dass ihnen diese Methode von allen am meisten Spaß macht. Mir ist keine lieber als die andere, aber mit dieser erziele ich auch immer gute Ergebnisse. Ich nenne sie die Erzengel-Farbmeditation.

Alle Menschen haben eine Farbe, die sie besonders anspricht. Wenn Sie eine Lieblingsfarbe haben und man Ihnen stets viele Komplimente macht, wenn Sie Kleidung in dieser Farbe tragen, dann ist diese Farbe wahrscheinlich für diese Methode die richtige.

Wenn Ihnen nicht sofort eine Farbe einfällt, dann können Sie Ihre Farbe mithilfe der Numerologie finden. Dazu müssen Sie nur Ihr Geburtsdatum zu einer Zahl aufaddieren und dann diese Zahl mit der richtigen Farbe verbinden. Bilden Sie zuerst eine Summe aus dem Tag, dem Monat und dem vierstelligen Geburtsjahr. Sind Sie am 28. April 1980 geboren, dann geht das folgendermaßen:

$$\begin{array}{r} 28 \\ 4 \\ +\ 1980 \\ \hline 2012 \end{array}$$

Diese Zahl wird dann bis auf eine Stelle aufaddiert: 2 + 0 + 1 + 2 = 5

Es gibt jedoch zwei Ausnahmen. Wenn die Summe Ihrer Zahlen an irgendeiner Stelle dieses Aufaddierens die Zahl 11 oder 22 ergibt, hören Sie auf. Diese beiden Zahlen gelten in der Numerologie als Meister- oder Lebenswegzahlen.[58] Im Folgenden ein Beispiel:

$$\begin{array}{r} 29 \\ 2 \\ +\ 1944 \\ \hline 1975 \end{array} \text{ und } 1 + 9 + 7 + 5 = 22$$

Wir bilden die Summe aus dem Geburtsdatum so, dass eine 11 oder 22 nicht verloren gehen kann. Wenn wir so addieren wie oben, dann ergibt die Summe 22. Wenn wir aber die Zahlen einzeln nacheinander addieren, geht die 22 verloren:

2 + 9 (Tag) + 2 (Monat) + 1 + 9 + 4 + 4 (Jahr) = 31 und 3 + 1 = 4

Wenn Sie Ihr Geburtsdatum auf eine einzelne Zahl (oder 11 bzw. 22) reduziert haben, haben Sie Ihre Lebenswegzahl gefunden, wie man in der Numerologie sagt. Jetzt können Sie aus der folgenden Liste Ihre Farbe ablesen.

1 = Rot
2 = Orange
3 = Gelb
4 = Grün
5 = Blau
6 = Indigo
7 = Lila

8 = Pink
9 = Bronze
11 = Silber
22 = Gold[59]

Jetzt, da Sie Ihre Farbe kennen, brauchen Sie sich nur noch hinzusetzen und sich vollkommen zu entspannen. Hierzu kann Ihnen die progressive Entspannung aus Methode eins hilfreich sein. Wenn Sie völlig entspannt sind, haben Sie die Wahl: Sie können sich vorstellen, dass Sie vollkommen von Ihrer Farbe umgeben und durchdrungen sind. Oder aber Sie können sich vorstellen, dass Sie durch einen Regenbogen schreiten, bis Sie bei Ihrer Farbe angekommen sind.

In beiden Fällen sind Sie am Ende vollständig von Ihrer Farbe umhüllt. Stellen Sie sich nun vor, dass Sie diese Farbe sind. Visualisieren Sie, wie die Farbe immer größer wird, bis sie schließlich das ganze Zimmer, in dem Sie sich befinden, erfüllt. Visualisieren Sie dann, wie die Farbe das ganze Gebäude, die Straße, den Stadtteil, die ganze Stadt, das Bundesland, Ihr Land, die ganze Welt und schließlich das ganze Universum erfüllt.

Spüren Sie nun den Erzengel, mit dem Sie Kontakt aufnehmen wollen. Sie werden die Präsenz des Erzengels spüren, sobald er zu Ihnen kommt.

Halten Sie die Augen geschlossen, und visualisieren Sie den Erzengel so deutlich wie möglich. Sprechen Sie dann einfach. Erzählen Sie dem Erzengel alles, was in Ihrem Leben gerade geschieht, das Gute und das Schlechte. Sprechen Sie über Ihre Hoffnungen und Pläne. Es wird so sein, als sprächen Sie mit Ihrem besten Freund. Vielleicht erhalten Sie eine Antwort von dem Erzengel, vielleicht aber auch nicht. Doch aus dem Erlebnis werden Ihnen auf jeden Fall Selbstwertgefühl, Selbstvertrauen und Liebe erwachsen.

Fragen Sie den Erzengel alles, was Sie wissen möchten. Machen Sie sich keine Gedanken, wenn nicht sofort Antworten kommen. Bestimmt fallen sie Ihnen dann im Laufe der nächsten Tage zu, entweder in Gestalt eines Traumes oder eines plötzlichen Gedankens wie aus heiterem Himmel. Doch Sie werden wissen, dass dieser Gedanke direkt von Ihrem Erzengel gekommen ist.

Wenn Sie den Namen Ihres Schutzengels nicht kennen, dann ist jetzt eine günstige Gelegenheit, den Erzengel darum zu bitten, Ihnen den Namen zu nennen. Es kann sein, dass Ihr Schutzengel neben Ihnen erscheint, während Sie mit dem Erzengel sprechen. Das ist ein gutes Zeichen. Natürlich ist Ihr Schutzengel immer da, aber es ist auch immer wieder schön, wenn er Sie daran erinnert.

Wenn Ihr Gespräch beendet ist, danken Sie dem Erzengel. Sie spüren, wie der Erzengel verblasst, und sind wieder völlig umhüllt von Ihrer Farbe. Visualisieren Sie, wie die heilsamen Energien Ihrer Farbe das ganze Universum durchströmen. Spüren Sie sie in jeder Pore Ihres Wesens. Wenn Sie so weit sind, dann danken Sie der universellen Lebenskraft dafür, dass Sie Güte im ganzen Universum verbreiten durften. Zählen Sie langsam bis fünf, und öffnen Sie dann die Augen.

Die meisten Menschen fühlen sich nach dieser Meditation durch und durch wohl. Sie ist eine mystische Erfahrung, bei der Sie alle Ihre Probleme abgeben, heilsame Energien aussenden und die Welt mit neuen Augen sehen können.

Methode vier

Mit dieser Methode habe ich nicht immer gute Ergebnisse erzielt. Der Vollständigkeit halber nehme ich sie aber mit auf.

Schließen Sie einfach einige Momente lang die Augen, und atmen Sie ein paar Mal tief durch. Sagen Sie bei jedem Einatmen im Stillen den Namen des Erzengels, den Sie anrufen. Sagen Sie beim Ausatmen: »Komm zu mir.«

Sprechen Sie das dreimal laut aus, öffnen Sie dann die Augen, und sehen Sie Ihren Erzengel vor sich.

Ich finde, der Erfolg dieser Übung hängt sehr stark davon ab, wie sehr Sie den Erzengel zum jeweiligen Zeitpunkt brauchen. Wenn Sie ihn unbedingt benötigen, dann ist beinahe garantiert, dass der Erzengel erscheint. Brauchen Sie ihn aber nicht ganz so dringend, dann ist es eher unwahrscheinlich, dass er kommt.

Das kann frustrierend sein, insbesondere, wenn etwas, das wir für wichtig halten, bei den Erzengeln als belanglos gilt. Sie verfügen über Erkenntnisse und Kräfte, die wir nicht haben, sind emotional distanziert und unpersönlich. Erscheint Ihr Erzengel nicht, dann denken Sie nochmals über Ihren Wunsch nach. Versuchen Sie, Ihre Gefühle und Emotionen außen vor zu lassen, und betrachten Sie die Sache so rational wie möglich. Wenn Sie dann immer noch das Bedürfnis haben, einen Erzengel zu Rate zu ziehen, rufen Sie ihn mithilfe einer anderen Methode. Vielleicht kann Ihnen auch Ihr Schutzengel bei der Lösung des Problems helfen.

5 Der Dienst der Heilengel

Stellen Sie sich einmal vor, Sie fühlten sich ständig energiegeladen und voller Enthusiasmus. Sie könnten in allem einen Sinn erkennen und diese Inkarnation jede Sekunde genießen. Wäre das Leben dann nicht wunderbar? Für viele Menschen klingt das wie ein unerfüllbarer Traum, aber mithilfe Ihres Schutzengels können Sie ihn wahr machen. Ihr Engel kann Ihnen helfen, an Körper, Geist und Seele heil zu werden. Und während dies geschieht, tun Sie ganz von selbst allen, die Sie kennen, ebenfalls etwas Gutes.

Sie können nicht nur sich selbst, sondern auch anderen helfen. Ein altes Gebet lautet:

> *Möge die heilsame Kraft Jesu Christi über* (Name) *kommen und die heiligen Engel ihn (oder sie) begleiten.*

Dieses Gebet aktiviert Raphael und die anderen Heilengel, die dann der Person, für die Sie gebetet haben, zum Beispiel einer Freundin, zu Hilfe kommen. Dieses Gebet unterstützt den Schutzengel Ihrer Freundin und ermöglicht eine spirituelle Heilung durch die Engel.

Das Interessante dabei ist, dass Ihre Freundin weder religiös sein muss noch dran zu glauben braucht, dass dies wirkt. Mir ist es lieber, wenn ich den Menschen, denen ich auf diese Art und Weise Hilfe schicke, vorher Bescheid sagen kann. Aber es gibt auch Fälle, in denen dies unmöglich ist. Wenn Ihre Freundin zum Beispiel bewusstlos ist, dann können Sie nicht auf ihre Erlaubnis warten, sondern müssen sofort reagieren.

Wenn Sie Zeit haben und kein Notfall vorliegt, dann setzen Sie sich hin und entspannen Sie sich Schritt für Schritt. Stellen Sie sich vor, Ihre Freundin läge in einem Bett vor Ihnen. Visualisieren Sie ihren Herzschlag und beobachten Sie, wie ihr Blut in alle Körperteile strömt. Stimmen Sie sich auf die Energien ein, die Ihre Freundin umgeben, und achten Sie auf kranke Bereiche. Diese Stellen erkennen Sie an einer Blockade oder Disharmonie oder vielleicht an einer Unterbrechung im Rhythmus der Körperfunktionen. Senden Sie heilsame Energien in diese Bereiche. Rufen Sie danach Raphael an, und bitten Sie ihn, er möge Ihrer Freundin helfen, wieder gesund zu werden.

Senden Sie Ihrer Freundin eine telepathische Botschaft. Bitten Sie sie, sich zu entspannen und die heilsamen Energien um sich herum zu spüren. Bitten Sie Ihre Freundin außerdem, allen Schmerz, Groll, Eifersucht oder andere Gefühle, die die Krankheit ausgelöst haben könnten, loszulassen. Bitten Sie Ihre Freundin, sich der Harmonie im Universum bewusst zu werden und die Lebenskraft in ihrem Inneren wieder zu spüren. Ihre Freundin nennt diese Lebenskraft vielleicht Gott. Das spielt keine Rolle. Sobald Ihre Freundin alten Schmerz loslässt und sich der universellen Lebenskraft bewusst wird, kann die innere Heilung beginnen.

Bitten Sie Ihren Schutzengel um Schutz und Hilfe. Danken Sie dem Universum, dass Sie Ihrer Freundin auf diese Weise helfen dürfen. Spüren Sie Ihren Schutzengel neben sich, und wenn Sie so weit sind, dann zählen Sie bis fünf und öffnen Sie die Augen.

Sie können auch größeren Menschengruppen heilsame Energien senden. Priester sprechen im Gottesdienst oft Gebete für die Kranken und Leidenden. Dasselbe können Sie zu Hause auch tun. Stellen Sie sich Krankenhäuser voller Heilengel vor, die alle ihr Bestes geben, damit die Patienten bald wieder gesund werden. Mit Ihren Gebeten können Sie dies bewirken.

Sie brauchen dazu noch nicht einmal niederzuknien und die Augen zu schließen. Denn wenn Sie nicht religiös sind, dann passt das sowieso nicht zu Ihnen. Visualisieren Sie einfach immer, wenn Sie möchten, Heilengel, die den Heilungsverlauf unterstützen. Tun Sie das zum Beispiel, wenn Sie gerade an einem Krankenhaus vorbeifahren. Visualisieren Sie dabei einfach, dass die Engel herniederschweben, sich ans Fußende der Betten setzen und Hilfe, Trost und heilsame Energien spenden. Stellen Sie sich einmal vor, wie viel Gutes getan werden könnte, wenn nur eine Handvoll Menschen jeden Tag die Engel anrufen würde.

Eine Bekannte war neun Jahre alt, als sie zum ersten Mal Engel sah. »Wir picknickten gerade mit der ganzen Familie im Park«, erinnert sie sich. »Unterhalb von uns lag ein großes Krankenhaus. Mein Vater erzählte, ein Freund von ihm liege gerade dort drin und warte auf seine Herzoperation. Als ich zum Krankenhaus schaute, sah ich, wie Tausende von Engeln herunterkamen und durchs Dach schwebten. Ich sagte meinem Vater, bei seinem Freund würde alles gut gehen. Er meinte, das sei ziemlich unwahrscheinlich, denn sein Freund sei schwer krank und würde wahrscheinlich nicht überleben.

Aber ich hatte Recht. Zur großen Überraschung aller wurde der Freund meines Vaters wieder vollständig gesund. Mehrere Monate später kam der Mann zum Abendessen zu uns und fragte mich, woher ich denn gewusst hätte, dass er überleben würde. Bis dahin hatte ich noch niemandem von den Engeln erzählt, aber jetzt sagte ich diesem Mann, was ich gesehen hatte. Er umarmte mich, als er das hörte, denn er hatte einen Engel neben seinem Bett stehen sehen. Seither habe ich öfter Engel gesehen, und ich kann einfach an keinem Krankenhaus vorbeigehen, ohne mich an dieses Familienpicknick zu erinnern.«

Engel wurden an ganz unterschiedlichen Orten der Heilung gesehen. Charles Leadbeater berichtet von einem Heilgottesdienst, den er in der Liberal Catholic Church hielt. Ein großer Engel erschien und spendete den 79 anwesenden Patienten Heilung. In seinem Bericht für die Zeitschrift *The Theosophist* schreibt Leadbeater, allen Patienten sei es in diesem Moment sehr viel besser gegangen. Bei einigen habe die Besserung angehalten, bei anderen allmählich wieder nachgelassen. »Das Beeindruckendste aber ist die wunderbare spirituelle Kraft, die sich über alle ergoss und die alle spürten.«[60] Im selben Bericht schreibt Leadbeater, dass der Engel »intensiv und unablässig« in der Kirche, zugleich aber auch an mindestens 30 weiteren Orten heilend gewirkt habe.

Vom Dienst der Heilengel wird zum ersten Mal im Buch Tobias berichtet, das zu den Apokryphen[61] gehört. In diesem Buch erzählt Tobias, wie Raphael ihm eine Heilformel übergab. Die Geschichte ist faszinierend.

Tobias war ein guter, aufrechter, ehrlicher und frommer Jude. Er lebte etwa 800 Jahre vor Christi Geburt im Exil in Ninive. Die Juden wurden in Ninive in Gefangenschaft gehalten, und König Sanherib gestattete ihnen nicht, ihre

Toten zu beerdigen. Doch Tobias und eine Hand voll anderer mutiger Menschen hintergingen den König und beerdigten die Toten heimlich.

Eines Abends, Tobias war bereits 50 Jahre alt und wollte sich eben zum Abendessen setzen, hörte er von einem weiteren Toten, der beerdigt werden musste. Sofort brach er auf und beerdigte ihn. Da er durch das Berühren des Toten unrein geworden war, ging er nicht nach Hause, sondern schlief am Fuß der Hofmauer. Leider ließ er sein Gesicht unbedeckt. Nachts fielen ihm die Hinterlassenschaften der Spatzen, die auf der Mauer schliefen, in die Augen, und als er aufwachte, war er völlig erblindet. Er tat alles, was möglich war, um sein Augenlicht wiederzuerlangen, aber selbst die besten Ärzte konnten ihm nicht helfen. Seine Frau musste arbeiten gehen, damit die Familie überleben konnte.

Acht Jahre später war Tobias dem Selbstmord nahe. Er rief Gott an und bat, dass er ihn sterben ließe. Er regelte seine Angelegenheiten und trug seinem einzigen Sohn, der ebenfalls Tobias hieß, auf, nach Medien zu reisen und das Geld einzutreiben, das ihm ein Geschäftspartner dort noch schuldete. Er bat Tobias, sich aus Sicherheitsgründen einen Reisegefährten zu suchen, und sagte, er werde diesen Mann für seine Zeit und Mühe entlohnen.

Zu der Zeit, als dies in Ninive geschah, war auch eine Frau namens Sarah in Medien leidend. Sie war von dem Dämon Asmodi[62] besessen, der alle ihre sieben Ehemänner umgebracht hatte, bevor die Ehe vollzogen werden konnte. Ihre Eltern sorgten sich sehr, dass sie keinen Mann mehr für ihre Tochter finden würden. Ihr Vater Raguel betete zu Gott um Hilfe.

Als Gott die Gebete von Tobias und Raguel hörte, sandte er Raphael zur Erde. Er sollte das Augenlicht des alten Tobias wiederherstellen und den Dämon aus Sarah austreiben.

Tobias fand jemanden, der ihn nach Medien begleitete: Es war Raphael in menschlicher Gestalt. Er erzählte Tobias, sein Name sei Azarja und er sei mit seinem Vater entfernt verwandt.

Tobias und Raphael machten sich auf den Weg nach Medien. Als Tobias sich am ersten Abend im Fluss Tigris wusch, tauchte ein riesiger Fisch auf, der aussah, als wolle er ihn verschlingen. Raphael sagte Tobias, er solle den Fisch fangen, was ihm auch tatsächlich gelang. Als der Fisch am Ufer lag, wies Raphael Tobias an, Herz, Leber und Galle herauszuschneiden. Den Rest des Fisches brieten und aßen sie.

Als Tobias Azarja (Raphael) fragte, warum sie Herz, Leber und Galle aufbewahrt hatten, erfuhr er, dass der Rauch von Herz und Leber böse Geister ausfahren lassen könnte, die Galle hingegen das Augenlicht eines Mannes mit einem weißen Schleier über den Augen wiederherstellen würde.

Die beiden setzten ihre Reise fort. Als sie in die Nähe von Medien kamen, sagte Raphael zu Tobias, sie sollten in Raguels Haus Quartier nehmen und er solle Raguels Tochter Sarah heiraten. Verständlicherweise wurde Tobias unruhig, als er erfuhr, dass alle ihre sieben früheren Ehemänner in der Hochzeitsnacht gestorben waren. Raphael sprach ihm Mut zu und sagte, er solle in seiner Hochzeitsnacht mit Teilen von Herz und Leber des Fisches räuchern. Dann würde der Dämon aus Sarah ausfahren und nie wiederkehren.

Alles geschah, wie Raphael es versprochen hatte. Der Dämon Asmodi floh, sobald er den Rauch roch, und wurde »nach Oberägypten verbannt«, wo Raphael in fesselte.

Die Hochzeitszeremonie dauerte 14 Tage, dann nahm Tobias seine Braut Sarah und Raphael mit nach Ninive. Tobias salbte die Augen seines Vaters mit der Galle des Fisches, und dessen Augenlicht war auf wundersame Weise wiederhergestellt. Die Familie freute sich sehr und bot Raphael die Hälfte des Geldes an, das Tobias aus Medien mitgebracht hatte.

Da offenbarte sich Raphael als der Erzengel, der er in Wirklichkeit war. Vater und Sohn fielen in großer Furcht zur Erde nieder, aber Raphael sagte ihnen, sie sollten sich nicht fürchten. Er erklärte den Männern, er sei einer der sieben Engel, die Gott am nächsten seien, und er habe das Gebet des alten Tobias direkt Gott überbracht. Er ermahnte die Männer, ein gutes, rechtschaffenes Leben zu führen, Gott zu loben und alles aufzuschreiben, was geschehen war.

Raphael setzt seinen Dienst als Heiler bis zum heutigen Tage fort.

Sich selbst heilen

Es gibt viele Arten der Heilung, und wenn wir Heilung brauchen, ist es immer gut, unseren Schutzengel um Hilfe zu bitten. Schließlich ist er dazu da, uns unser ganzes Leben lang zu helfen, zu leiten und zu beschützen. Und doch zögern wir oft, um Unterstützung zu bitten. Wir beißen die Zähne zusammen und leiden unnötig.

Unser Schutzengel kann uns helfen, wenn es uns körperlich nicht gut geht, und nur zu gern hilft er uns auch, wenn wir uns psychisch, emotional oder spirituell unwohl fühlen. Es gibt für uns alle Zeiten, in denen wir Heilung auf einem dieser Gebiete brauchen.

Grant, ein Freund von mir, erlitt einen Nervenzusammenbruch. Seine Frau erzählte mir, es habe sich seit Jahren abgezeichnet, doch als es dann geschah, war es für die Familie dennoch ein Schock. Grant hatte unendlich viele Überstunden geleistet, weil er wollte, dass in seiner Abteilung alles glattlief. Es war ein aussichtsloser Kampf, denn ein Drittel seiner Mitarbeiter war entlassen worden, und ständig gingen weitere Leute, weil sie anderswo sicherere Arbeitsplätze fanden. Schließlich wurde ihm alles zu viel.

Eines Abends kam Grant von der Arbeit nicht nach Hause. Sein Sohn fuhr in sein Büro, um nachzusehen, warum er nicht ans Telefon ging. Doch dort erfuhr er, dass Grant die Firma zur üblichen Zeit verlassen hatte. Die Polizei wurde verständigt, und am nächsten Morgen fand man Grant auf einer Parkbank, wo er in der Kälte beinahe erfroren wäre.

»Jemand muss ihn behütet haben«, sagte der Arzt. »Normalerweise wäre er erfroren.«

In den langen Monaten seiner Genesung sah Grant wiederholt Engel. Am Anfang erschrak er und fürchtete sich vor ihnen, aber nach und nach betrachtete er sie als seine Heilengel. Zum ersten Mal im Leben dachte er über religiöse Fragen nach. Er kann inzwischen immer noch nicht arbeiten, aber er hat sich sehr verändert.

»Er weilt wieder unter den Lebenden«, sagt seine Frau. »Er ist tolerant, verständnisvoll und liebenswert. Er verliert nicht mehr die Geduld mit den Kindern, und er hat entdeckt, was im Leben wirklich zählt.«

Außerdem hat er seinen Schutzengel gefunden und kommuniziert regelmäßig mit ihm.

Eine mir bekannte Frau erlebte mithilfe ihres Schutzengels eine emotionale Heilung. Ich nenne sie hier Carol, wobei das nicht ihr richtiger Name ist, denn was sie getan hat, ist ihr immer noch peinlich.

Vor etlichen Jahren, Carol war gerade 30, verliebte sie sich in einen Mann namens Howard. Er war 20 Jahre älter. Auf dem Weg zur Arbeit kaufte sie täglich die Zeitung, und nach und nach fühlte sie sich zusehends mehr zu Howard, dem der Kiosk gehörte, hingezogen.

Schließlich lud er sie zum Abendessen ein. Die Beziehung entwickelte sich, und schon bald zog sie zu ihm. Eine Zeit lang ging alles gut, aber allmählich störte es Howard sehr, dass Carol immer wieder versuchte, ihn zu ändern. Eines Abends hatten sie einen großen Streit, und am nächsten Tag zog Carol aus.

Für Howard war dies das Ende der Beziehung. Doch Carol dachte endlos über die verlorene Liebe nach. Sie fing an, Howard nachzuspionieren, weil sie sehen wollte, ob er nun mit anderen Frauen ausging. Sie beobachtete ihn auch bei der Arbeit, um herauszufinden, ob er seinen weiblichen Kundinnen mehr Aufmerksamkeit schenkte als den Männern. Ja, sie durchwühlte sogar seinen Müll, weil sie wissen wollte, ob eine Frau bei ihm wohnte. Sie war von dem Gedanken geradezu besessen.

Eines Tages rief sie bei ihrer Arbeitsstelle an und gab vor, krank zu sein. Sie fuhr ans andere Ende der Stadt und brach in Howards Wohnung ein. Sie war gerade dabei, alles zu durchsuchen, als Howard plötzlich hereinkam. Ein Nachbar hatte ihn angerufen und ihm gesagt, eine Frau sei durch sein Badezimmerfenster in seine Wohnung gestiegen. Howard rief nicht die Polizei, denn er wusste, wer das war.

Carol brach in seinen Armen zusammen, entschuldigte sich und bat ihn, die Beziehung zu ihr wieder aufzunehmen. So sanft er konnte, sagte Howard ihr, dass dies unmöglich sei.

Auf ihrem Nachhauseweg erlitt Carol einen Unfall. Bis heute weiß sie nicht, ob sie dabei Selbstmordgedanken hatte. Der Unfall war eindeutig ihre Schuld. Eine Woche lag sie im Krankenhaus. In der Zeit ihrer Rekonvaleszenz schrieb sie Howard jeden Tag mehrere Briefe, in denen sie ihm ihre Liebe beteuerte.

Eines Morgens ging sie mit diesen Briefen in der Hand zum Postamt, als sie plötzlich eine Stimme hörte.

»Warum hörst du nie auf mich?«, sagte die Stimme immer und immer wieder. Sie sah sich um, entdeckte aber niemanden.

»Sprechen Sie mit mir?«, fragte sie laut.

»Geh wieder nach Hause«, sagte ihr die Stimme. »Ich möchte mit dir reden.«

»Ich bring nur noch schnell diese Briefe zur Post«, erwiderte Carol.

»Nein, nein, nein!«, sagte die Stimme leicht verärgert. »Geh sofort heim!«

Die Stimme war so stark und hartnäckig, erzählte mir Carol später, dass sie gehorchte. Sie ging wieder nach Hause, kochte Kaffee, setzte sich nach draußen in die Sonne und wartete ab, was passieren würde.

Während sie so dasaß und sich zu erklären versuchte, woher die Stimme gekommen war, spürte sie, dass sie nicht allein war. Sie konnte niemanden sehen, aber sie spürte eine tröstliche Präsenz neben sich.

»Es war schon unheimlich«, berichtete sie. »Ich hatte ja durchaus Interesse an medialen Dingen und las auch täglich mein Horoskop, aber Engel?« Sie schüttelte den Kopf. »Nie und nimmer!« Bei der Erinnerung lächelte sie. »Nun ja, irgendwie dämmerte es mir, dass das ein Engel war. Ich konnte mich dunkel daran erinnern, dass mir eine Freundin vor Jahren von ihrem Schutzengel erzählt hatte, aber ich fand das damals nicht besonders interessant und habe gar nicht richtig zugehört. Und jetzt saß ich da und hatte einen Engel neben mir.«

Der Engel hatte es überhaupt nicht eilig mit dem Gespräch und ließ Carol viel Zeit, sich an die Situation zu gewöhnen. Der Engel sprach nicht laut, sondern ließ die Worte in Carols Gedanken fließen. Carol kam es vor, als fielen ihr die Schuppen von den Augen.

»Plötzlich konnte ich erkennen, wie sehr ich mich zum Narren machte. Ich schämte mich so, und es war mir so peinlich. Aber mein Engel sagte, ich sollte es einfach vergessen und loslassen. Ich konnte fast zusehen, wie der ganze Schmerz und die verletzten Gefühle mich verließen und davonschwebten. Von diesem Engel ging so viel Frieden und Wärme und Liebe aus. Ich saß einfach nur da und badete in seiner Gegenwart. Ich muss eingeschlafen sein, denn es war schon später Nachmittag, als ich plötzlich wieder aufwachte. Als ich am nächsten Tag zur Arbeit kam, trauten meine Kollegen ihren Augen kaum, wie sehr ich mich verändert hatte. Man hat es mir sofort angesehen.«

Carols Schutzengel ermöglichte ihr, sich selbst emotional zu heilen. Carol schrieb Howard noch einen letzten Brief, in dem sie sich entschuldigte und ihm sagte, dass es ihr nun gelungen sei, ihn loszulassen. Als sie mehrere Monate später wieder den Mut hatte, an seinem Kiosk vorbeizugehen, berührte sein Anblick sie nicht mehr. Sie unterhielt sich kurz mit ihm und konnte dann ganz normal weitergehen. Heute ist sie glücklicher denn je und hält regelmäßigen Kontakt zu ihrem Schutzengel.

Carol gab mir im Hinblick auf Schutzengel einen wertvollen Rat. »Wir brauchen nur unser Herz zu öffnen, und schon ist unser Schutzengel da.«

Was in Ihrem Leben auch geschieht, denken Sie immer daran: Sie können jederzeit Ihr Herz öffnen und einfach zulassen, dass Ihr Schutzengel Sie mit heilsamer Energie umhüllt.

Unser Schutzengel ist da, um uns zu helfen und uns zu beschützen.

Daher konnte das Erlebnis mit seinem Schutzengel auch Harold B. Lee, den elften Präsidenten der Kirche Jesu Christi der Heiligen der Letzten Tage, nicht überraschen. Auf einem Heimflug quer durch die Vereinigten Staaten spürte er sein Magengeschwür immer stärker. Im Flugzeug fühlte er zweimal eine heilende Hand auf seinem Kopf. Wenn er aber nach oben sah, konnte er nichts entdecken. Kurz nach seiner Ankunft zu Hause fing Harolds Magengeschwür an zu bluten. Wäre das im Flugzeug passiert, wäre er gestorben.[63]

Die Geschichte von Bernadette Soubirous und »Unserer Lieben Frau von Lourdes«, die ich in Kapitel eins erzählt habe, ist ein Beispiel für Wunderheilungen an einer Vielzahl von Menschen. Während Bernadettes Visionen der Jungfrau Maria »betrachteten und behandelten sie die Zeugen bereits, als sei sie eine Heilige«.[64]

Am 25. Februar 1858 kroch Bernadette auf Händen und Knien ans hintere Ende der Grotte von Massabielle und schöpfte etwas brackiges Wasser. Sie sagte, die Jungfrau Maria habe sie angewiesen, davon zu trinken und sich damit zu waschen. Beinahe augenblicklich erfuhren Menschen, die in dem Wasser badeten, Wunderheilungen, und heute kommen jedes Jahr Millionen Menschen in der Hoffnung auf Heilung nach Lourdes.

Bernadette litt schon als Kind unter Asthma, später kam noch Tuberkulose hinzu. Leider konnte sie sich nie selbst heilen und war während der letzten Jahre ihres kurzen Lebens ans Bett gefesselt. Sie starb 1879 im Alter von nur 35 Jahren und wurde 1933 von der katholischen Kirche heilig gesprochen.

6 Engel, Kreativität und Kunst

Obwohl mir oft Menschen begegnen, die behaupten, nicht kreativ zu sein, bin ich felsenfest davon überzeugt, dass wir alle sehr kreativ sind. Immer, wenn wir einen Gedanken fassen, kreieren wir etwas. Wenn Sie einen Garten pflegen, tun Sie etwas Kreatives. Wenn Sie eine Mahlzeit zubereiten, erschaffen Sie ebenfalls etwas. Das Problem rührt daher, dass viele Menschen glauben, Kreativität gelte nur für künstlerische Dinge. Ich glaube, dass wir alle eine künstlerische, kreative Seite haben, sie aber oft nur schwer umsetzen und nutzen können.

Einer meiner älteren Verwandten entdeckte erst, als er einmal mehrere Monate ans Bett gefesselt war, dass er richtig gut sticken kann. Es ist unwahrscheinlich, dass er dieses Talent je entdeckt hätte, wäre er nicht krank geworden.

Ein Bekannter fand heraus, dass er sehr gut auf der Singenden Säge musizieren kann. Dave hätte das nie gemerkt, wenn er nicht einmal einen ganzen Sommerurlaub lang mit Holzfällern im Wald gearbeitet hätte. Eines Abends erzählte ihm ein Freund, er habe mal jemanden auf der Säge Musik machen sehen. Dave wollte das sofort auch versuchen und probierte es mit der Säge, die sie zum Baumfällen benutzten. Zu seiner eigenen Überraschung konnte er ihr tatsächlich Musik entlocken.

Eine Verwandte überstand eine besonders schwierige Zeit in ihrem Leben, indem sie alle unterdrückten Gefühle aufschrieb. Heute verdient sie mit ihren Kurzgeschichten viel Geld.

Sie alle haben ihr Talent durch Zufall entdeckt. Natürlich gibt es auch Menschen, die quasi von Geburt an wissen, welche besonderen Begabungen sie haben. Mozart ist das perfekte Beispiel dafür. Bereits mit vier Jahren spielte er Cembalo und komponierte.

Die meisten Menschen haben nicht ganz so viel Glück, und manche finden sogar ihr ganzes Leben lang nicht heraus, wo ihre besonderen Begabungen liegen. Aber das muss nicht so sein. Wir brauchen nur unseren Schutzengel darum zu bitten, dass er uns hilft, unser Talent zu finden. Und wenn wir es gefunden haben, dann hilft uns unser Schutzengel auch, es zu entwickeln.

Dichter und andere Künstler thematisieren in ihrem Werk oft auch Engel. In gewisser Weise ist das nicht weiter verwunderlich, denn Künstler befassen sich auf der tiefsten Ebene mit Gefühlen und Emotionen. Der bekannte frühchristliche Theologe Origenes glaubte, dass Engel bei der Entstehung der Sprache mitgewirkt haben. Demnach hatten sie schon von Anbeginn der Zeit mit Worten zu tun.[65]

William Blake (1757–1827) war ebenso sehr Visionär und Mystiker wie romantischer Rebell. Er stand unter dem Einfluss der Werke Emanuel Swedenborgs und nahm oft Engel in seine Gedichte und Bilder auf. Im Alter von neun Jahren sah er bei einem einsamen Spaziergang auf dem Land zum ersten Mal Engel. Als er nach Hause kam, erzählte er seinen Eltern, er habe »einen Baum voller Engel« gesehen.[66] Ganz offensichtlich waren bei seiner künstlerischen Arbeit ständig Engel um ihn. In der Einleitung zu seinem Gedicht *Und zogen diese Füße einst*, das heute unter dem Titel *Jerusalem* bekannt ist und dem Vorwort zu seinem Versepos *Milton* entstammt, schreibt er, das Gedicht sei ihm diktiert worden und er habe es lediglich aufgeschrieben. »Ich schäme mich nicht«, schreibt er, »Euch zu sagen, was gesagt werden muss – dass ich unter der Anleitung der Boten des Himmels stehe, Tag für Tag und Nacht für Nacht.«[67] So tief war William Blake in seine visionäre Welt versunken, dass seine Frau sagte: »Ich habe nur wenig von Mr. Blakes Gesellschaft. Er weilt ständig im Paradies.«[68]

William Blakes Gedicht *Heiliger Donnertag* aus seinen *Liedern der Unschuld* habe ich schon immer geliebt:

Am heil'gen Donnerstag, ihr Antlitz unschuldsvoll und rein,
Ziehn Kinder, rot und blau und grün gekleidet, je zu zwein;
Voran mit Stäben weiß wie Schnee, die Kirchendiener, und ihr Strom
Ergießt sich gleich der Themse Wassern in St. Paulus' hohen Dom.

Die Kinder, Londons Blumen, in welch großer Zahl!
Gedrängt in Sitze, baden sie in eignen Lichtes Strahl.
Der Kinder – einer Herde Lämmchen! – Murmeln stieg und schwand;
Zu Tausenden erhoben sie in Unschuld ihre Hand.

Und ihres Sanges Stimme schwingt wie Sturmwind sich ins Reich
Des Himmels, klangvollem Donner zwischen seinen Thronen gleich.
Und unten stehn der Armen Hüter, weise und betagt;
Hegt Mitleid, dass ihr nicht die Engel von der Türe jagt.[69]

Francis Thompson (1859–1907) war ein Mystiker wie Blake. Als Kind hörte ich besonders gern sein Gedicht *Kleiner Jesus*:

Kleiner Jesus, warst du nicht
Schüchtern einst und klein wie ich?
Und wie war es, so allein
Weg vom Paradies zu sein?
Hast du auch oft dran gedacht,
Was der Engel Schar wohl macht?

Ich glaub, ich hätte sehr geweint
Um mein Heim im Himmelreich;
Hätt überall mich umgesehn,
Meine Engel zu erspähn.
Aufwachen wäre mir verleidet
Ohne Engel, der mich kleidet.

Hatt'st du Spielzeug bunt und fein
Wie wir Menschenkinderlein?
Hast mit allen Engeln du gespielt,
Welche nicht allzu groß und lieb?
Hast oft die Sterne du geneckt,
hinter Engelsflügeln dich versteckt?

Meine Mutter las gern die Gedichte des »Kindheitsdichters« Eugene Field (1850–1895). Als Kind brachte mich sein Gedicht *Der kleine Bub* regelmäßig zum Weinen.

Den kleinen Hund hat der Staub bedeckt,
doch steht er beständig und treu;
am Spielzeugsoldat hat der Rost geleckt,
die Muskete fällt ihm entzwei.
Einst war er neu, der kleine Hund,
Und prächtig war einst der Soldat.
Das war die Zeit, als der kleine Bub
Mit einem Kuss sie dorthin gestellt hat.

»Geht nicht weg, bis ich komm«, sagt er nett,
»und seid mir nur immer fein still!«
Und krabbelt behänd in sein Kinderbett
Und träumt von seligem Spiel.
Aus seinen Träumen ein Engelslied
Erweckt den schlafenden Bub.
Oh die Zeit ist lang, der Jahre sind viel,
Doch treu stehn Soldat dort und Hund.

In Treue stehn sie zu dem Bub,
Zusammen dicht an dicht,
Ersehnen seine kleine Hand,
Ein Lächeln im kleinen Gesicht.
Fragend warten sie Jahr um Jahr
Im Staub auf dem kleinen Stuhl,
Seit jenem Kuss, was geschehen war
Im Schlaf mit dem kleinen Bub.

Erinnerungen an Engel aus meiner Kindheit weckt auch ein Gedicht, das in *A Candle in the Dark* von Thomas Ady zitiert wird. Man weiß allerdings nicht, ob Ady das Gebet selbst geschrieben hat.

Matthew, Mark, Luke and John,
The bed be blest that I lie on,
Four Angels to my bed,
Four Angels round my head,
One to watch, and one to pray,
And two to bear my soul away.

Ganz ähnlich klingt das Gebet, das Kinder im deutschen Sprachraum lernen:

Abends, wenn ich schlafen geh,
vierzehn Englein um mich stehn.
Zwei zu meinem Haupte,
zwei zu meinen Füßen,
zwei zu meiner Linken,
zwei zu meiner Rechten,
zwei, die mich decken,
zwei, die mich wecken,
zwei, die mich führen
ins himmlische Paradies.

Leigh Hunt (1784–1859) schrieb sein berühmtes Gedicht Abou Ben Adhem unter dem Einfluss islamischer Engelsvorstellungen. Muslims glauben, dass wir zwei Engel haben, die uns bei Tag behüten, und zwei, die in der Nacht bei uns sind. Diese Engel schreiben außerdem alles auf, was wir tun – für das Jüngste Gericht.

Abu ben Adhem – mag sein Stamm gedeihn! –
Erwachte nachts aus einem tiefen Traum

Des Friedens und erblickte im Mondenlicht
In seinem Schlafgemach so hellen Schimmer,
Dass es davon wie eine Lilie blühte;
Ein Engel war es, der in einem Buch
Von Golde schrieb. Ben Adhems Herz war kühn,
Weil Frieden darin wohnte, drum sprach er
Zum Engel: »Was dort schreibst du?« Dieser hob
Sein Haupt mit einem Blicke süßen Friedens
Und gab die Antwort: »Deren Namen, die
Den Herrn lieben.« – »Und ist meiner drunter?« –
»Nein!«, sprach der Engel. – Leis erwiderte
Drauf Abu Adhem: »Schreib, ich bitte, mich
In deren Reihn, die ihren Nächsten lieben!«
Der Engel schrieb's und schwand. In nächster Nacht
Kam mächt'gen Glanzes die Erscheinung wieder
Und wies die Namen derer, welche Liebe
Zu Gott ins Paradies geführt, und sieh!
Ben Adhems Name war der Reihe erster.[70]

Robert Browning (1812–1889) war der Meinung, sein dichterisches Genie den Engeln zu verdanken. In *Pauline* schrieb er:

Und unter meinen Kräften ist eine mir erwachsen,
Vom tiefsten Tod zu retten eine Seele voll Verlangen,
Gefangen doch in tönerner Gestalt von allen Kräften
die einz'ge,
Die mich zeichnet – eine Fantasie, die
Als wahrer Engel sich erwiesen. Nicht kommt sie
In launischen Gesichten, bei mir weilt sie stets
Und lässt mich nie.

Wenn ich *Pauline* lese, muss ich immer an Michelangelos berühmten Satz denken: »In diesem derben schwarzen Stein, meine Freunde, sehe ich einen Engel. Und den will ich daraus befreien.«

Viele Dichter haben Engel gesehen. Engel inspirierten auch William Cowper (1731–1800) zur Komposition seiner Hymne »God Moves in Mysterious Ways His Wonders to Perform« (Gott geht wundersame Wege, seine Wunder zu vollbringen). Cowper litt fast sein ganzes Leben lang unter Depressionen und verbrachte mit Mitte 20 nach einem Selbstmordversuch anderthalb Jahre in einer Heilanstalt. Nach mehreren Jahren tiefer Verzweiflung rief Cowper 1799 eine Kutsche und bat den Kutscher, ihn zur Themse zu fahren, wo er sich ertränken wollte. Es war ein nebliger Abend, und der Kutscher fuhr ziellos umher, bis er sich schließlich völlig verirrt hatte. Er sagte Cowper, dass er ihn nicht einmal nach Hause fahren könne. Cowper stieg aus der Kutsche und stellte fest, dass er direkt vor seinem Haus stand. Cowper war sicher, dass der Kutscher ein verkleideter Engel war.

Der berühmte Renaissancekünstler Fra Angelico (ca. 1400–1455) sah jeden Morgen beim Erwachen Engel in seinem Schlafzimmer, und es gelang ihm, sie in seine Bilder mit aufzunehmen.

Das Goldene Zeitalter der Engel in der Kunst endete im 15. Jahrhundert. In dieser Zeit wurden die Schriften des Pseudo-Dionysios hinterfragt. Zwei Päpste, von denen jeder Unfehlbarkeit für sich in Anspruch nahm, stritten um ihre Herde, und der Schwarze Tod hatte die Bevölkerung Europas zur Hälfte dahingerafft. Theologen behaupteten, Jesus Christus könne für sich selbst stehen und brauche die Engelchöre nicht. Nach der Pest hatte das einfache Volk triftigen Grund zu der Frage, warum denn die heilenden Engeldiener nicht zu Hilfe gekommen waren, als man sie brauchte. So verloren die Engel an Bedeutung.

Als im 16. und 17. Jahrhundert die Wissenschaft die Gesetze und Kräfte der Natur entdeckte, versetzte dies den Engeln einen weiteren schweren Schlag, denn nun war ja erwiesen, dass es nicht die Engel waren, die die Sterne bewegten und die Schwerkraft lenkten.

Aber die Engel starben nicht vollständig aus. In Kunst und Musik waren sie nach wie vor beliebt. Man sagt, dass selbst heute noch in jedem zehnten bekannten Lied Engel vorkommen.[71]

Auch Komponisten werden seit jeher stark von Engeln beeinflusst. In den christlichen Konfessionen singt man Lieder zum Lob der Engel. »Hört der Engel helle Lieder« und »Hört die Engelchöre singen« sind zwei der bekanntesten.

Georg Friedrich Händel (1685–1759) komponierte den Messias, sein berühmtestes Oratorium, in nur 24 Tagen. Sein Diener betrat das Zimmer, unmittelbar nachdem Händel das »Halleluja« komponiert hatte, und sah, dass er vor freudiger Erregung weinte. Auf die Frage, was er beim Komponieren des berühmten Chorsatzes empfunden habe, antwortete Händel: »Ich dachte, ich sähe den ganzen Himmel und den großen Gott höchstselbst vor mir.«[72]

Auch von der Bühne wurden die Engel mit gebührender Aufmerksamkeit bedacht. In dem berühmten Lied »Rule, Britannia!« aus dem Schlussgesang seines Maskenspiels *Alfred* hat James Thomson (1700–1748) es geschafft, Schutzengel und Patriotismus zu verbinden:

When Britain first, at Heaven's command,
Arose from out the azure main,
This was the charter of the land,
And guardian Angels sung this strain:
»Rule, Britannia, rule the waves;
Britons never will be slaves.«

(Als Britannien erstmals auf Geheiß des Himmels
Aus der azurblauen See entstieg,
War dies die Carta des Landes,
Und Schutzengel sangen diesen Vers:
»Herrsche, Britannia! Beherrsche die Wellen:
Briten werden niemals Sklaven sein.«)

William Shakespeare (1564–1616) spricht in seinen Theaterstücken und Sonetten häufig von Engeln. In Hamlet zum Beispiel schreibt er (1. Akt, 4. Szene): »Engel und Boten Gottes, steht uns bei!« Und einen Akt später sagt Hamlet in seiner berühmten Rede (2. Akt, 2. Szene):

Welch ein Meisterwerk ist der Mensch! Wie edel durch Vernunft! Wie unbegrenzt an Fähigkeiten! In Gestalt und Bewegung wie bedeutend und wunderwürdig! Im Handeln wie ähnlich einem Engel! Im Begreifen wie ähnlich einem Gott! Die Zierde der Welt! Das Vorbild der Lebendigen! Und doch, was ist mir diese Quintessenz von Staube? Ich habe keine Lust am Manne und am Weibe auch nicht …«

Einen wunderbaren letzten Gruß an Hamlet lässt Shakespeare den Horatio sprechen (5. Akt, 2. Szene): »Gute Nacht, mein Fürst! Und Engelscharen singen dich zur Ruh«!« Im *Kaufmann von Venedig* sagt Lorenzo:

Sieh, wie die Himmelsflur
Ist eingelegt mit Scheiben lichten Goldes!
Auch nicht der kleinste Kreis, den du da siehst,
Der nicht im Schwunge wie ein Engel singt,
Zum Chor der hellgeaugten Cherubim.
So voller Harmonie sind ew'ge Geister,

Nur wir, weil dies hinfäll'ge Kleid von Staub
Ihn grob umhüllt, wir können sie nicht hören.

Und in *Maß für Maß* lässt Shakespeare Isabella eine sehr kluge Bemerkung machen (2. Akt, 2. Szene):

Doch Mensch, der stolze Mensch,
In kleine, kurze Majestät gekleidet,
Vergessend, was am mind'sten zu bezweifeln,
Sein gläsern Element – wie zorn'ge Affen,
Spielt solchen Wahnsinn gaukelnd vor dem Himmel,
Dass alle Engel weinen …[73]

Alle, die ich hier erwähnt habe, und Millionen mehr haben Engel bildlich vor sich gesehen oder sie um Hilfe gerufen, um ihre Kreativität zu verbessern. Wenn Sie das nächste Mal einen Brief schreiben, einen Kuchen backen, etwas im Garten pflanzen oder irgendetwas anderes tun wollen, das Sie in irgendeiner Form als kreativ empfinden, dann rufen Sie Ihren Schutzengel um Hilfe an. Er wird sie Ihnen bereitwillig gewähren, und Sie werden staunen, wie kreativ Sie sind.

7 Ihr Engel-Tagebuch

Bisher habe ich noch auf jede Bitte an meinen Schutzengel eine Antwort erhalten – oft allerdings nicht die, die ich erwartet hätte. Hin und wieder war ich enttäuscht, weil ich einen Fehlschlag erlitt, den ich mir einfach nicht erklären konnte. Wenn ich der Sache aber auf den Grund ging, dann zeigte sich stets, dass man meine Bitte so erfüllt hatte, wie es für alle Beteiligten am besten war.

Vor einigen Jahren trug ich mich zum Beispiel ernstlich mit dem Gedanken, in ein anderes Land zu ziehen. Damals schien das klug und richtig, denn wo ich war, wurde es mir zu eng, und aus Übersee winkten großartige Möglichkeiten.

Natürlich hätte der Umzug für meine Familie eine enorme Umstellung bedeutet, aber ich dachte, die Vorteile wögen letztendlich schwerer als alle Probleme. Ich bat meinen Schutzengel um Rat und wartete voller Vertrauen darauf, dass er mich zu dem Umzug ermuntern würde.

Zu meiner Überraschung riet er mir ab und sagte, ich sollte mich stattdessen da umsehen, wo ich war. Das war nun wirklich nicht der Rat, den ich erhofft hatte, und ich bat noch einmal um Führung, wobei ich dieses Mal ausdrücklich auf alle Vorteile hinwies, die ich an der Auswanderung sah.

Während ich noch auf eine Antwort wartete, erhielt ich ein interessantes Angebot aus einem Ort, der nicht einmal acht Kilometer von meinem Wohnort entfernt lag. Weitere Angebote trafen ein, fast ohne dass ich mich darum bemüht hätte, und schon bald hatte ich mehr Aufträge als je zuvor.

Es dauerte ein Weilchen, bis mir klar wurde, dass dies das Werk meines Schutzengels war. Mein Schutzengel wusste sehr wohl, dass ich mich da, wo ich war, eingeschränkt und behindert fühlte und mich in Übersee nach neuen Möglichkeiten umsah. Also bot er mir genau vor meiner Tür mehr Aufträge, als ich annehmen konnte!

Auch wenn unser Schutzengel manchmal wundersame Wege geht, er handelt dabei stets zu unserem Besten. Ich kann mir gar nicht vorstellen, was passiert wäre, wenn ich meine ganze Familie entwurzelt und um die halbe Welt gekarrt hätte. Vielleicht wäre alles gut gegangen, aber es hätte sehr wohl auch mit einer Katastrophe enden können. Mein Schutzengel hat das Problem für mich auf die beste Art gelöst, die man sich denken kann, wenn auch nicht ganz so, wie ich mir das damals gewünscht hätte.

Mehrere Jahre lang führte ich ein Engel-Tagebuch, in dem ich meine Kontakte mit den Engeln festhielt. Nun kann ich immer wieder nachsehen, wie bestimmte Situationen gelöst wurden. Das kann sich auch für Sie als sehr nützlich erweisen. Es braucht kein klassisches Tagebuch zu sein, in das Sie Tag für Tag gewissenhaft Ihre Eintragungen machen. Manchmal schreibe ich eine ganze Woche oder länger gar nichts in mein Tagebuch, aber immer wenn etwas mit Engeln geschieht, mache ich mir Notizen.

Ein Engel-Tagebuch liefert Ihnen den unzweifelhaften Beweis dafür, dass Ihr Schutzengel – ja, sogar das ganze Engelreich – sich um Sie kümmert und in Ihrem Interesse wirkt. Schon nach wenigen Monaten haben Sie eine faszinierende Sammlung von Berichten über Ihre persönlichen Erlebnisse mit Engeln. Sie können sehen, wie Ihren Bitten entsprochen wurde, und tiefes Vertrauen zu Ihrem Schutzengel fassen.

Tagebuch einer Veränderung

Vor nicht allzu langer Zeit unterhielt ich mich mit einer jungen Frau namens Sharleen, die gerade ihr Studium abgeschlossen hatte.

»Und was haben Sie jetzt vor?«, fragte ich.

»Ich habe vor, nach Indien zu gehen«, erwiderte sie. »Ich werde dort zwei Jahre lang ehrenamtlich für eine christliche Mission arbeiten.«

Das hatte ich ganz und gar nicht erwartet. Ich hatte mir vorgestellt, dass Sharleen eine Arbeitsstelle antreten oder weiterstudieren und ihren Doktor machen würde. Die Geschichte, die sie mir erzählte, war faszinierend.

Sharleen führte Tagebuch, seit sie 15 war. Mit 17 brach sie die Schule ab und lief zusammen mit ihrem Freund von zu Hause weg. Das Abenteuer endete in einer Katastrophe, aber sie hat viel daraus gelernt. Ihr Freund und sie mussten für wenig Geld schwer arbeiten, um Miete und Lebensmittel zu bezahlen. Sie merkten, dass ein Leben am Rande des Existenzminimums keinen Spaß macht. Sharleen hielt das alles in ihrem Tagebuch fest.

Allmählich hatte Sharleen seltsame Träume. Nacht für Nacht erschien ihr ein Engel und sagte, sie solle wieder nach

Hause gehen und die Schule abschließen. Sie versuchte, diesen Rat zu ignorieren. Sie ging einfach später ins Bett, aber immer noch erschien ihr der Engel im Traum. Nicht einmal Alkohol und Drogen konnten verhindern, dass der Engel auftauchte.

»Er war so lieb und geduldig«, sagte Sharleen. »Nie wurde er wütend auf mich. Er bestand einfach nur immer wieder darauf, dass ich mit meinen Eltern Kontakt aufnähme und wieder nach Hause ginge. In meinen Träumen habe ich ihn angeschrien und geflucht, aber er stand einfach nur da, ganz ruhig und gelassen. Der konnte mich echt zur Raserei bringen!«

Der Engel sagte, Sharleen solle ihn »Zymar« nennen. Sie wusste nie genau, ob er männlich oder weiblich war, und Zymar tat Fragen in dieser Richtung immer als unwichtig ab.

»Für mich ist Zymar männlich, denn er ist so stark und väterlich. Aber er hat auch ein umwerfend hübsches Gesicht und langes, fließendes Haar. So würde ich auch gerne aussehen!«

Nach einiger Zeit erschien ihr Zymar auch am Tag. »Ich arbeitete in einem Fastfood-Restaurant«, erzählte sie. »Es war Mittagszeit, und vor mir wartete eine lange Schlange. Ich schaute auf zum nächsten Kunden – und da stand mein Engel und lächelte mich an.« Sharleen lächelte bei der Erinnerung. »Ich bin echt ausgerastet! Es war schon schlimm genug, dass er mir immer im Traum erschien, da wollte ich wirklich nicht, dass er auch noch bei der Arbeit aufkreuzte. Ich schrie ihn an, er solle verschwinden. Dabei wurde er immer schemenhafter und verschwand – und plötzlich merkte ich, dass ich statt seiner bloß den nächsten Kunden anschrie. Um ein Haar hätte ich an dem Tag meinen Job verloren.«

Zymar erschien immer wieder. Eines Abends ging Sharleen von der Arbeit nach Hause und spürte ihn neben sich. Sie konnte ihn nicht sehen, aber sie wusste, dass er da war.

»Es war ein tröstliches Gefühl«, sagte Sharleen. »Unheimlich, aber zugleich auch tröstlich. In gewisser Weise war es mir ganz recht, dass er nicht sichtbar war, denn ich wollte nicht, dass andere sahen, wie ich mit einem Engel nach Hause ging. Aber er redete die ganze Zeit mit mir. Ich konnte die Worte nicht hören, sie flossen einfach in meine Gedanken ein. Immer dasselbe, ich sollte wieder heimgehen und mich um meine Schulbildung kümmern. Ich wusste ja, dass er Recht hatte. Ich habe es immer gewusst, aber ich wollte es einfach nicht hören.

Ich fing an zu rennen, um ihn loszuwerden, aber er hielt ganz locker mit. Als ich nach Hause kam, knallte ich die Tür zu, und es schien, als wäre er draußen geblieben. Malcolm war nicht zu Hause, also schrieb ich alles in mein Tagebuch. Dann ging es mir besser. Als ich fertig war, blätterte ich ein paar Seiten zurück und stellte fest, dass es in fast allen Einträgen um diesen Engel ging. Ich konnte mich gar nicht erinnern, dass ich das aufgeschrieben hatte, aber da stand alles in meiner Handschrift. Ich las es wieder und wieder.

Ich glaube, Malcolm arbeitete damals in einer Verpackungsfabrik und verschob riesige Paletten und Kartons. Er war ständig müde und schlecht gelaunt. Er kam um neun nach Hause, und ich hatte das Abendessen noch nicht fertig. Deshalb gab es Krach, und wir gingen hungrig ins Bett. Am nächsten Tag zog ich wieder zu meinen Eltern nach Hause.«

Aber das Leben zu Hause war keineswegs einfacher. Zymar besuchte Sharleen auch dort und tauchte sogar in der Schule auf. Eines Tages fragte er sie, was sie eigentlich aus ihrem Leben machen wolle.

»Ich hatte keine Ahnung. Ich wollte einfach Spaß haben. Sie hätten mal Zymars Gesicht sehen sollen, als ich ihm das gesagt hab!«

Im Laufe der nächsten Monate sagte Zymar Sharleen immer wieder, dass sie weiter zur Schule gehen solle. »Ich hatte keine Ahnung, wie oft er mir das eingetrichtert hat«, erzählte Sharleen, »bis ich eines Tages in meinem Tagebuch nachgesehen hab. Jeden Tag, manchmal sogar zwei- oder dreimal am Tag – und so ging das monatelang!«

Sharleen versuchte, Zymars Rat zu ignorieren.

»Aber schließlich erkannte ich einen Sinn in dem Ganzen. Malcolm und ich hatten versucht, von Mindestlöhnen zu leben. Aber das wollte ich nicht mein ganzes Leben lang. Also gab ich mir in der Schule mehr Mühe. Meine Freunde haben das gleich gemerkt und mich damit aufgezogen, aber das war mir egal. Mein Engel war immer da und sorgte dafür, dass ich durchhielt. Meine Noten wurden besser, und ich machte den zweitbesten Abschluss der Klasse. Keiner konnte das glauben, besonders meine Eltern nicht.

Und so ging es mir auch auf dem College. Mit Zymar an meiner Seite konnte gar nichts schiefgehen. Ich war motiviert und habe hart gearbeitet. Eines Tages wurde mir klar, dass ich in meinem ganzen Leben noch nie so glücklich gewesen war. Und das alles hatte ich nur meinem Schutzengel zu verdanken. Ja, ich hab ganz schön lange gebraucht, bis mir klar wurde, wer er ist. Er war die ganze Zeit bei mir. Wenn Zymar nicht gewesen wäre, dann würde ich wahrscheinlich immer noch Hamburger servieren!«

Als ihr letztes Collegejahr etwa zur Hälfte um war, lenkte ihr Schutzengel Sharleen in eine Abteilung der Universitätsbibliothek, in der sie vorher noch nie gewesen war.

»Dort standen lauter Bücher über Kinder in Afrika und Indien. Ein Buch schien mich richtiggehend anzuspringen. Ich nahm es mit nach Hause und las es. Danach kam ich wieder und las fast alle anderen auch. Zymar saß meistens dabei und las mit mir. Ich dachte über meine Zukunft nach. Sollte ich mich nun ins Arbeitsleben stürzen oder weitermachen und irgendwann promovieren? Zymar schlug vor, ich solle eine Zeit lang in Indien arbeiten. Alle waren schockiert, als ich ihnen davon erzählte, aber ich bin mir sicher, dass es das Richtige ist. Gestern Abend habe ich noch mal in meinem Tagebuch geblättert und konnte gar nicht glauben, wie oft da schon von Indien die Rede gewesen ist – seit Jahren. Ich glaube, Zymar wusste schon lange vor mir, dass ich das machen würde.«

»Und was machen Sie, wenn Sie wiederkommen?«, fragte ich.

Sharleen lächelte. »Das weiß ich noch nicht, aber ich bin sicher, mein Schutzengel weiß es!«

Für Sharleen war ihr Tagebuch in vielerlei Hinsicht unschätzbar wertvoll, insbesondere aber, weil es ihr so ein klares Bild von ihrer Beziehung zu ihrem Schutzengel und von ihrem Umgang mit ihm vermittelte. Außerdem konnte sie zurückblättern und nachsehen, wie sich bestimmte Situationen angebahnt und entwickelt hatten und wie sie schließlich gelöst worden waren. Immer wieder staunte sie darüber, dass bestimmte Themen schon Monate, ja sogar Jahre bevor sie sich in ihrem Leben tatsächlich zeigten, angesprochen worden waren.

Sharleen hatte, zwei Jahre bevor sie ihrem Schutzengel begegnete, mit ihrem Tagebuch begonnen und ihre Gefühle und Erlebnisse aufgeschrieben.

Selbst wenn Sie nicht gerne schreiben, kann es Ihnen doch eine Hilfe sein, wenn Sie hin und wieder einfach ein paar Stichworte notieren. Wahrscheinlich werden Sie irgendwann feststellen, dass Ihre Einträge länger werden, je intensiver Ihre Beziehung zu Ihrem Schutzengel wird.

Das Wichtigste beim Tagebuchschreiben ist, dass Sie Ihre Bitten festhalten und die Ergebnisse auswerten. Ich stelle immer wieder fest, dass ich vergesse, worum ich gebeten habe, und dann hilft mir mein Tagebuch, das nicht aus den Augen zu verlieren. In Ihrem Tagebuch können Sie auch festhalten, wie Sie sich weiterentwickeln und welche Erkenntnisse Sie gewinnen. So können Sie Ihren Fortschritt ermessen. Mit der Zeit wird es für Sie immer wertvoller, denn Sie können dann ein Muster erkennen, das einen grafischen Verlauf Ihrer persönlichen Entwicklung zeichnet.

Wenn Sie mit Ihrem Engel-Tagebuch beginnen, werden Sie schon bald förmlich nach Dingen suchen, die Sie hineinschreiben können. Es wird für Sie zusehends an Bedeutung gewinnen und Ihnen nach und nach ein klares Gespür dafür vermitteln, was Sie vom Leben wollen und wie es für Sie weitergeht.

8 Ihr Engel-Altar

Ein Engel-Altar schafft einen besonderen Ort in Ihrem Zuhause, an dem Sie direkten Kontakt mit Ihrem Schutzengel aufnehmen können. Ich bin eher zufällig darauf gekommen. Ich war in England und hatte einen wunderschönen Tag in den Mooren von Yorkshire verbracht und die Fountains Abbey besichtigt. Zwar ist die Abbey heute nur noch eine Ruine, aber diese ist immer noch ein sehr heiliger und spiritueller Ort. An jenem Abend sagte ich zu meinem Gastgeber, viele Orte, an denen ich gewesen sei, hätten so viel spirituelle Energie, dass man gar nicht umhinkomme, sie zu spüren.

Mein Freund stimmte zu und meinte, am folgenden Tag würden wir einen Ort besuchen, dessen spirituelle Energie alles übersteigen würde, was ich bis jetzt erlebt hätte. Mehr wollte er nicht verraten, und so musste ich wohl oder übel bis zum nächsten Tag warten.

Am nächsten Morgen sahen wir uns Harrogate an und besuchten einige Antiquariate. Ich mag die besondere Energie, die von solchen Orten ausgeht, aber man kann sie nicht in dem Sinne, wie mein Freund es gemeint hatte, als spirituell bezeichnen. Am Abend waren wir zum Essen bei Sarah, der Cousine meines Freundes, eingeladen.

Kaum hatte ich ihre Wohnung betreten, spürte ich die Energie, die mich umgab. Es war ein erstaunliches, allumfassendes Gefühl, tröstlich, beruhigend und spirituell zugleich. Ich sah mich im Wohnzimmer um, immer auf der Suche nach einem Anzeichen dafür, woher diese Energie kam. Als Sarah das Zimmer kurz verließ, um nach dem Essen zu sehen, stand ich auf und ging umher. Die Energie ging anscheinend von einem kleinen Beistelltisch aus, der neben einer Standuhr an der Wand lehnte.

Die Energie war eindeutig spirituell, und doch war nichts Besonderes an dem Tisch. Er war aus Mahagoni und offensichtlich sehr alt. Es standen mehrere gerahmte Fotografien darauf, darunter auch eine des Freundes, bei dem ich wohnte.

Ich stand immer noch vor dem Tisch, als unsere Gastgeberin wiederkam. Sarah blieb unter der Tür stehen, ein Lächeln im Gesicht, und wartete darauf, dass ich etwas sagte.

»Dieser Tisch«, sagte ich, »der hat irgendwas Spirituelles. Ich hab es gleich gespürt, als ich reinkam. Was ist es?«

Sarah strahlte. »Ich freue mich, dass du das spüren kannst. Es ist mein Lebenselixier. Das ist mein Engel-Altar.«

Beim Abendessen erzählte sie mir alles über ihren Altar.

»Am Anfang war es einfach nur ein Platz, an dem ich mit meinem Schutzengel reden konnte«, erklärte sie. »Ursprünglich war es kein Altar. Ich wollte einfach nur eine bestimmte Stelle haben, an der ich mich meinem Schutzengel besonders nahe fühlen konnte, und ich wollte auch, dass mein Engel einen festen Platz hat. Das hat besser geklappt, als ich mir je gedacht hätte.«

Zunächst legte Sarah eine Bibel auf den Tisch, weil sie glaubte, dies mache den Tisch und die unmittelbare Umgebung spiritueller.

»Aber das hat nicht funktioniert«, erzählte sie uns. »Es hat erst dann geklappt, als ich ein paar Dinge hinstellte, die mir viel bedeuten. Nach ein, zwei Wochen habe ich sie ausgetauscht, um zu sehen, was passiert. Dann versuchte ich es mit Edelsteinen, und schließlich hab ich meine wertvollen Fotos auf den kleinen Tisch gestellt. Aus irgendeinem Grund hat das die Sache wirklich in Schwung gebracht. Mein Altar hat das ganze Haus verwandelt. Es war immer düster und irgendwie traurig, aber jetzt ist es lebendig und fröhlich. Das Haus hat sich von ständigem Winter zu permanentem Sommer gewandelt.«

»Betest du an deinem Altar?«, fragte ich.

»Manchmal bestimmt. In gewisser Weise bete ich eigentlich immer. Ich führe diese inneren Gespräche, egal, wo ich bin, daher könnte man vielleicht sagen, dass ich ständig bete.«

»Zu Gott?«

Sarah nickte. »Natürlich. Vielleicht sehe ich ihn nicht genauso wie du, aber vor meinem geistigen Auge habe ich eine klare Vorstellung von ihm.«

»Wie nimmst du an deinem Altar Kontakt zu deinem Schutzengel auf?«

»Ach, das ist ganz einfach.« Sarah lächelte. »Mein Engel kommt immer, wenn ich es möchte, aber wenn ich am Altar bin, fühle ich mich ihm immer besonders nahe. Ich setze mich einfach auf den Sessel da drüben und fange sofort an zu reden. Und mein Engel antwortet.«

»Und was machst du noch mit deinem Altar?«

»Alles, was in mein Haus kommt oder es verlässt, bleibt eine oder zwei Sekunden lang vor meinem Altar. Sogar der

Einkauf.« Sarah hob ihr Weinglas. »Auch der Wein, den wir heute Abend trinken.« Sie hob die Hand, um mir anzudeuten, dass ich nicht zu fragen brauchte. »Ich glaube, dass die Dinge, die ich auf meinen Altar lege, gesegnet werden. Wenn ich jemandem etwas schenken will, dann lege ich es immer ein Weilchen auf meinen Altar, nachdem ich es verpackt habe. So erhält das Geschenk Kraft und Energie. Dasselbe mache ich, wenn jemand mir etwas schenkt. Es wandert sofort auf meinen Altar und wird mit Engel-Energie aufgeladen.«

»Und was bewirken die Fotos?«

Sarah hob die Schultern. »Ich glaube, ausschlaggebend ist, dass es Bilder von Menschen sind, die ich liebe. Wegen dieses Gefühls der Liebe ist der Tisch wohl ein besonderer Ort für meinen Engel.«

»Erzähl ihm auch von deinen Büchern aus der Bibliothek«, sagte mein Freund.

Sarah lachte: »Ja, ich geb's zu, ich lege sogar die Bücher, die ich aus der Bibliothek ausleihe, eine Zeit lang auf den Altar, bevor ich sie lese. Ich glaube, das tut ihnen gut, und sie wirken wie neu belebt, wenn ich sie lese.« Sie schüttelte den Kopf. »Jetzt denkst du bestimmt, dass ich reichlich seltsam bin.«

»Überhaupt nicht«, sagte ich. »Sobald ich nach Hause komme, richte ich als Allerstes so einen Altar für meinen Schutzengel ein.«

Auch Sie können Ihren eigenen Altar errichten. Er kann überall sein, wo Sie möchten, aber ich finde, am meisten Wirkung entfaltet er in einem Zimmer, das tagtäglich benutzt wird. Weil er nicht aussehen muss wie ein Kirchenaltar, können Sie ihn überall aufstellen, und wer sich nicht dafür interessiert, wird es nicht einmal merken.

Wie groß oder klein der Engel-Altar ist, spielt gar keine Rolle. Sarah hatte einen extra Tisch dafür, das ist prima.

Wenn Sie das aber nicht einrichten können, dann benutzen Sie ein Regalfach oder einen Teil Ihrer Frisierkommode.

Wenn Sie die richtige Stelle gefunden haben – wenn Sie möchten, berät Ihr Schutzengel Sie dabei gerne –, dann müssen Sie festlegen, dass diese Stelle ausschließlich als Altar genutzt wird. Sie sollten nicht mehr einfach irgendwelche Dinge dort ablegen. Ihr Altar muss mit Respekt behandelt werden.

Experimentieren Sie mit verschiedenen Gegenständen und finden Sie so heraus, was am meisten Energie erzeugt. Ich habe ein paar Edelsteine sowie einige Fotos auf meinem Altar. Sie können es auch mit frischen Blumen versuchen. Eine Bekannte hat eine kleine Holzkiste mit lauter Schätzen aus ihrer Kindheit auf ihrem Altar. Objektiv betrachtet ist nichts davon wertvoll, für sie allerdings haben die Dinge einen ganz besondern Wert. Und weil sie alle diese Gegenstände liebt, sind sie genau das Richtige für ihren Altar.

Eine Freundin, die praktizierende Christin ist, hat eine Bibel, ein Gebetbuch und ein gerahmtes Bild von Jesus auf ihrem Altar. Dahinter steht ein Hirtenstab. Sie empfindet diese Dinge als hilfreich für sich.

Ihr Altar kann überall sein. Sie können ihn auch draußen errichten, wenn Sie einen Lieblingsplatz haben, an dem Sie voraussichtlich niemand stört. An einem Bach, unter einem Baum oder auf offener Wiese – all dies kann der ideale Ort für Sie sein.

Vielleicht haben Sie auch das Gefühl, dass eine Kirche das Richtige für Sie ist. Natürlich können Sie dort keine Gegenstände deponieren und Ihren Altar auch nur dann besuchen, wenn die Kirche geöffnet ist. Es kann die Kirche einer beliebigen Gemeinde sein, auch einer, der Sie nicht angehören und deren Gottesdienste Sie normalerweise nicht besuchen. Wichtig ist nur, dass sie für Sie die richtige ist.

Wenn Sie Ihren Altar zu Hause einrichten, werden Sie schon bald feststellen, dass sich die Energie im Haus verändert. Sie werden in der Nähe des Engel-Altars eine Atmosphäre der Ruhe und des Friedens spüren. Und Sie werden feststellen, dass Sie an Ihrem Altar leicht und offen mit Ihrem Schutzengel sprechen können. Natürlich können Sie Ihren Engel jederzeit und überall rufen, wenn Sie das möchten, aber an Ihrem Altar werden Sie wahrscheinlich merken, dass der Kontakt sofort da ist.

Von Ihrem Altar aus können Sie auch heilend wirken. Sobald Sie Ihren Altar eine Zeit lang haben und ihn regelmäßig nutzen, werden Sie feststellen, dass sowohl die Qualität als auch die Quantität der heiligen Energie zunimmt, die sich dort bildet. Diese heilsame spirituelle Energie können Sie geistig überallhin übertragen. Immer wenn Sie von jemandem hören, der diese Energie braucht, können Sie ihm oder ihr welche schicken. Sie können damit so großzügig sein, wie Sie wollen, denn es wird so schnell so viel davon erzeugt, dass sie Ihnen niemals ausgehen kann.

Einer meiner Freunde beschäftigt sich schon sehr lange und intensiv mit seiner spirituellen Entwicklung, doch seine Frau ist Atheistin. Daher wird bei ihm zu Hause nie über sein Interessensgebiet gesprochen. Dennoch hat er einen Engel-Altar im Wohnzimmer, den er auch ständig nutzt. Vor Kurzem sagte seine Frau, dass sie sich im Wohnzimmer immer ganz besonders wohl fühle. Das zeigt, dass die kraftvollen Energien eines Engel-Altars für jeden spürbar sind, sogar für bekennende Atheisten.

Ihren Altar können Sie nutzen, um sich persönlich und spirituell weiterzuentwickeln, um zu heilen oder um Liebe, Mitgefühl und Verständnis auszusenden. Sie können ihn auch als Kraftquelle benutzen, um Vergebung zu schenken oder zu erbitten.

Jeder Mensch wird hin und wieder durch etwas verletzt, was ein anderer sagt oder tut. Wenn jemand Sie verletzt, sei es absichtlich oder unabsichtlich, senden Sie ihm oder ihr von Ihrem Engel-Altar aus Vergebung. Die Ergebnisse werden Ihre Erwartungen bei Weitem übertreffen. Vergebung für andere birgt enorme Heilkräfte. Es wird sich anfühlen, als würde eine schwere Last von Ihnen genommen. Außerdem werden Sie feststellen, dass Sie toleranter werden und andere leichter so akzeptieren können, wie sie sind. Wir müssen die Menschen so annehmen und lieben, wie sie sind, und nicht, wie wir sie gerne hätten. Wenn wir andere so akzeptieren, wie sie sind, wird das Leben unproblematischer, leichter und viel schöner.

Wenn Sie einen Engel-Altar einrichten und ihn regelmäßig nutzen, wird Ihre Beziehung zu Ihrem Schutzengel und zum gesamten Engelreich enger denn je. Wahrscheinlich kennen Sie das Gefühl, wenn man einen besonders guten Freund hat, mit dem man über alles offen reden kann. Wenn Sie Ihren Engel-Altar nutzen, wird Ihre Beziehung zu Ihrem Schutzengel noch tausendmal besser als eine solche menschliche Freundschaft. Ihr Engel-Altar kann Ihr Leben verändern.

9 Edelsteine und Ihr Schutzengel

Es gibt eine besonders effektive Methode, Ihren Schutzengel überallhin mitzunehmen: Laden Sie einen Kristall oder Edelstein mit seiner Energie auf. Jeder Edelstein ist dazu geeignet. Wenn Sie einen Stein haben, der Ihnen aus einem bestimmten Grund wichtig ist, dann nehmen Sie diesen. Vielleicht hat Ihnen ein Freund oder eine Freundin einen Stein geschenkt, den Sie sehr mögen, oder vielleicht haben Sie einen Stein gekauft, der Sie ganz besonders angesprochen hat. Solche Kristalle oder Edelsteine sind ideal.

Wenn Sie noch keinen Edelstein haben, der Ihnen etwas bedeutet, oder wenn Sie einen Stein haben möchten, den Sie einzig und allein Ihrem Schutzengel widmen wollen, dann gibt es mehrere Möglichkeiten, den richtigen Stein zu finden.

Vielleicht entdecken Sie in einem Edelsteingeschäft oder in einer esoterischen Buchhandlung einen Stein, der Sie besonders anzieht. Ich bin schon oft völlig ohne Kaufabsicht in einen Edelsteinladen gegangen, nur um festzustellen, dass ein bestimmter Stein mich für sich ausgesucht hat. Wenn das geschieht, dann kaufe ich ihn immer, denn ich weiß, dass diese Anziehung einen Grund hat, auch wenn dieser sich in dem Augenblick noch nicht zeigt.

Womöglich passiert es Ihnen auch, dass Ihnen genau in dem Moment, in dem Sie beschließen, einen Stein zu kaufen, jemand einen schenkt. Dann ist einfach das Universum am Werk. Über solche »glücklichen Zufälle« freue ich mich immer besonders.

Vor vielen Jahren, als ich noch in London lebte, suchte ich ein bestimmtes antiquarisches Buch. Ich konnte kein einziges Exemplar ausfindig machen und war bereits drauf und dran, eine Anzeige in einer Zeitschrift für Sammler seltener Bücher aufzugeben. Ich stieg aus der U-Bahn und traf im Aufzug zufällig einen Freund. Wir tranken eine Tasse Kaffee miteinander, und dabei erzählte er mir begeistert von einem Buch, das er gerade gelesen hatte und das er mir gerne leihen würde. Es war genau das Buch, das ich so lange gesucht hatte.

Es kann sich auszahlen, wenn Sie Freunden erzählen, dass Sie einen passenden Kristall oder Edelstein suchen. Vielleicht bekommen Sie ihn sogar als Geburtstags- oder Weihnachtsgeschenk.

Wenn es mit keiner der vorgeschlagenen Methoden klappt, dann können Sie Ihren Stein auch mithilfe der Numerologie oder der Astrologie finden. Bestimmt erinnern Sie sich noch daran, wie Sie in Kapitel vier Ihre Lebenswegzahl ermittelt haben. Jeder Zahl ist aber nicht nur eine Farbe, sondern auch eine Auswahl verschiedener Steine zugeordnet.

Lebenswegzahlen

1 Onyx, Hämatit, roter Jaspis, Türkis
2 Achat, Smaragd, Perle
3 Zirkon, Topas, Türkis

4 Beryll, Koralle, Saphir
5 Streifenachat, Topas, Amethyst
6 Achat, Bernstein, Smaragd
7 Blutstein, roter Granat, Obsidian
8 Diamant, Jett (Gagat), Onyx
9 Bernstein, Koralle, Mondstein, Perle
11 Amethyst, Blutstein, Granat
22 Amethyst, Koralle, Diamant

Tag (Geburtstag)
1 (1., 10., 19. und 28.): Bernstein, Rubin, Topas
2 (2., 11., 20. und 29.): Jade, Mondstein, Perle
3 (3., 12., 21. und 30.): Amethyst, Türkis
4 (4., 13., 22. und 31.): Saphir und Topas
5 (5., 14. und 23.): Diamant, Saphir
6 (6., 15. und 24.): Smaragd, Türkis
7 (7., 16. und 25.): Katzenauge, grüner Jade, Mondstein, Perle
8 (8., 17. und 26.): Diamant, schwarze Perle
9 (9., 18. und 27.): Blutstein, Granat, Rubin

In der Astrologie ist die Auswahl sogar noch größer, denn hier können Sie einen Stein nach Ihrem Sternzeichen, dessen Herrscherplaneten oder einem der vier Elemente auswählen. Lassen Sie sich Zeit bei der Wahl Ihres Steins. Meist wählt der Stein eher Sie aus als andersherum.

Die Sternzeichen
Widder: roter Jaspis, Diamant, Hämatit
Stier: rote Koralle, blauer Saphir, Smaragd
Zwillinge: Streifenachat

Krebs: Bernstein, Perle
Löwe: Katzenauge, Chrysolit, Rubin
Jungfrau: Beryll, Peridot, Sardonyx
Waage: Achat, Malachit, Smaragd, Saphir
Skorpion: Amethyst, Obsidian, Blutstein, Opal
Schütze: blauer Zirkon, Topas, Türkis
Steinbock: Jett (Gagat), Onyx, Türkis
Wassermann: Bernstein, Amethyst, blutroter Granat
Fische: Koralle, Perle, Mondstein, Blutstein

Die Planeten
Sonne (Löwe): Bernstein, Chrysolit, Topas, Zirkon
Mond (Krebs): Mondstein, Gips, Perle, Bergkristall, Fluorit (Flussspat), Beryll, Perlmutt
Merkur (Zwillinge, Jungfrau): Opal, Achat, Karneol, Sardonyx, Serpentin
Venus (Stier, Waage): Smaragd, Türkis, Beryll, Jade
Mars (Widder, Skorpion): Granat, Jaspis, Rubin, Blutstein, Magnetit
Jupiter (Schütze, Fische): Amethyst, Türkis, Jaspis, Lapislazuli, Saphir
Saturn (Steinbock, Wassermann): Onyx, Jett (Gagat), Obsidian, Anthrazit
Uranus (Steinbock): Topas
Neptun (Fische): Bergkristall, Amethyst
Pluto (Skorpion): Diamant, Topas, Moosachat, Opal

Die Elemente
Feuer (Widder, Löwe, Schütze): Feueropal, Rubin
Erde (Stier, Jungfrau, Steinbock): Moosachat, Galenit (Bleiglanz), Onyx

Luft (Zwillinge, Waage, Wassermann): Topas, Opal
Wasser (Krebs, Skorpion, Fische): Aquamarin, Koralle, Mondstein

Wenn Sie Ihren Edelstein oder Kristall gefunden haben, sollten Sie ihn aufladen. Waschen Sie ihn dazu in frischem Regenwasser, und lassen Sie ihn an der Luft trocknen.

Setzen Sie sich danach an einem ruhigen Ort hin. Vor Ihrem Engel-Altar oder unter Ihrem Orakelbaum wäre der ideale Platz dafür. Legen Sie die Hände mit den Handflächen nach oben in den Schoß. Lassen Sie die eine Hand in der anderen ruhen, und legen Sie Ihren Stein in die offene Handfläche. Sitzen Sie so bequem wie möglich, schließen Sie die Augen und machen Sie eine progressive Entspannungsübung. Wenn Sie vollkommen entspannt sind, rufen Sie Ihren Schutzengel zu sich. Erklären Sie ihm, dass Sie Ihren Edelstein mit Engel-Energie aufladen wollen und dazu seine Hilfe erbitten.

Innerhalb von 30 Sekunden sollten Sie von Ihrem Edelstein eine Reaktion verspüren, die erkennen lässt, dass er aufgeladen ist. Ich fühle dann immer ein Prickeln in der Handfläche, in der der Edelstein liegt. Andere Leute berichten, dass sich bei ihnen der Edelstein wärmer anfühlt oder sich sogar plötzlich ein wenig bewegt. Eine ältere Dame aus meinem Bekanntenkreis verspürt überhaupt keine physischen Veränderungen, weiß aber plötzlich mit jeder Faser ihres Wesens, dass ihr Edelstein aufgeladen ist. Denken Sie einfach daran, dass die Reaktion, die Sie erhalten, auch eine völlig andere sein kann als die, die ich hier beschreibe. Auf jeden Fall werden Sie zweifelsfrei wissen, wann Ihr Edelstein aufgeladen ist.

Sie können Ihren Stein überallhin mitnehmen, und die eingeschlossene Engel-Energie ist immer bei Ihnen. Bei den verschiedensten Gelegenheiten kann es Ihnen helfen, Ihren Edelstein zu berühren oder mit ihm zu »spielen«. Wenn Sie müde sind und Energie brauchen, nehmen Sie Ihren Edelstein in die Hand. Halten Sie ihn, wenn Sie unter Stress stehen und wenn Sie Selbstvertrauen oder Kraft brauchen. Ich habe meinen Edelstein sogar schon Menschen geliehen, die in einer schweren Zeit Hilfe benötigten.

Ich kenne einen hervorragenden Schauspieler, der vor jeder Vorstellung unter schrecklichem Lampenfieber litt. Sobald er auf der Bühne stand, ging es ihm gut, davor aber war er stundenlang ein nervliches Wrack. Heute nimmt er seinen Engel-Edelstein in die Hand, bevor er auf die Bühne geht, und empfindet inneren Frieden und Ruhe statt der panischen Angst, die ihn früher befiel.

Nun stehen wir »Normalmenschen« zwar nicht gerade regelmäßig vor einer solchen Situation, aber uns allen tun die Liebe, die Harmonie und die tiefe Ruhe gut, die ein Engel-Edelstein verströmt.

10 Mit Ihrem Schutzengel den Sinn Ihres Lebens finden

Wir sind alle aus einem bestimmten Grund und zu einem bestimmten Zweck hier, auch wenn wir uns dessen nicht immer völlig bewusst sind. In Kapitel sechs haben wir darüber gesprochen, wie wir mithilfe unseres Schutzengels unsere Talente finden können. Der Sinn unseres Lebens hat oft mit unseren Talenten zu tun, ist aber wesentlich wichtiger. Der Sinn Ihres Lebens ist das, was Sie in diesem Leben erreichen sollen. Meist fällt uns die Antwort auf die Frage, weshalb wir hier sind, sehr schwer. Wäre das Leben nicht viel leichter, wenn wir diese Antwort wüssten?

Wir könnten unser Handeln klarer ausrichten, hätten ein festes Ziel und wüssten, wo es lang geht. Wir müssten uns immer noch selbst anspornen, dieses Ziel auch wirklich zu erreichen, aber wenn wir erst einmal wüssten, was wir wollen und wie wir es erreichen können, dann wäre das nicht mehr ganz so schwer.

Menschen, die ein Nahtoderlebnis hatten, berichten oft von dem tiefen Bedauern, das sie überkam, als sie »von der anderen Seite« auf ihr Leben zurückschauten und erkennen mussten, dass sie nur einen Bruchteil dessen erreicht hatten, was sie hätten erreichen können. Meist entwickeln diese Menschen nach ihrer Genesung eine ungeheure Motivation, weil sie erkannt haben, dass sie mit ihrem Leben mehr anfangen können – und sollten – als zuvor.

Viele Jahre lang habe ich in großen Einkaufszenten Handlesen angeboten. Dabei las ich manchmal pro Tag in hundert oder mehr Händen. Immer wieder sah ich dabei auch Hände von Menschen mit enormem Potenzial und fragte sie, was sie aus ihrem Leben machten. Ich fand es bedrückend, wenn ich erfuhr, dass die meisten einfach in den Tag hinein lebten, sich keine Ziele setzten und keinerlei Ehrgeiz entwickelten. Ihr riesiges Potenzial blieb vollkommen ungenutzt!

Doch wenn diese Menschen wüssten, wozu sie hier sind, würden sie sich dann nicht an die Arbeit machen? Manche sicher nicht, andere hingegen schon.

Vor vielen Jahren lernte ich eine begabte Malerin, Sängerin und Schriftstellerin kennen. Sie war außerdem ausgesprochen attraktiv und arbeitete eine Zeit lang als Model. In allen Bereichen leistete sie Beeindruckendes, aber sie machte überhaupt nichts aus ihrem Leben.

Dafür gab es viele Gründe. Mangelndes Selbstvertrauen und Unsicherheit spielten bestimmt eine Rolle. Ich glaube, Angst könnte auch mit im Spiel gewesen sein. Doch der wichtigste Grund für den Abstieg dieser Frau waren Drogen und Alkohol. Den größten Teil ihres Erwachsenenlebens verbrachte sie wie im Nebel. Sie spricht immer noch von den großen Dingen, die sie künftig erreichen will, aber wenn sie ihr Leben nicht drastisch ändert, wird sie es nie schaffen. Angesichts all ihrer Begabungen und Möglichkeiten ist das ganz besonders traurig.

Vergleichen Sie diese Frau einmal mit jemandem wie Helen Keller (1880–1968), die in ihrem Leben Außergewöhnliches erreicht hat. Im Alter von 19 Monaten wurde sie durch eine Krankheit blind und taub. Sie konnte sich nicht verständigen. Eine bemerkenswerte Lehrerin brachte Helen die Blindenschrift bei. Mit 24 schloss Helen das Radcliffe College mit Auszeichnung ab. Von diesem Zeitpunkt an widmete sie ihr ganzes Leben dem Einsatz für Blinde und Taube. Sie hatte zwar sprechen gelernt, benötigte aber eine Übersetzerin, denn ihre Sprache war nicht leicht zu verstehen. Doch das hielt sie nicht davon ab, in der ganzen Welt herumzureisen und für soziale Reformen zu werben. Außerdem schrieb sie viele Bücher über ihr Leben, ihren Glauben und ihre Überzeugungen.

Von einem kleinen Kind, das taubblind ist und nicht sprechen kann, würde man erwarten, dass es im Leben nicht weit kommt, doch Helen Keller erreichte sehr viel mehr als die meisten Menschen, die im Besitz ihrer vollen Kräfte sind. Sie kannte den Sinn ihres Lebens, ging in die Welt hinaus und erfüllte ihn.

Auch Sie können den Sinn Ihres Lebens finden und in der Welt ein Zeichen setzen. Wahrscheinlich wissen Sie bereits seit Langem über Ihr Lebensziel Bescheid, doch aus irgendeinem Grund ignorieren und verdrängen Sie es.

Als Kind wollte ich unbedingt Schriftsteller werden. Ich unterhielt eine kleine Nachbarschaftszeitung, für die ich Artikel schrieb und die ich an die Häuser in meiner Nachbarschaft verteilte. Nach der Schule ging ich ins Verlagswesen, weil ich dachte, das sei eine gute Grundlage für eine Karriere als Schriftsteller. Dann hatte ich eine Buchhandlung. Aber die nahm mich so sehr in Beschlag, dass ans Schreiben nicht mehr zu denken war. Danach betrieben meine Frau und ich mehrere verschiedene Unternehmen, bis ich schließlich Zauberer und Bühnenhypnotiseur wurde. Während all dieser Jahre dachte ich ständig ans Schreiben, und hin und wieder schrieb ich sogar tatsächlich etwas. Doch erst als ich schon Mitte 40 war, hielt ich inne und dachte noch einmal darüber nach, was ich wirklich wollte. Ich wollte schreiben. Zum ersten Mal im Leben setzte ich mir ein festes Ziel und wusste genau, was ich tun musste, um es zu erreichen. Seit damals habe ich viele Bücher über die unterschiedlichsten Themen geschrieben.

Das Kuriose ist, dass alle anderen immer schon gewusst hatten, was ich tun sollte, nur ich selber nicht. Ich begab mich auf Abwege und tat alles Mögliche, entweder weil es interessant wirkte oder weil es gute finanzielle Aussichten bot. Doch um meinen Lebenssinn zu erfüllen, war nichts davon notwendig. Als ich das entdeckte, war es für mich wie eine Offenbarung. Alles war klar erkennbar, und doch hatte ich es viele Jahre lang nicht sehen können.

Sie brauchen nicht so lange zu warten wie ich. Ich hätte meinen Schutzengel in dieser Sache um Hilfe bitten sollen, aber ich war so sehr mit anderen Dingen beschäftigt und nahm mir nie die Zeit dazu.

Fangen Sie an, indem Sie sich still irgendwo hinsetzen oder einen Spaziergang machen und ganz allgemein über Ihr Leben nachdenken. Ersparen Sie sich den Fehler, dabei über negative Erlebnisse nachzusinnen. Denken Sie an die schönen Zeiten und die Momente, in denen Sie das Gefühl hatten, Sie machen Ihre Sache richtig gut.

Denken Sie genauer über diese Zeiten nach und überlegen Sie, ob sich nicht eine Möglichkeit finden ließe, diese positiven Erfahrungen in Ihr Leben und Ihre Arbeit zu integrieren. Vielleicht müssen Sie sich dazu im Querdenken üben. Wenn Sie zum Beispiel eine Vollzeitstelle in einem Fastfood-Restaurant haben und die schönsten Erlebnisse in Ihrem Leben

Ihre sportlichen Erfolge in der Schule waren, dann mag das zunächst unvereinbar erscheinen. Aber das lässt sich zusammenbringen! Damit Sie Ihre sportlichen Erfolge erzielen konnten, mussten Sie sich Ziele setzen, Ausdauer beweisen und hart trainieren, um zu gewinnen. Diese Qualitäten können Sie auf jedem Gebiet einsetzen, und wenn Sie Fastfood als Ihre Lebensaufgabe empfinden, dann werden Sie auf diese Weise rasche Fortschritte erzielen.

Wenn Ihnen bei dieser Übung nichts Eindeutiges einfällt, dann fragen Sie, Ihren Schutzengel.

Meditieren Sie, und bitten Sie Ihren Schutzengel, Ihnen bewusst zu machen, was Sie tun sollen. Tun Sie das eine Woche lang mindestens einmal täglich, und warten Sie dann geduldig, bis Sie eine Antwort bekommen. Die Antwort erhalten Sie vielleicht nicht in der Form, die Sie erwarten. Sie kann direkt von Ihrem Schutzengel kommen, ebenso gut aber als eine plötzliche Inspiration. Vielleicht sagt ein Freund etwas, das Sie auf eine Idee bringt. Engel arbeiten nicht immer so, wie wir es von ihnen denken würden.

Wahrscheinlich kommen Ihnen gleich mehrere Ideen. Wägen Sie alle sorgfältig ab. Lassen Sie sich Zeit. Machen Sie sich keine Gedanken, wenn es Wochen oder Monate dauert. So etwas braucht einfach seine Zeit. Und selbst wenn Sie nicht bewusst über die Ideen nachdenken, so arbeitet doch ihr Unterbewusstsein ständig daran.

Wenn Sie die richtige Idee gefunden haben, halten Sie ein Weilchen inne. Sie brauchen sich in diesem Moment wirklich nicht zu beeilen. Ich schreibe die Idee auf ein Blatt Papier und lasse dann meiner Fantasie freien Lauf. Dieses Blatt trage ich in der Hosentasche mit mir herum, damit ich immer wieder einen Blick darauf werfen kann. Und jedes Mal, wenn mir ein Gedanke kommt, schreibe ich ihn dazu. Nach und nach merke ich dann, dass ich das, was meine Idee besagt, wirklich tun will. Wenn es so weit ist, mache ich Pläne und setze sie um.

Ihr Schutzengel hilft Ihnen nicht nur, Ihren Lebenssinn zu finden, sondern er bietet Ihnen fortwährende Unterstützung. Ihr Engel führt und leitet Sie, spricht Ihnen Mut zu, wenn Sie es brauchen, und ist immer für Sie da.

Monika, eine erfolgreiche Modedesignerin, wird ständig von Engeln geleitet. Sie bittet häufig um Rat und nimmt sich immer Zeit zuzuhören. Jeden Erfolg, den Sie feiern darf, schreibt sie ihrem Schutzengel zu.

»Mein Engel ist meine kreative Inspiration«, sagt sie. »Außerdem gibt er mir Rat, wenn es um meine Gefühle, meinen Körper, religiöse Fragen und sogar ums Geschäft geht. In einem Jahr habe ich mich von den Vorbereitungen für meine Modenschau so vereinnahmen lassen, dass ich alles andere vergessen und nur noch gearbeitet habe. Mein Engel sagte mir, ich solle langsamer machen und mir ein paar Tage frei nehmen. Ich erwiderte, das sei doch lächerlich und ich könnte in der verbleibenden Zeit gar nicht mehr alles schaffen.«

Sie lächelt, als sie weiterspricht: »Nach einer hitzigen Diskussion befolgte ich den Rat meines Engels und nahm mir zwei Tage frei. Ich fuhr ein paar hundert Kilometer weit weg, um Abstand zur Arbeit und zum Telefon zu gewinnen. Als ich wiederkam, stellte ich fest, dass meine Partnerin einen Großteil der Arbeit erledigt und ich viel neue Energie getankt hatte. Wir wurden spielend rechtzeitig fertig. In diesem Jahr haben wir zwar keine Preise gewonnen, aber unsere gesamte Kollektion verkauft!«

Das Entscheidende bei alledem ist, dass Sie Ihren Schutzengel um Führung bitten, auf seinen Rat hören und entsprechend handeln. Ihr Schutzengel möchte immer nur das Beste für Sie. Sie sollten zuhören, egal, worum es geht, und erst dann handeln. So wird aus Ihnen und Ihrem Schutzengel ein unschlagbares Team, das alles erreichen kann, was Sie sich vornehmen.

Teil zwei

Geistführer

11 Geistführer

Geistführer sind Wesen, die ins nächste Leben hinübergegangen sind. Sie haben eine hohe spirituelle Ebene erreicht und halten sich dort auch auf, sind aber immer noch daran interessiert, was auf dieser Welt vor sich geht. Sie sind nicht wie Schutzengel, die uns behüten, sondern sie sind für uns da, um uns zu helfen und zu führen, wenn wir sie um Rat fragen.

Geistführern liegt prinzipiell etwas an unserem spirituellen Wachstum, und sie sind bereit, uns dabei zu helfen. Da sie jedoch möchten, dass wir selbstständig sind und auf eigenen Füßen stehen, wollen sie nicht bei jedem kleinen Problem um Rat gefragt werden.

Viel lieber agieren sie als Mentoren, als ältere und weisere Ratgeber, die die Lektionen, die wir so mühsam zu meistern versuchen, bereits gelernt haben. Kommunizieren Sie mit Ihren Geistführern, so oft Sie möchten, aber bitten Sie sie nur um Hilfe, wenn es wirklich nötig ist.

Ihre Führer erteilen Ihnen erst dann einen Rat, wenn Sie darum bitten. Deshalb ist manchen Menschen ihr ganzes

Leben lang nicht klar, dass sie Geistführer haben. Oft haben sie noch nicht einmal davon gehört, geschweige denn gelernt, wie man sie um Hilfe bitten kann. Doch selbst dann tun die Geistführer, was sie nur können, um diesen Menschen auf ihrem Lebensweg zu helfen. Ja, wenn ein solcher Mensch in höchster Not seinen Gott um Hilfe ruft, dann kommt sofort Hilfe von seinen Geistführern.

Geistführer urteilen nie. Selbst wenn wir schwere Fehler machen, weil wir ihren Rat missachtet oder ihren Hinweisen sogar entgegengehandelt haben, sind sie bereit, uns beim nächsten Mal wieder zu helfen. Nie sagen sie: »Ich hab's dir gleich gesagt.« Sie wissen, dass wir manchmal Fehler machen müssen, um eine wichtige Lektion zu lernen.

Ihre Geistführer können Ihre besten Freunde werden, wenn Sie das möchten. Sie sind um Sie besorgt, aufmerksam, liebevoll, geben Ihnen Rückhalt und wollen stets Ihr Bestes. Aber Sie müssen sie erst einmal zu sich einladen.

Alle Menschen haben Geistführer, und meistens, aber nicht immer, sind es verstorbene Verwandte. Oft ist ein Geistführer jemand, der uns zu seinen Lebzeiten sehr nahe stand – ein Elternteil, ein Bruder oder eine Schwester oder ein anderer naher Verwandter. Es kann ein großer Trost sein, zu wissen, dass Menschen, die Ihnen früher einmal sehr wichtig waren, immer noch da sind, um Ihnen zu helfen und Sie zu leiten, wenn Sie es brauchen.

Vielen Menschen ist die ständige Präsenz ihrer Geistführer bewusst. Auch Sophia Peabody, die Frau von Nathaniel Hawthorne, dem Autor des berühmten Romans *Der scharlachrote Buchstabe*, spürte genau, dass ihre Mutter in wichtigen Augenblicken bei ihr war.[74]

Schon seit Jahrtausenden wissen die Menschen, dass es Geistführer gibt. Allen historischen Aufzeichnungen ist zu entnehmen, dass Schamanen auf der ganzen Welt sich seit jeher in Trance versetzen können, um die Geister um Hilfe zu bitten.

Der vielleicht berühmteste Geistführer ist das Daimonion des Sokrates, das ihm beständig Rat erteilte und ihn vor Gefahr warnte. Seine Schüler Xenophon und Platon berichten, dass Sokrates die Stimme seines Daimonions seit seiner Jugend beständig vernommen habe. Für Sokrates war sie göttlichen Ursprungs und wesentlich vertrauenswürdiger als die damals üblichen Omen aus dem Flug oder den Eingeweiden der Vögel. Auch seinen Freunden gab er den Rat seines Daimonions weiter, und Xenophon bestätigt: »Die, welche auf ihn hörten, hatten den Nutzen davon, die anderen bereuten es.«[75]

In der Bibel lesen wir, dass König Saul ein Medium aufsuchte, um Rat vom Geist des Propheten Samuel zu erhalten. Im ersten Buch Samuel, Kapitel 28, Vers 7 heißt es: »Da sprach Saul zu seinen Getreuen: Sucht mir ein Weib, das Tote beschwören kann, dass ich zu ihr gehe und sie befrage. Seine Männer sprachen zu ihm: Siehe, in Endor ist ein Weib, das kann Tote beschwören.« Saul verkleidete sich und suchte die Frau auf, die den Geist Samuels herbeirief. Leider aber sagte der Geist den bevorstehenden Tod von König Saul voraus.

Der heilige Augustinus schrieb in *De Cura Pro Mortuis*: »Die Geister der Toten können zu den Lebenden gesandt werden und ihnen die Zukunft entschleiern, die sie wiederum von anderen Geistern oder von Engeln oder durch göttliche Offenbarung erfahren haben.«[76]

Medien haben oft Geistführer, die schon häufig reinkarniert sind und über enorme Weisheit verfügen. Oft handelt es sich dabei um Häuptlinge von Indianerstämmen, chinesische Weise, ägyptische Priester oder andere kluge Menschen vergangener Zeiten.

Niemand ist auf einen einzigen Geistführer beschränkt. Oft beginnen wir mit dem einen Führer und werden dann mit fortschreitender Entwicklung an einen anderen übergeben. Auch wenn es uns nicht bewusst ist, haben wir doch alle mehrere Geistführer, die uns helfen und von denen jeder seine besonderen Begabungen und Fähigkeiten besitzt.

Ein Geistführer kann fast jeder sein, doch normalerweise sind es hoch entwickelte Seelen, die den Wunsch haben, Menschen in dieser Inkarnation zu helfen. Es gibt zwar durchaus viele boshafte Geister – Sie werden aber nie erleben, dass einer von ihnen als Geistführer auftritt.

Boshafte Geister erscheinen oft, wenn man mit Dingen wie etwa einem Ouija-Brett spielt, ohne viel darüber zu wissen. Das Ouija-Brett kann ein sehr nützliches Instrument sein, wenn man es verantwortungsbewusst gebraucht, leider aber wird es meist als Gesellschaftsspiel verkauft. Als solches gebraucht, ist es nicht weiter verwunderlich, dass es negative Wesen anzieht.

Negative Geister hat es schon immer gegeben, und die Lösung zu allen Schwierigkeiten, die man mit ihnen haben kann, steht bereits in der Bibel. Im ersten Brief des Johannes, Kapitel 4, Verse 1–3 heißt es:

> *Ihr Lieben, glaubet nicht einem jeglichen Geist, sondern prüfet die Geister, ob sie von Gott sind; denn es sind viele falsche Propheten ausgegangen in die Welt. Daran sollt ihr den Geist Gottes erkennen: ein jeglicher Geist, der da bekennt, dass Jesus Christus ist im Fleisch gekommen, der ist von Gott; und ein jeglicher Geist, der Jesus nicht bekennt, der ist nicht von Gott. Und das ist der Geist des Widerchrists, von welchem ihr habt gehört, dass er kommen würde und ist jetzt schon in der Welt.*

Wenn Sie einem neuen Geist begegnen, dann seien Sie so lange vorsichtig, bis Sie wissen, was für ein Geist es ist. Wenn

Sie einem unbekannten Menschen begegnen, machen Sie das doch sicher genauso. Wenn Sie Zweifel hegen, dann fragen Sie den Geist, ob er von Gott kommt, und beobachten Sie, wie er darauf reagiert.

Der Kontakt mit Geistführern wird meist durch ein Medium oder in einer Séance hergestellt. Eine kleine Séance können Sie auch allein abhalten, aber eine größere Gruppe Gleichgesinnter erzielt meist bessere Ergebnisse.

Der Spiritismus

Ihre Blütezeit erlebten die Séancen in einem Zeitraum von etwa hundert Jahren bis zum Ausbruch des Zweiten Weltkriegs. Ihr Erfolg war zum großen Teil dem wachsenden Interesse am Spiritismus zuzuschreiben. Demzufolge glaubten die Menschen, dass ein Leben nach dem Tod beweisbar und die Kommunikation mit Toten möglich sei.

Die Anfänge des Spiritismus gehen auf den 31. März 1848 zurück, als in Hydesville, einem winzigen Ort mit weniger als 40 Familien im Norden des amerikanischen Bundesstaates New York, die beiden Schwestern Kate und Margaret Fox eine Unterhaltung mit den seltsamen Klopfgeräuschen begannen, die die Familie schon seit Monaten belästigten. Ihr Vater hatte sehr viel Zeit mit der erfolglosen Suche nach der Ursache der Geräusche zugebracht, obwohl Nachbarn ihm erzählt hatten, in dem Haus spuke es. Ja, man glaubte sogar, dass die Geister die Familie, die zuvor in dem Haus gewohnt hatte, vertrieben hätten.[77]

Am Abend des 31. März traten die Geräusche wie üblich wieder auf. Kate, die jüngste Schwester, spielte gerade ein Spiel. Sie hielt inne, schnippte mehrmals mit den Fingern und rief: »Hallo, Gevatter Bocksfuß, mach's mir nach.« Wie zur Antwort klopfte der Geist sogleich ebenso oft, wie Kate geschnippt hatte. Dies versetzte die Mutter des Mädchens, die sich auch im Zimmer aufhielt, in Angst und Schrecken. Gevatter Bocksfuß war eine saloppe Bezeichnung für den Teufel. Doch Kate hatte keine Angst. Inzwischen tat sie nur noch so, als schnippte sie mit den Fingern, doch als Antwort kam jedes Mal die richtige Anzahl Klopftöne. »Mutter«, sagte Kate, »er kann hören *und* sehen!«

Mrs Fox fragte den Geist vorsichtig, ob er bis zehn zählen könnte. Er antwortete umgehend mit zehn Klopftönen. Danach fragte sie nach der Zahl ihrer lebenden Kinder. Es ertönten vier Klopfzeichen – die zutreffende Antwort. Mrs Fox wurde mutiger: »Sind Sie ein Mann?«, fragte sie. Der Geist schwieg. »Sind Sie ein körperloser Geist, der in meine lieben Kinder gefahren ist?« Dieses Mal waren mehrere laute Klopfzeichen zu hören.

Für die Familie Fox war das Beweis genug. Noch am selben Abend luden sie Nachbarn ein, damit auch diese die Klopfzeichen hören und Fragen stellen konnten. Die meisten konnte der Geist richtig beantworten. Schon am darauffolgenden Abend drängten sich 300 Menschen in dem kleinen Haus, um die Klopfzeichen zu hören.

Die Schwestern erarbeiteten einen Code, mit dessen Hilfe sie effektiver mit dem Geist kommunizieren konnten. Auf diese Weise konnte er ihnen sagen, dass er der Geist des Handlungsreisenden Charles B. Rosma war, der in dem Haus ermordet und im Keller vergraben worden war.

Die Nachricht von diesen aufsehenerregenden Vorfällen verbreitete sich in Windeseile, und schon bald kamen die Menschen in Scharen, um die Schwestern zu sehen und die Klopfgeräusche zu hören. E. E. Lewis' kleine Schrift *A Report on the Mysterious Noises Heared in the House of John D. Fox, Hydesville, Arcadia, Wayne County* (Ein Bericht über die rätselhaften Geräusche, die im Haus von John D. Fox in Hydesville, Arcadia, Wayne County, zu hören sind) erschien, nur wenige Monate nachdem die Geräusche bekannt geworden waren. Er schrieb: »An Samstagen und Sonntagen kommen Scharen aus nah und fern. Sie verstopfen die Straße, und ihre Wagen und Pferde ziehen sich an den Zäunen entlang.«

Das Familienleben der Familie Fox veränderte sich grundlegend. Die Eltern beschlossen, die Mädchen wegzuschicken, damit sie abseits des Trubels in Ruhe aufwachsen konnten. Kate wurde zu ihrem Bruder in Auburn und Margaret zu ihrer älteren Schwester Leah nach Rochester geschickt. Aber ihre Popularität wurde durch den Umzug nicht geringer, und die Mädchen standen sowohl in Auburn als auch in Rochester im Mittelpunkt des öffentlichen Interesses.

Während ihres Aufenthalts in Rochester entdeckte Margaret, dass sie durch automatisches Schreiben mit Geistern kommunizieren konnte. Im Vergleich zum mühsamen Entschlüsseln der Anzahl der Klopfgeräusche war das ein enormer Vorteil.

Am 14. November 1849 mietete Leah Fox an drei aufeinanderfolgenden Abenden die Corinthian Hall, eine große Stadthalle, und organisierte Margarets erste öffentliche Sitzungen. Die Halle war jeden Abend brechend voll mit Menschen, die jeweils 25 Cent Eintritt bezahlt hatten. Das Publikum teilte sich etwa zur Hälfte in Leute, die an das Phänomen glaubten, und in solche, die ihm höchst kritisch gegenüberstanden.

Nach dem ersten Abend wurde ein Komitee eingerichtet, das die Vorfälle untersuchen und am folgenden Abend darüber berichten sollte. Das Komitee verlautbarte, dass es, wenn denn überhaupt Betrug im Spiel gewesen sein sollte, diesen zumindest nicht hatte entdecken können. Aber damit war niemand zufrieden, und so wurde ein zweites Komitee einberufen. Dessen Mitglieder kamen zum selben Schluss. Als ein drittes Komitee wieder zum selben Ergebnis gelangte, reagierte die Menge aufgebracht. Die Polizei musste eingreifen und dafür sorgen, dass Margaret und Leah die Halle unbeschadet verlassen konnten.

Ihre Bekanntheit stieg, und die Zukunft des Spiritismus schien gesichert. Die Fox-Schwestern gingen auf Tournee durch die großen Städte und sammelten überall begeisterte Anhänger. Auch andere Menschen entdeckten, dass sie mediale Begabungen hatten, und Séancen kamen regelrecht in Mode. Manche Medien entwickelten eigene Neuerungen, die meisten aber kopierten einfach den Stil der anderen.

David B. Abbott berichtet zu Beginn des 20. Jahrhunderts: »Sobald die ersten Medien die Geister der Verstorbenen dazu bringen konnten, zur Erde zurückzukehren und auf Tische und anderes Mobiliar zu klopfen, verbreitete sich die Mode in Windeseile, und überall im Land gab es plötzlich Medien mit genau denselben Fähigkeiten. Diese Mode hält bis heute an … Sobald ein führendes Medium die Mode aufbrachte, einen indianischen Führer zu haben, hatten mit einem Mal alle Medien im Land einen indianischen Führer. Auch diese Mode ist bis heute en vogue.«[78]

1854 richteten 15.000 Spiritisten eine Petition an den US-Kongress, in der sie um Einrichtung einer Kommission zur Untersuchung des Phänomens baten. Ein Jahr später schrieb George Templeton Strong: »Wer hätte vorhersagen können … dass sich eines Tages Hunderttausende in diesem Land in der Lage glaubten, tagtäglich mit den Geistern ihrer Großväter zu kommunizieren?«[79] Man nimmt an, dass es innerhalb von fünf Jahren nach der Entstehung des Spiritismus 30.000 Medien gab, die fleißig Séancen abhielten.[80]

Der Zweck dieser Séancen war die Kommunikation mit Verstorbenen. Das Medium und die Teilnehmer saßen im

Dunkeln um einen Tisch, hielten sich an den Händen und sangen Kirchenlieder. Nach einiger Zeit ereigneten sich verschiedene seltsame Dinge. Natürlich gab es diverse Klopfgeräusche, Tischerücken, »Apporte« (Geschenke aus der Welt der Geister), Ektoplasma floss aus dem Körper des Mediums, und es wurden sogar Geister sichtbar.

Viele Menschen nahmen allein wegen des Unterhaltungswerts an solchen Séancen teil. Wenn sie aber erst einmal eine Séance erlebt hatten, wurden viele zu überzeugten Spiritisten. Die Fotografie steckte noch in den Kinderschuhen, und Fotos von Geistern, die das Medium umschwebten, verstärkten noch den Glauben an diese Phänomene.

Viele berühmte Menschen beschäftigten sich damit. Nach dem Tod ihres kleinen Sohnes Willie entwickelte auch Abraham Lincolns Frau Mary Interesse am Spiritismus. Während des Bürgerkriegs hielt sie im Weißen Haus viele Séancen ab. Auch nach dem Tod ihres Mannes besuchte sie jahrelang Séancen, um mit ihm Kontakt aufzunehmen. Man nimmt an, dass Abraham Lincoln sich ebenfalls für den Spiritismus interessierte. Sicher ist, dass er an den Séancen seiner Frau teilgenommen hat, und er soll auch bei seinem Besuch in New York öffentliche Séancen besucht haben. In der Zeitung *Cleveland Plain Dealer* erschien noch vor seinem Tod ein Artikel über sein Interesse daran, das er nie dementiert hat.[81]

Der Spiritismus kam nach England und verbreitete sich dort genauso schnell wie in den Vereinigten Staaten. Selbst Königin Victoria wohnte einer Séance bei.

Von Anfang an waren viele Wissenschaftler skeptisch, andere aber nahmen an Séancen teil und ließen sich von deren Echtheit überzeugen. Ein gutes Beispiel ist Alfred Russel Wallace, der gemeinsam mit Charles Darwin das Prinzip der natürlichen Auslese entdeckt hat. Er berichtete, dass bei einer Séance, bei der er anwesend war, alle Teilnehmenden beobachten konnten, wie sich der Séance-Tisch mit frischen Blüten und Farnwedeln bedeckte. »Die Blüten erschienen auf dem polierten Tisch und waren schon schemenhaft sichtbar, bevor wir die Gaslampen andrehten. Als das Licht dann an war, war der gesamte Tisch von 1,20 m Durchmesser mit frischen Blüten und Farnwedeln bedeckt. Dieser Anblick war so ausnehmend wunderschön, dass ich mich in meinem an Ereignissen nicht eben armen Leben kaum an etwas erinnern kann, das mich tiefer beeindruckt hätte. Ich bat inständig darum, nichts zu berühren, bis wir alles sorgfältig untersucht hatten. Zuerst verblüfften uns die extreme Frische und Schönheit der Pflanzen, sodann, dass alle, besonders aber die Farne, mit zartem Tau bedeckt waren.«[82]

Das wissenschaftliche Interesse am Spiritismus erreichte seinen Höhepunkt mit der Gründung der Society for Psychical Research im Jahre 1882.

Einige Medien arbeiteten immer nur mit einem einzigen Geistführer, andere hingegen hatten mehrere. Eines der berühmtesten spiritistischen Medien war die Französin Hélène Smith[83], die um die Jahrhundertwende praktizierte. Sie hatte zahlreiche Geistführer, die von ihrem Körper Besitz ergriffen, wenn sie sich in Trance begab. Darunter war auch ein verstorbener Marsianer. Wenn ihr Marsianer sie lenkte, sprach und schrieb Hélène auf Marsianisch und zeichnete sogar Mars-Landschaften.[84] Mit anderen Worten, sie »channelte« ihren Marsianer, etwa 80 Jahre bevor das Channeln populär wurde.

Nebenbei bemerkt war auch Hélènes Mutter medial begabt und konnte Engel sehen. 1870 war Hélènes jüngere Schwester krank, und ihre Mutter stand in der Nacht auf, um nach ihr zu sehen. Sie erblickte einen strahlenden Engel mit ausgestreckten Armen neben dem Bett des kleinen Kindes. Madame Smith weckte ihren Mann, doch bis er aufgestanden war, war der Engel bereits verschwunden. Und obgleich der Arzt der Familie versichert hatte, das Mädchen würde wieder gesund, verstarb es am darauffolgenden Tag.[85]

Enorme Unterstützung erfuhr der Spiritismus auch durch Andrew Jackson Davis (1826–1910), bekannt als der »Seher von Poughkeepsie«. John Nevil Maskelyne bezeichnete ihn als den Pionier des modernen Spiritismus, denn seine Schriften wurden zur Stütze und Grundlage weiter Teile der Bewegung.

Davis war seit seiner Kindheit hellsichtig. Wirklich zur Blüte gelangte seine Hellsichtigkeit jedoch erst nach einem Vortrag über Mesmerismus, den er im Alter von 17 Jahren hörte. Beim Experimentieren mit einem Freund entdeckte er, dass er im Trancezustand Krankheiten diagnostizieren konnte, genau wie Edgar Cayce hundert Jahre später.

Als er 18 Jahre alt war, erschienen Davis der Geist des griechischen Arztes und Astronomen Galenos und der des schwedischen Mystikers und Philosophen Emanuel Swedenborg. Beide sagten Davis, dass er in dieser Inkarnation eine wichtige Aufgabe zu erfüllen habe.

Kurz nach diesem Erlebnis nahm Reverend William Fishbough Davis mit nach New York und schrieb alles nieder, was Davis in Trance sagte. Die Sitzungen der ersten 15 Monate erschienen als Buch unter dem Titel *The Principles of Nature, Her Divine Revelations, and a Voice to Mankind* (Die Prinzipien der Natur, ihre göttlichen Offenbarungen und eine Stimme an die Menschheit). Dieses umfangreiche Buch mit etwa 800 Seiten wurde 1847 zum Bestseller und erschien in den darauffolgenden 30 Jahren in 34 Auflagen. Davis war damals gerade einmal 21 Jahre alt.

In dieser Schrift behauptete Davis, Jesus sei ein großer Prophet und Menschheitslehrer gewesen, könne aber nicht die Göttlichkeit für sich in Anspruch nehmen. Er sah das Universum als ein harmonisches Ganzes, in dem jede einzelne Seele auf ihrem Wachstumsweg ständig weiter voranschreitet. Das Leben auf der Erde sei einfach nur eine Pause auf dem Weg ins »Sommerland«.

Davis beschrieb Sommerland in allen Einzelheiten. Seiner Meinung nach besteht es aus einem prachtvollen Garten mit Bäumen, Blumen, Vögeln und Tempeln in einer atemberaubend schönen Landschaft. Seine Einwohner erfreuen sich an Musik und Banketten und können vielen Gemeinschaften beitreten, die jedes nur erdenkliche Interesse bedienen. Es ist ein Ort großer Freude und großen Glücks.

Dort leben drei verschiedene Arten von Geistern. Die Geister der frisch Verstorbenen gehen ins Sommerland. Außerdem leben dort »Engel«, also hoch entwickelte Geister, deren Aufgabe es ist, den auf der Erde Lebenden zu helfen. Und schließlich gibt es auch noch boshafte Geister, die jedoch nicht böse sind, sondern einfach auf einer niedrigeren Entwicklungsstufe stehen als die anderen. Jeder Geist findet im Sommerland seinen Geistes- oder Seelengefährten.

Davis erklärte, es sei ein Zeichen großer Weisheit, die Geister um Rat zu fragen. Menschen, die die Existenz der Geister anzweifelten, seien noch nicht reif für den spirituellen Fortschritt.

In seinem Buch schrieb Davis: »Es ist wahr, dass die Geister miteinander Zwiesprache halten, während der eine im Körper ist und der andere in den höheren Sphären weilt – und zwar auch dann, wenn der Mensch im Körper sich dieses Einflusses nicht bewusst und daher von dieser Tatsache nicht zu überzeugen ist; und diese Wahrheit wird sich binnen kurzem in Gestalt einer lebendigen Demonstration erweisen. Und die Welt wird jubeln vor Freude, wenn jenes Zeitalter anbricht, in dem das Innere des Menschen aufgetan wird und die geistige Zwiesprache sich festigt, ganz so wie sie jetzt die Bewohner von Mars, Jupiter und Saturn pflegen.«[86]

Leider aber kam es nie zu dieser idealen Welt, und die Popularität des Spiritismus schwand allmählich. Dies ist hauptsächlich darauf zurückzuführen, dass viele Medien als Betrüger entlarvt wurden. Der berühmte Magier Harry Houdini spielte dabei eine entscheidende Rolle. Er war völlig aufgelöst, als seine Mutter starb, und versuchte, was er nur konnte, um mit ihr Kontakt aufzunehmen. Doch wohin er sich auch wandte, stieß er auf betrügerische Medien. Das brachte ihn so in Rage, dass er für den Rest seines Lebens viel Zeit darauf verwandte, sie zu entlarven.

Berühmte Medien

Mit Sicherheit war Daniel Dunglas Home (1833–86) das berühmteste Medium überhaupt. Hereward Carrington schrieb: »Obgleich Home unter wesentlich genauerer und längerer Beobachtung stand als jedes andere Medium, konnte in keiner von Home's Séancen je ein Betrug entdeckt oder auch nur vermutet werden.«[87]

Home wurde im schottischen Edinburgh geboren und von einer kinderlosen Tante adoptiert, die ihn in die Vereinigten Staaten mitnahm. Bereits als Kind entdeckte er seine mediale Begabung, und im Alter von 13 Jahren erlebte er seine erste Vision, in der er den Tod eines Schulfreundes vorhersah. Später kommunizierte Home mit dem Geist, der den Körper des Freundes bewohnt hatte. 1850 wusste er hellsichtig, dass seine Mutter sterben würde, und zwar drei Tage bevor es tatsächlich geschah. Seine Tante beunruhigten die Klopfgeräusche, die aus seinem Zimmer drangen. In dem Glauben, er sei vom Teufel besessen, ersuchte sie drei Priester, ihn zu exorzieren. Doch nichts änderte sich, und seine Tante bat ihn, das Haus zu verlassen.

In den darauffolgenden fünf Jahren reiste Home umher und lebte bei Menschen, die ihm helfen wollten, seine Gabe weiterzuentwickeln. Allem Vernehmen nach war er ein äußerst charmanter Mann und wurde rasch zum beliebten Hausgast der Wohlhabenden. Man liebte seine privaten Séancen, in denen sich all die üblichen Manifestationen ereigneten. Klopfgeräusche waren zu hören, Tische neigten sich, Glocken erklangen, und Geisterhände erschienen.

Doch selbst in diesem jugendlichen Alter verfügte Home bereits über einen exklusiven Gegenstand, durch den sich seine Séancen von allen anderen unterschieden. Er hatte ein Akkordeon, das von den Geistern gespielt wurde. Home hielt das Akkordeon am nicht bespielbaren Ende unter den Tisch, und im Dunkeln machten die Geister darauf Musik. Schließlich konnte sein Akkordeon sogar in der Luft schweben, während es »Home Sweet Home« oder »The Last Rose of Summer« spielte.

Home lernte daraus, wie wichtig es war, etwas Neues bieten zu können. Später demonstrierte er, wie er dank des Schutzes der Geister sogar glühende Kohlen anfassen konnte. Er konnte sich elongieren, also seinen Rumpf und seine Glieder »verlängern«, und Kunststückchen mit Levitationen vollführen. Manchmal wurden die Teilnehmenden levitiert, noch während sie auf ihren Stühlen saßen, bei anderen Gelegenheiten wurde Home selbst angehoben.

Die Levitation am Ashley Place sollte ihm einen bleibenden Platz in der Geschichte des Spiritismus verschaffen. Am 13. oder 16. Dezember 1868 hielt Home eine Séance mit drei Teilnehmern in der Londoner Wohnung des Viscount Adare ab. In Trance begab er sich ins nächste Zimmer und öffnete dort ein Fenster. Sodann levitierte er sich aus dem Fenster hinaus und kehrte durch das Fenster im ersten Zimmer wieder zu den Teilnehmern zurück. Viscount Adare schrieb: »Wir hörten, wie Home ins nächste Zimmer ging und das Fenster geöffnet wurde, und im selben Augenblick erschien Home aufrecht vor unserem Fenster stehend. Er öffnete das Fenster und kam völlig ungerührt herein.«

Wie nicht anders zu erwarten, staunten die Teilnehmer sehr über dieses Kunststück. Viscount Adare fragte Home, wie er das fertiggebracht habe. Daraufhin bat Home Adare, ein wenig zurückzutreten. »Dann bewegte er sich ziemlich schnell mit dem Kopf voran durch den freien Raum, wobei sein Körper fast horizontal und recht steif war. Und mit den Füßen voran kam er wieder herein.«[88] Der Abstand zwischen den beiden Fenstern betrug 2,2 Meter, die Fenstersimse waren nur 10 Zentimeter breit, und die Fenster befanden sich gut 21 Meter über der Erde, was einen Trick sehr unwahrscheinlich macht.

Zwei der drei Zeugen waren führende Mitglieder der Londoner Gesellschaft: Lord Lindsay (der spätere Earl of Crawford) und Viscount Adare (der spätere Earl of Dunraven). Der dritte war Adares Cousin, Captain Charles Wynne. Sir Arthur Conan Doyle erklärte, die Zeugenaussagen der drei seien »unanfechtbar«. Die drei Zeugen verfassten einen Bericht über die Vorfälle, der zum Londoner Stadtgespräch wurde.

Home wurde außerdem von Sir William Crookes, einem führenden Wissenschaftler jener Zeit, getestet. 1871 baten Crookes und einige seiner Freunde Home, eine Séance für sie abzuhalten. Bei dieser Séance levitierte sich Home, streckte die Hände ins Feuer und holte ein glühendes Kohlestück heraus. Sein berühmtes Akkordeon spielte mehrere Lieder.[89] Sir William testete Home später noch strenger, indem er das Akkordeon unter dem Tisch in einen Käfig stellte. Aber das änderte gar nichts, das Akkordeon spielte genauso schön wie immer. In einem Artikel für das *Quarterly Journal of Science* vom Januar 1874 schrieb Crookes:

> *Es gibt mindestens 100 verzeichnete Fälle, in denen Mr Home sich in Gegenwart ebenso vieler verschiedener Zuschauer vom Boden erhob. Und ich habe aus dem Mund dreier Zeugen des verblüffendsten Ereignisses dieser Art – Earl of Dunraven, Lord Lindsay und Captain C. Wynne – einen sehr detaillierten Bericht des Geschehens vernommen. Die Beweise zu diesem Thema zu verwerfen bedeutet, jegliches menschliche Zeugnis gleich welcher Art zu verwerfen, denn keine Tatsache in der sakralen oder profanen Geschichte ist durch eine stärkere Beweiskette untermauert.*[90]

1871 heiratete Home eine wohlhabende russische Adlige und ging mit ihr nach Frankreich. Aus der Öffentlichkeit zog er sich zurück. 1873 publizierte er ein Buch mit dem Titel *Lights and Shadows of Spiritualism* (Licht und Schatten des Spiritismus), in dem er die Methoden der betrügerischen Medien bloßstellte. Am 21. Juni 1886 starb er an Tuberkulose. Sein Grabstein auf dem Friedhof von St. Germain in Paris trägt die Inschrift: »Einem scharfsichtigen Geist«.

Im Laufe des 20. Jahrhunderts verlor der Spiritismus nach und nach an Einfluss. Doch Geistführer gibt es schon seit Jahrtausenden, und sie werden auch in Zukunft eine einflussreiche Rolle spielen. Heute ist das Channeln die bekannteste Methode, mit Geistführern Kontakt aufzunehmen. Wie Hélène Smith, das bekannteste Medium des 19. Jahrhunderts, stehen auch heute viele Menschen mit Geistwesen von anderen Planeten und versunkenen Kontinenten in Verbindung.

Zwischen Channeln und Medialität besteht ein wichtiger und beachtlicher Unterschied. Von wenigen Ausnahmen abgesehen, nehmen Medien nur Kontakt zu menschlichen Geistern auf. Channels hingegen nehmen Kontakt zu vielen verschiedenen Geistwesen auf: Menschen, Engeln, Delphinen und anderen Tieren, aufgestiegenen Meistern sowie Bewohnern anderer Planeten.

Der berühmteste Channel des vergangenen Jahrhunderts war Edgar Cayce (1877–1945), ein freundlicher, bescheidener Menschenfreund, der sich in den Trancezustand versetzen und selbst für Menschen, die Hunderte von Kilometern weit weg waren, unglaublich detaillierte medizinische Diagnosen stellen konnte.

Sein Weltruhm wurde 1910 durch einen zweiseitigen Artikel in der New York Times begründet, der über seine Erfolge als hellsichtiger Heiler berichtete. Von da an war er pausenlos beschäftigt, denn Menschen aus aller Welt erhofften sich Rat und Heilung vom »schlafenden Propheten«. Bei seinem Tod hinterließ er ein Vermächtnis von über 14 Millionen Worten, das Ergebnis von »Readings« für über 10.000 Menschen. Die »Association for Research and Enlightenment« in Virginia Beach setzt seine Arbeit bis heute fort.

Channels können sowohl ihr Bewusstsein als auch ihr Unterbewusstsein vorübergehend abschalten. Dadurch ist es ihnen möglich, Informationen direkt aus dem Überbewussten zu channeln. Diese Informationen kommen von einem diskarnierten Wesen, das vorübergehend das Bewusstsein des Channels übernimmt. Niemand kann mit Bestimmtheit sagen, wer oder was diese Wesen sind. Man nennt sie Engel, Geister, Geistführer und sogar Gott.

12 Mit Geistführern in Kontakt treten

Viele Menschen erwarten, dass sie ihre Geistführer mit eigenen Augen sehen oder mit eigenen Ohren hören können. Tatsächlich aber ist das kaum der Fall. Unsere Geistführer kommunizieren telepathisch mit uns. Wenn wir sie also klar sehen wollen, müssen wir unser geistiges Sehvermögen stärken. Oft kommt die Botschaft als eine leise, kaum wahrnehmbare Intuition. Sehr häufig wirkt eine Botschaft unseres Geistführers wie ein Gedanke, und wir erkennen erst im Nachhinein, dass dieser Gedanke von ihm oder ihr kam. Wenn wir uns für die Botschaften unserer Geistführer nicht öffnen, verhallen sie ungehört.

Wenn Sie Kontakt zu Ihren Geistführern aufnehmen wollen, müssen Sie sich vorübergehend von Ihrem üblichen Denken und Empfinden freimachen. Den meisten Menschen fällt das sehr schwer. Viele Medien dagegen können sich jederzeit innerhalb weniger Sekunden davon lösen. Ein Medium sagte sogar einmal zum Spaß: »Ich bin ein leichtes Mädchen«, weil sie sich sofort von allem lösen und für die geistige Welt öffnen konnte, wann immer sie wollte.[91]

Weil es nicht einfach ist, diesen Zustand positiven Gewahrseins zu erreichen, verwenden Medien viele verschiedene Hilfsmittel. Die bekanntesten und bewährtesten sind seit jeher das Ouija-Brett, automatisches Schreiben, Tischerücken und das Pendel. Das waren bereits im goldenen Zeitalter des Spiritismus die beliebtesten Methoden zur Kommunikation mit der geistigen Welt. Viele Spiritisten, auch Hélène Smith, ließen in ihren Séancen unter dem Einfluss ihrer Geistführer eine Geisterschrift entstehen.

Planchette und Ouija-Brett

Die Planchette soll 1853 von einem französischen Spiritisten namens Monsieur Planchette erfunden worden sein.[92] Eine klassische Planchette besteht aus einer dreieckigen oder herzförmigen Platte, die an zwei Ecken auf kleinen Rädern oder Kugeln ruht. Unter der dritten Ecke befindet sich ein Bleistift. Das Gerät wird auf ein großes Blatt Papier gestellt, und eine oder mehrere Personen legen die Finger darauf. Die Planchette setzt sich in Bewegung und erzeugt dabei eine Bleistiftspur, die Kritzeleien, ein Bild oder – meistens – Worte ergibt. Die Planchette funktioniert am besten, wenn nur ein oder zwei Menschen gleichzeitig mit ihr arbeiten. Wenn zu viele Menschen ihre Finger darauflegen, kommt meist nur Kritzelei heraus.

Mit der Zeit entdeckte man, dass es zeitsparender war, wenn man am Rand des Papiers die Buchstaben des Alphabets notierte und die Planchette dann die Wörter sozusagen buchstabieren ließ.

Nach diesem Prinzip funktioniert auch das Ouija-Brett. Die Bezeichnung geht auf das französische *Oui* und das deutsche *Ja* zurück. Tatsächlich enthält das Brett die Wörter Ja und Nein sowie sämtliche Buchstaben des Alphabets, häufig auch die Zahlen 0 bis 9. Eine Planchette, die in Verbindung mit dem Ouija-Brett verwendet wurde, hatte drei Räder, denn ein Bleistift war in diesem Fall nicht erforderlich. Heute sind die meisten Planchetten aus Plastik statt aus Holz und haben kleine Filzplättchen statt Rädern unter den Standbeinen.

Das Ouija-Brett, wie wir es heute kennen, wurde um 1892 von Elijah J. Bond und William Fuld in Baltimore erfunden. 1966 erwarb die Firma Parker Brothers Inc. alle Rechte und verkaufte seither Millionen Ouija-Bretter.[93]

Viele halten das Ouija-Brett für eine moderne Erfindung, aber etwas Ähnliches verwendete bereits Pythagoras im Jahr 540 vor unserer Zeitrechnung. Er hielt Séancen ab, bei denen ein spezieller Tisch auf Rädern sich auf verschiedene Zeichen zu bewegte, ganz ähnlich wie eine Planchette auf einem Ouija-Brett. Sodann deuteten Pythagoras und sein Schüler Philolaus diese Botschaften aus der geistigen Welt für ihr Publikum.[94]

Meine Mutter verwendete häufig ein improvisiertes Ouija-Brett. Sie ordnete Zettelchen mit den Buchstaben des Alphabets kreisförmig auf dem Küchentisch an und stellte ein umgedrehtes Glas in die Mitte. Dann legte sie zwei Finger auf das Glas, atmete tief durch und stellte die erste Frage. Sofort raste das Glas förmlich über die glatte Oberfläche des Tisches. Manchmal musste sie die Frage sogar wiederholen, weil das Glas sich so schnell bewegte, dass sie die angezeigten Buchstaben gar nicht erfassen konnte.

Wie man eine Planchette benutzt

Wenn Sie eine Planchette oder ein Ouija-Brett verwenden wollen, sollten Sie locker und entspannt sein. Sehr hilfreich ist auch ein Gefühl freudiger Erwartung. Am besten bedienen ein oder zwei Personen die Planchette, und ein Dritter schreibt die Buchstaben auf, die angezeigt werden – denn einmal in Gang gesetzt, kann die Planchette sich sehr schnell bewegen. Sie können sie aber natürlich auch ganz alleine bedienen.

Sorgen Sie dafür, dass alle entspannt, aber auch voller Erwartung sind. Fragen Sie: »Ist jemand da?«, und warten Sie ab, was das Brett antwortet. Zeigt die Planchette auf »Nein«, hören Sie am besten sofort auf und versuchen es zu einem späteren Zeitpunkt noch einmal. Antwortet sie mit »Ja«, können Sie fortfahren. Eine gute zweite Frage lautet: »Hast du eine Botschaft für jemanden?« Fragen Sie weiter, für wen die Botschaft ist, und nehmen Sie sie dann auf. Mit etwas Übung werden Sie feststellen, dass das Ouija-Brett auf Fragen fast genauso schnell antwortet, wie Sie mitschreiben könnten.

In ihrem Buch *Moments of Knowing* erzählt Ann Bridge eine interessante Geschichte über das Ouija-Brett. Freunde von ihr hatten ein ehemaliges Bauernhaus in den Mooren von Cornwall gemietet. Sie vermieteten es weiter und baten einen Freund, ein Auge darauf zu haben. Als dieser Freund, Will Arnold-Foster, eines Abends nach dem Haus sah, fand er die Bewohner um einen Tisch versammelt. Sie experimentierten mit einem improvisierten Ouija-Brett und einem umgedrehten Glas. Sie luden ihn in ihren Kreis ein. Er lehnte ab, war aber einverstanden, noch ein wenig zu bleiben und die Botschaften, die man möglicherweise empfangen würde, aufzuschreiben.

Sie begannen, und das Glas verkündete, es habe eine Botschaft für Ruth. Keiner der Hausbewohner kannte eine Ruth, doch Will kannte Ruth Mallory, die Witwe von George Mallory, der bei der Besteigung des Mount Everest umgekommen war.

Neugierig geworden, bat Will die Teilnehmenden zu fragen, von wem die Botschaft denn sei. Das Glas antwortete: »George.« Schnell fragte Will: »Und wie weiter?«, und das Glas antwortete: »George Mallory.«

Jetzt war das Interesse bei allen geweckt, denn die Tragödie am Mount Everest war noch nicht lange her. Dennoch war Will der Einzige unter den Anwesenden, der wusste, dass George Mallorys Witwe Ruth hieß.

Will fragte, wie denn die Nachricht für Ruth lautete. Das Glas sagte: »Sag ihr, dass sie wegen Frank etwas unternehmen muss.«

Das verblüffte Will, denn er wusste, wie Mallorys Bruder und seine drei Kinder hießen, aber ein Frank war nicht dabei. Er stellte weitere Fragen, aber die einzige Antwort lautete: »Er ist unglücklich – sie muss etwas für ihn tun.«

Will schrieb Ruth einen Brief und erzählte ihr darin von der Nachricht. Er entschuldigte sich, dass er sie damit belästigte, denn bestimmt sei diese Nachricht reiner Unsinn.

Tatsächlich aber war die Botschaft echt und sehr hilfreich. Während des Ersten Weltkriegs hatten die Mallorys sich um einen kleinen Jungen aus Wien gekümmert. Er hieß Franz. Drei oder vier Jahre lang hatte er bei ihnen gewohnt und wurde dann wieder zu seiner Mutter geschickt. Als sie die Nachricht von dem Ouija-Brett erhielt, war Ruth klar, dass mit »Frank« nur »Franz« gemeint sein konnte. Sie zog Erkundigungen in Wien ein und erfuhr, dass der Junge in großer Not war. Sie sorgte dafür, dass er wieder nach England kommen konnte, und erzog ihn wie einen eigenen Sohn.[95]

Ganze Bücher wurden auf diese Art und Weise, Buchstabe für Buchstabe, auf dem Ouija-Brett geschrieben. Das berühmteste Beispiel dafür liefert der Fall von Patience Worth. 1913 experimentierten in St.Louis zwei junge Frauen mit dem Ouija-Brett. Eine Freundin hatte ihnen das Brett gezeigt, und stundenlang schauten sie fasziniert zu, wie die Planchette ihnen unbedeutende Nachrichten vorbuchstabierte. Am Abend des 8. Juli jedoch beobachteten die Frauen zu ihrem Entsetzen, wie das Brett Folgendes buchstabierte: »Vor vielen Monden habe ich gelebt. Nun kehre ich wieder. Patience Worth mein Name.«

Die beiden Frauen, die 21 Jahre alte Pearl Curran und ihre Freundin Emily Hutchings, schnappten nach Luft und schauten sich erstaunt an. Schon setzte sich die Planchette wieder in Bewegung und schrieb: »Wartet. Ich möchte mit euch sprechen. Wenn ihr lebt, dann werde ich auch leben. Ich backe mein Brot in eurem Herd. Gute Freundinnen, lasst uns miteinander fröhlich sein. Die Zeit der Arbeit ist vorüber. Lasst die Katze dösen und ihre Weisheit zum Feuerscheit hin blinzeln.«

Nach und nach fanden die beiden Frauen heraus, dass Patience Worth eine Quäkerin war, die im England des 17. Jahrhunderts gelebt hatte. Sie schien eine so charmante, amüsante und kraftvolle Persönlichkeit zu sein, dass die beiden Frauen sofort alles aufschrieben, was Patience ihnen vorbuchstabierte.

Bald schon entdeckten sie, dass Pearl Curran die Hand auf die Planchette legen musste, damit Botschaften von Patience Worth empfangen werden konnten. Notwendig waren immer zwei Personen, aber es spielte keine Rolle, wer die zweite Person war. Von Mrs Curran hieß es, sie sei »eine junge Frau von nervösem Temperament, klug, lebhaft und beredt. Sie hat Sinn für Literatur, ist aber keine Schriftstellerin und hat nie versucht, etwas Anspruchsvolleres als einen persönlichen Brief zu schreiben.«[96] Dennoch verfasste Patience Worth im Laufe der Zeit durch Pearl Currans Ouija-Brett sechs Romane, mehrere Theaterstücke und über 4000 Gedichte. In eine Anthologie der »besten« Gedichte von 1917 wurden fünf

Gedichte von Patience Worth und jeweils nur drei von Amy Lowell und Vachel Lindsay aufgenommen, den beiden führenden Dichterinnen ihrer Zeit.

Patience Worths Werk erhielt ausgezeichnete Kritiken. Die New York Times bezeichnete eines ihrer Bücher als »bemerkenswert«. In einer anderen Kritik schrieb dieselbe Zeitung: »Ungeachtet seines ernsten Themas und der vielen unbarmherzigen Tragödien der Romanhandlung hat dieses Buch viel Humor von einer pittoresken, verhaltenen Art. Es ist eben jener Humor, der ihr gesamtes Werk und ihre ganze Persönlichkeit kennzeichnet. Die Handlung ist so gekonnt, geschickt und originell konstruiert, dass mancher Romancier aus Fleisch und Blut neidisch werden könnte.«[97]

Pearl Curran ging nie in Trance, wenn sie mit ihrem Ouija-Brett arbeitete. Sie war immer entspannt und gelöst, ja, sie unterhielt sich sogar mit anderen, die ebenfalls im Zimmer waren, während die Planchette sich über das Brett bewegte. Die Bewegungen wurden von dem Geschehen im Raum in keiner Weise beeinflusst.

Natürlich gab es viele Menschen, die bezweifelten, dass es Patience Worth je geben hat oder dass sie ein Geist war. Aber das war ihr egal. Sie machte sich über die Menschen lustig, die als Zuschauer kamen, und schrieb sogar ein kleines Gedicht für all jene, die darauf bestanden, dass sie ihre Existenz beweisen solle:

Ein Phantom? Schön und gut,
Beweise doch, dass es dich gibt.
Seht her, sag ich, hier bin ich –
Stiefeletten, Miederkleid, Häubchen, Rüschenröcke
Und recht viel Mundwerk.
Nun, was hast du, dich zu beweisen?[98]

Nachdem sie etliche Jahre mit dem Ouija-Brett gearbeitet hatte, entdeckte Pearl Curran, dass sie die Buchstaben auch einfach in der Reihenfolge, in der sie ihr in den Sinn kamen, laut aussprechen konnte, während eine Freundin sie aufschrieb.

Nur sehr wenige Menschen konnten mit dem Ouija-Brett auch nur annähernd so viel oder so Hochwertiges hervorbringen wie Pearl Curran. Ich hatte das Privileg, ein paar bemerkenswerte Schriften lesen zu dürfen, die auf diese Art entstanden sind, aber auch das Pech, mich durch sehr viel blanken Unsinn wühlen zu müssen.

Es dauerte sechs Monate, bis Patience Worth mehr als bloße Fragmente übermittelte. Haben Sie also Geduld, und erwarten Sie keine genialen Worte von Ihrem Ouija-Brett, bevor Sie nicht sehr viel Übung haben.

Automatisches Schreiben

Automatisches Schreiben ist eine Kommunikationsmethode mit Papier und Stift. Der Stift bewegt sich unter der Anleitung einer Kraft außerhalb des Bewusstseins desjenigen, der den Stift hält, über das Papier. Ursprünglich benutzte man auch zum automatischen Schreiben eine Planchette mit zwei Rädchen und einem Bleistift. Doch die Schrift, die dabei zu Stande kommt, ist äußerst schwer zu entziffern, weshalb man recht bald auf die Idee kam, einen Füller oder einen Bleistift einfach in der Hand zu halten.

In seinem Buch *Spirit Identity* schildert William Stainton Moses (1839–1892) sein erstes Erlebnis mit dem automatischen Schreiben:

> *Mein rechter Arm wurde etwa in der Mitte des Unterarms gepackt und kraftvoll auf und ab geschleudert, wobei ein Geräusch entstand wie von Pflasterern bei der Arbeit. Es war die gewaltigste Demonstration von »unbewusster Muskelbewegung«, die ich je erlebt habe. Vergeblich versuchte ich, sie zu beenden. Ganz deutlich spürte ich die Griffe um meinen Arm, sanft und fest, und obwohl im Vollbesitz meiner Sinne und meines Willens, konnte ich doch nichts dagegen ausrichten, wenngleich meine Hand aufgrund der blauen Flecken, die ich mir dabei zuzog, danach tagelang nicht zu gebrauchen war.*[99]

Der bekannte englische Spiritist William Howitt (1792–1879) experimentierte mit automatischem Schreiben, nachdem er beobachtet hatte, dass sein Sohn und seine Tochter es gut konnten. Im Januar 1858 besuchte er eine Mrs Wilkinson, die auf diese Weise automatische Bilder zeichnen konnte, und griff danach zu Bleistift und Papier. Seine Tochter beschreibt das Erlebnis in ihrem Buch *Pioneers of Spiritual Reformation*:

> *Mein Vater war kaum ein paar Minuten ruhig dagesessen, einen Bleistift in der Hand, als so etwas wie ein elektrischer Schlag seinen Arm und seine Hand durchzuckte, worauf der Bleistift Kreise zu ziehen begann. Der Einfluss wurde immer stärker und versetzte nun nicht nur die Hand, sondern den ganzen Arm in eine rotierende Bewegung, bis der Arm in ganzer Länge ausgestreckt war und sehr bald – als sei er die Speiche eines Rades, das von einer Maschine angetrieben wird – etwa zehn Minuten lang unaufhaltsam in weitem Bogen mit hoher Geschwindigkeit durch die Luft schwang. Die*

Folgen dieser schnellen Rotation spürte er noch geraume Zeit danach in den Muskeln seines Armes. Als der Arm wieder ruhig lag, begann der Bleistift in den passiven Fingern sich sanft, aber deutlich und entschlossen zu bewegen.[100]

Die meisten Menschen finden, dass es seine Zeit dauert, bis man sich ans automatische Schreiben gewöhnt hat. Doch Ausdauer lohnt sich, und wenn man die Fähigkeit erst einmal entwickelt hat, können die Worte sehr schnell kommen. Reverend George Vale Owen (1869–1931) empfing monatelang an jeweils vier Abenden pro Woche Botschaften mit einer Durchschnittsgeschwindigkeit von 24 Wörtern pro Minute.[101]

Ein interessanter Fall von automatischem Schreiben spielte sich im England des Jahres 1908 ab. Frederick Bligh Bond leitete die Ausgrabungen an der alten Kirchenruine in Glastonbury. Er versicherte sich der Hilfe von Captain John Bartlett, einem bekannten Medium und Channel. John Bartlett nutzte automatisches Schreiben, um Kontakt zum Geist eines mittelalterlichen Mönchs aufzunehmen, der ihm genau sagen konnte, wo er die fehlende Edgar-Kapelle und die Überreste eines zerstörten Reliquienschreins finden würde, die unter den Ruinen der Abtei vergraben lagen. Die empfangenen Worte waren Lateinisch und Mittelenglisch.[102]

Später schuf John Bartlett mithilfe seiner Begabung im automatischen Zeichnen acht Bilder der Abtei von Glastonbury, als sie noch stand. Es lässt sich heute nicht mehr feststellen, ob seine Zeichnungen korrekt sind, aber sie stimmen mit dem überein, was man inzwischen über die verschütteten Ruinen weiß. Interessanterweise fertigte Bartlett diese Zeichnungen mit seiner linken Hand an, obwohl er Rechtshänder war.[103]

Medien hatten während des Ersten Weltkriegs viel zu tun, denn viele verzweifelte Angehörige versuchten, Kontakt zu den Verstorbenen aufzunehmen. Es wurde eine ganze Reihe von Büchern veröffentlicht, die mithilfe des Ouija-Brettes, des automatischen Schreibens und des Tischerückens entstanden waren. Einige davon wurden Bestseller.

Raymond, or Life and Death von Sir Oliver Lodge ist das beeindruckendste Beispiel.[104] 1915, als Lodges Sohn Raymond in Flandern kämpfte, bekam das berühmte Medium Lenore Piper eine Nachricht, die ein Zitat des römischen Dichters Horaz enthielt. Lodge deutete dieses Zitat als Hinweis, dass etwas Schlimmes geschehen würde. Am 15. September erfuhren Lodge und seine Frau, dass ihr Sohn gefallen war. Eine Woche später empfing ein Freund der Familie, der ebenfalls seinen Sohn verloren hatte und seither durch automatisches Schreiben Verbindung zu ihm pflegte, eine Nachricht für die Lodges: »Ich habe den Jungen gesehen, Sir Oliver Lodges Sohn; es geht ihm besser, und er erlebt wunderbare Ruhe und Erholung. Sag das seiner Familie.« Lady Lodge nahm Kontakt zu Gladys Osborne Leonard auf, damals ebenfalls ein berühmtes Medium, und vereinbarte eine Sitzung. Bei dieser Sitzung klopfte ein Tisch folgende Botschaft: »Sag Vater, dass ich einige seiner Freunde getroffen habe … Ja, Myers.«[105] In einer weiteren Sitzung begab sich Gladys Leonard in Trance und empfing weitere Botschaften von Raymond, in denen er das Leben auf der anderen Seite beschrieb. Sir Oliver sammelte alle Informationen, die er auf diese Weise erhielt, und veröffentlichte sie in seinem Buch.

1918 erschien ein Buch mit dem Titel *Private Dowding* (Gefreiter Dowding), das komplett durch automatisches Schreiben entstanden war. Auch dieser Titel wurde ein Bestseller und spendete vielen Trost, die im Ersten Weltkrieg Angehörige verloren hatten. Darin wird die Geschichte des jungen englischen Lehrers Thomas Dowding erzählt, der in Frankreich durch ein Schrapnell umgekommen war. Dowdings Worte wurden durch das englische Medium W. T. Poole niedergeschrieben.[106]

Mit dem automatischen Schreiben experimentieren

Wie beim Ouija-Brett ist auch beim automatischen Schreiben wichtig, dass Sie entspannt sind. Setzen Sie sich bequem hin, und winkeln Sie Ihren Schreibarm im Ellenbogen in einem 90-Grad-Winkel an. Die Hand mit dem Stift sollte locker auf dem Papier ruhen. Ein wertvoller Hinweis: Manche Menschen erzielen bessere Ergebnisse, wenn sie die Hand verwenden, mit der sie normalerweise nicht schreiben. Ich dagegen nehme meine normale Hand und habe mit der anderen keinen Erfolg. Versuchen Sie es jeweils mit der einen und dann mit der anderen Hand, und schauen Sie einfach, was passiert.

Bleiben Sie entspannt, und warten Sie einfach ab, was geschieht. Viele schließen an diesem Punkt die Augen und nehmen eine meditative Haltung ein.

Nach einiger Zeit fängt die Hand, die das Schreibwerkzeug hält, an, sich zu bewegen. Widerstehen Sie der Versuchung zuzuschauen, was da vor sich geht. Zeigen Sie einfach kein Interesse. Automatisches Schreiben ist unbewusstes Schreiben, und bewusstes Interesse zerstört die Spontaneität und den Schreibfluss.

Vielleicht haben Sie Glück und schreiben gleich zu Beginn Wörter und Sätze. Die meisten Menschen malen allerdings am Anfang nur Kreise und Ellipsen. Womöglich schreiben Sie sogar Wörter oder Sätze in Spiegelschrift. Es ist egal, was Ihre Hand schreibt oder zeichnet. Solange überhaupt etwas entsteht, ist es Ihnen für den Anfang gut gelungen. Immer wieder wird es aber auch vorkommen, dass Sie gar nichts zu Stande bringen, auch wenn Sie bereits seit mehreren Monaten Erfolg haben. Machen Sie sich darüber keine Gedanken. Es bedeutet lediglich, dass im Moment nichts verfügbar ist, was übermittelt werden könnte. Legen Sie Ihr Werkzeug dann einfach beiseite, und versuchen Sie es ein anderes Mal.

Üben Sie regelmäßig, und Sie werden bald merken, dass diese Art des Schreibens wirklich »automatisch« geschieht, dass Ihre Hand von einer Kraft außerhalb Ihrer selbst bewegt wird und dass dies besser funktioniert, wenn Ihr Bewusstsein dem nicht im Wege steht. Außerdem werden Sie entdecken, dass Sie so stundenlang schreiben können, ohne körperlich zu ermüden.

Auf diese Weise kann fast alles entstehen. Vielleicht schreiben Sie Gedichte, Romane, Antworten auf Fragen, die Sie beschäftigen, oder spirituelle Erkenntnisse. Bewerten Sie nichts, solange es noch im Entstehen ist. Schreiben Sie es einfach auf. Sie können sich hinterher Zeit nehmen für eine Beurteilung und für Fragen.

Manche Menschen können automatisch schreiben, während sie zugleich etwas anderes tun, etwa lesen oder fernsehen. Sie brauchen lediglich Papier und Stift bereitzuhalten und sich vollkommen auf etwas anderes zu konzentrieren.

Alfred Lord Tennyson, William Butler Yeats und Gertrude Stein, um nur wenige zu nennen, gehören zu den Autoren, die sich des automatischen Schreibens bedienten, um ihre Kreativität zu erweitern. Ja, es haben sogar schon offensichtlich völlig unbegabte Menschen durch automatisches Schreiben Bemerkenswertes geschaffen. Der Philosoph C. H. Board schrieb in seinem Vorwort zu einem Buch, das durch automatisches Schreiben entstand: »Es gibt zweifellos unabhängige Beweise dafür, dass in einigen wenigen Menschen bemerkenswerte kreative und dramatische Begabungen ruhen, die sich nur dann zeigen, wenn ihr Besitzer sich in einem dissoziierenden Zustand befindet.«[107]

Ruth Montgomery schrieb eine ganze Reihe von Büchern auf der Grundlage von Informationen, die ihr durch ihre Geistführer übermittelt worden waren. Sie meditierte eine Zeitlang und setzte sich dann mit geschlossenen Augen an ihre Schreibmaschine. 15 Minuten lang benutzten dann ihre Geistführer ihre Finger und tippten, was sie ihr sagen wollten.[108]

Durch automatisches Schreiben sind Zeichnungen, Gemälde und sogar Musik entstanden. Die in London lebende Witwe Rosemary Brown, die in Verbindung mit dem Geist von Bach, Beethoven, Brahms, Chopin, Debussy, Liszt, Schubert, Strawinsky und anderen steht, hat mithilfe des automatischen Schreibens viele Kompositionen im jeweiligen Stil geschaffen. Manchmal leiten sie diese Komponisten auf ihrem Klavier an, dann wieder entstehen die Kompositionen durch automatisches Schreiben.

Einigen Menschen ist es sogar gelungen, automatisches Schreiben als Hilfe im Alltag zu nutzen. Der bekannteste war W. T. Stead (1849–1912), ein führender Journalist und Menschenrechtsaktivist. Er entdeckte, dass er sich hinsetzen und seine Hand seine Briefe völlig selbstständig schreiben lassen konnte. Er behauptete, das automatische Schreiben habe ihn nie im Stich gelassen.

Einmal wollte Stead eine Freundin abholen. Sie hatte ihm gesagt, ihr Zug würde »etwa um 15 Uhr« ankommen. Bevor er sich auf den Weg zum Bahnhof machte, bat er im Geiste seine Freundin, seine Hand zu benutzen und ihm eine genauere Ankunftszeit ihres Zuges mitzuteilen. Das automatische Schreiben ergab, dass der besagte Zug 10 Minuten vor 15 Uhr ankäme.

Stead ging zum Bahnhof und erfuhr, dass der Zug Verspätung hatte. Er zog Stift und Papier aus der Jackentasche und fragte seine Freundin: »Verteufelt, warum kommst du so spät?«

Seine Hand schrieb: »Wir hatten in Middlesborough einen sehr langen Aufenthalt; ich weiß nicht, warum.«

Als der Zug ein paar Minuten später ankam, fragte er seine Freundin, warum er Verspätung hatte. »Ich weiß es nicht«, antwortete sie. »Der Zug hielt so lange in Middlesborough, man hätte meinen können, er fährt nie wieder los.«[109]

Mit der Zeit werden Sie merken, dass Ihnen das automatische Schreiben eine große Hilfe sein kann. Sie können dadurch Antworten auf Fragen und Lösungen für Probleme erhalten. Sie erlangen Erkenntnisse, die Sie spirituell weiterbringen, und Sie werden in der Lage sein, anderen zu helfen, weil sie mithilfe Ihres automatischen Schreibens deren Fragen beantworten können.

Tischerücken

Das Tischerücken entwickelte sich gegen Mitte des 19. Jahrhunderts in Frankreich. Es war eine gesellschaftliche Belustigung, Bekannte zum Abendessen einzuladen und auszuprobieren, ob man zusammen mit den Gästen einen Tisch dazu bringen konnte, Botschaften zu klopfen. Das einmalige Klopfen eines Tischbeins bedeutete »Ja«, zweimaliges Klopfen »Nein«, dreimaliges Klopfen hieß »Vielleicht«. In einem mühsamen Verfahren, bei dem die Wörter Buchstabe für Buchstabe geklopft wurden, konnten ganze Botschaften übermittelt werden.

Der führende französische Arzt Dr. Hippolyte Rivail (1804–1869) ärgerte sich sehr über die Popularität des Tischerückens, insbesondere, als die Geister auch noch medizinische Ratschläge erteilten. Er stellte eine Gruppe zusammen, deren Mitglieder die Salons besuchten, in denen das Tischerücken gepflegt wurde, und bestimmte Fragen stellten. Danach traf sich die Gruppe und verglich die Antworten. Rivail war zutiefst verwundert, als er feststellen musste, dass die Antworten im Wortlaut zwar variierten, inhaltlich aber übereinstimmten. Er hatte lauter verschiedene Antworten erwartet.

Das überzeugte Dr. Rivail. Er setzte seine Experimente fort und erhielt von den Geistern den Rat, sich Allan Kardec zu nennen. Ganz offensichtlich war er in früheren Inkarnationen sowohl Allan als auch Kardec gewesen. Unter diesem Namen veröffentlichte er mehrere Bücher, wie beispielsweise *Das Buch der Geister* (1856), *Das Buch der Medien* (1861) und *Das Evangelium im Lichte des Spiritismus* (1864). Seine Bücher waren in Europa eine Sensation und werden zum Teil heute noch aufgelegt. Das Wort *Spiritismus* wurde von ihm geprägt.

Tischerücken in der Praxis

Zum Tischerücken kann man jeden beliebigen Tisch verwenden. Es ist jedoch am einfachsten, wenn man mit einem leichten Tisch beginnt, vorzugsweise mit einem dreibeinigen runden. Damit gelingt es am Anfang am besten. Wenn Sie erst einmal einen kleinen Tisch erfolgreich »gerückt« haben, können Sie zu größeren und schwereren Tischen übergehen, wenn Sie möchten.

Entscheiden Sie sich für eine Person, die sich mit dem Tisch unterhält. Wenn alle zugleich Fragen stellen, erhält man kaum befriedigende Ergebnisse.

Entfernen Sie alle Teppiche vom Boden. Zwar kann man auf jedem Bodenbelag Tische rücken, aber auf Linoleum oder blankem Holz geht es am leichtesten. Am besten schieben Sie auch alle anderen Möbel an die Wand, denn wenn der Tisch erst einmal anfängt, sich zu bewegen, ist er kaum noch zu kontrollieren.

Für dieses Experiment brauchen Sie mindestens drei Personen. Alle Teilnehmenden sitzen um den Tisch und legen die Fingerspitzen locker auf die Tischplatte, wobei sich die Daumen berühren. Die Hände der Teilnehmer sollten sich auch jeweils an den Spitzen der kleinen Finger berühren. So entsteht ein Energiering, der den Tisch vollständig einschließt.

Schalten Sie das Licht aus. Am besten sprechen nun Sie oder die Person, die zur Kommunikation mit dem Tisch gewählt wurde, laut ein Gebet oder ein Gedicht. Sie können auch alle miteinander ein geeignetes Lied singen. Danach fragt der Sprecher oder die Sprecherin: »Ist jemand da?«

Nun darf man hoffen, dass alles Nötige getan ist, damit die Sitzung beginnen kann. Wenn nichts geschieht, warten Sie ein, zwei Minuten und fragen Sie noch einmal. Ich habe nie länger als zehn Minuten warten müssen, bis der Tisch sich in Bewegung gesetzt hat. Meist passiert das innerhalb von einer Minute. Wichtig ist, dass Sie Geduld haben. Das Experiment ist zwar ernst gemeint, sollte aber dennoch spielerisch angegangen werden.

Sobald sich der Tisch in Bewegung setzt, kann die Sprecherin oder der Sprecher verschiedene Fragen stellen. Am besten fragt man zuerst, ob der Geist ein guter Geist ist. Natürlich kann man nie wissen, was für ein Geist sich meldet. Wenn Sie einen niederen oder boshaften Geist erwischt haben, hören Sie am besten sofort auf, bevor Sie riskieren, mit einem wild gewordenen Tisch Ihre Möbel zu ramponieren oder Ihre Gäste mit den Informationen zu verärgern, die übermittelt werden.

Fragen Sie den Geist, ob er eine Botschaft für eine der anwesenden Personen hat. Falls die Antwort Ja lautet, können Sie mit weiteren Fragen herausfinden, für wen die Botschaft ist.

Fragen Sie auch, wer der Geist ist. Meist ist es ein Verwandter von jemandem im Raum, genauso gut könnte es aber auch jemand sein, den keiner der Anwesenden kennt.

Detaillierte Antworten kann man auf zwei Arten erhalten. Sie können den Tisch bitten, die Worte zu buchstabieren, wobei die Häufigkeit des Klopfens den Buchstaben angibt. Dann steht einmaliges Klopfen für A, zweimaliges für B, dreimaliges für C und so weiter. Angesichts der Geräusche jedoch, die durch die Bewegungen des Tisches entstehen, ist es nicht immer leicht festzustellen, welcher Buchstabe gemeint ist. Wurde ein Buchstabe empfangen, so sollte der Sprecher oder die Sprecherin Bestätigung erbitten, indem sie ihn wiederholt. Das Ganze lässt sich deutlich vereinfachen, wenn die Sprecherin schon während des Klopfens die Buchstaben mitspricht. Beim Buchstaben F sagt die Sprecherin also: »A, B, C, D, E, F … F.«

Bei der zweiten Methode rät man die Buchstaben einfach. »Ist es ein P?« Zweimaliges Klopfen. »Ist es ein Q?« Zweimaliges Klopfen. »Ist es ein R?« Einmaliges Klopfen, also Ja. Manchmal kommt auf diese Weise ein seltsames Wort heraus, das keinen Sinn ergibt. Das könnte bedeuten, dass der Geist müde ist oder sich einfach einen Spaß mit Ihnen erlaubt. Fragen Sie ihn, ob er weitermachen will. Wenn er genug hat, ist es sinnlos, weiterzumachen, denn dann erhalten Sie nur noch unsinnige Antworten.

Hin und wieder kommt es vor, dass sich ein Tisch bewegt, auch wenn er das gar nicht sollte. Die berühmte Florence Cook, laut Sir Arthur Conan Doyle »eines der fähigsten Medien, die je gelebt haben«, versetzte überall, wo sie hinkam, Tische in Bewegung. In *Psychic Force* schreibt Gambier Bolton: »Bei jeder Mahlzeit mit Mrs Elsie Corner (Florence

Cook) … fängt der schwere Esstisch zunächst an zu zittern, lässt alle Gläser schwanken und versetzt sämtliche Teller, Messer, Gabeln und Löffel in Bewegung. Sodann schwankt und schaukelt er hin und her, wobei er sich manchmal sogar längs oder quer zur Seite neigt. Dabei sind die ganze Zeit Klopfgeräusche im Tisch und an vielen Stellen im Raum zu hören. Mit ihr in einem Restaurant zu speisen ist eine gewisse Herausforderung.«[110]

Tischerücken macht Spaß und ist eine wunderbare Möglichkeit, andere an die Vorstellung heranzuführen, dass es Geister gibt. Ich habe festgestellt, dass nur eine Person am Tisch daran glauben muss. Dann ist es vollkommen gleichgültig, ob die anderen skeptisch sind oder die Idee gar rundweg ablehnen. Sind jedoch alle am Tisch skeptisch, bewegt sich der Tisch nicht.

Das Pendel

Pendel werden schon seit Jahrtausenden benutzt. In der Zeit der Römer sagte man mit ihrer Hilfe den Ausgang einer Schlacht vorher.[111]

Ein Pendel ist ein kleiner, massiver Gegenstand an einem Band oder einer Kette. Viele fädeln einfach ihren Ehering auf einen Baumwollfaden. Weil häufig behauptet wird, für die mediale Arbeit sei ein Seidenband erforderlich, habe ich verschiedene Experimente durchgeführt und dabei festgestellt, dass das Material überhaupt keine Rolle spielt.

Das Band wird zwischen Daumen und Zeigefinger gehalten. Sind Sie Rechtshänder, verwenden Sie Ihre rechte Hand. Und wenn Sie Linkshänder sind, verwenden Sie natürlich Ihre linke Hand. Wenn Sie mehrere Fragen stellen wollen, ist es besser, den Ellenbogen auf dem Tisch aufzustützen.

Halten Sie das Gewicht (also den Gegenstand am Band) zunächst fest, damit das Pendel nicht unwillkürlich schwingt. Fragen Sie, welche Bewegung Ja bedeutet. Lassen Sie das Gewicht los, und warten Sie ab, was das Pendel macht. Es kann sich auf vier Arten bewegen: entweder seitwärts, vorwärts und rückwärts oder in Kreisen im oder gegen den Uhrzeigersinn. Wenn Sie die Bewegung für Ja kennen, können Sie fragen, wie Nein aussieht. Nun sind immer noch zwei Bewegungen übrig. Sie können eine mit dem Satz »Ich weiß nicht« und die andere mit »Darauf möchte ich nicht antworten« belegen.

Beginnen Sie bei der medialen Arbeit mit der Frage, ob jemand da ist. Erhalten Sie eine bejahende Antwort, können Sie dieselben Fragen stellen wie bei den anderen Methoden. Ich stelle die Fragen am liebsten laut, denn so muss ich meine Anliegen wirklich als Frage formulieren. Wenn Sie die Fragen denken, statt sie laut auszusprechen, dann achten Sie darauf, dass Ihr Geist klar auf eine bestimmte Frage ausgerichtet ist und bei diesem Gedanken bleiben kann, bis das Pendel geantwortet hat.

Wenn Sie alle Ihre Fragen gestellt haben, danken Sie dem Pendel für seine Hilfe, und legen Sie es sorgfältig beiseite. Sie erhalten bessere Ergebnisse, wenn Sie Ihr Pendel mit Respekt behandeln.

Vor ein paar Jahren wurde ich Zeuge eines interessanten Vorfalls. Ein paar skeptische Freunde baten mich, ihnen mein Pendel vorzuführen. Es funktionierte gut, solange sie kluge Fragen stellten, sobald sie aber zweideutige Fragen vorbrachten, verweigerte es jede Bewegung. Ich dankte ihm für seine Hilfe und packte es wieder ein.

Der größte Nachteil des Pendels ist folgender: Wenn Sie emotional von der Sache betroffen sind, dann gibt das Pendel Ihnen immer die Antwort, die Sie haben wollen. In diesen Fällen erhalten Sie zutreffendere Ergebnisse, wenn Sie jemanden, der die Angelegenheit emotional unbeteiligt sehen kann, bitten, das Pendel zu halten und die Fragen zu stellen. Meiner Erfahrung nach ist es das Beste, dann das Zimmer, am besten sogar das Haus zu verlassen. Damit vermeidet man, dass man die Bewegungen des Pendels unbewusst beeinflusst, während der andere die Fragen stellt.

Andere Kommunikationsmethoden

Antworten von Ihren Geistführern können Sie auf viele verschiedene Arten erhalten. Eine Bekannte freut sich jedes Jahr auf den Herbst, denn im abgefallenen Laub erhält sie Botschaften von ihren Geistführern. Dies ist ein Beispiel für Psychometrie[112]. Ihre Nachbarn halten sie für verrückt, weil sie das abgefallene Laub Blatt für Blatt aufliest, doch sie erhält aus den Blättern Botschaften. Außerdem bewahrt sie die Herbstblätter bis zum nächsten Jahr auf, um den Kontakt das ganze Jahr über aufrechterhalten zu können. Ihre Familie findet regelmäßig Blätter in den diversen Schubladen und Regalen ihrer Wohnung.

Telepathie ist eine weitere verbreitete Methode, Botschaften zu übermitteln und zu erhalten. Eben noch hatten Sie keine Ahnung, wie Sie ein bestimmtes Problem lösen sollen, und schon ein paar Sekunden später steht Ihnen die Lösung plötzlich vor Augen. Da sie zuvor noch nicht da war, muss die Lösung das Ergebnis einer telepathischen Kommunikation zwischen Ihrem Geistführer und Ihnen sein.

Häufig habe ich von Freunden, aber auch von fremden Menschen Botschaften erhalten, die von meinen Geistführern kamen. Bestimmt ist es Ihnen schon einmal so ergangen, dass Sie einem völlig Fremden mehr erzählt haben als jemandem, der Sie gut kennt. Irgendwie scheint es manchmal leichter, einem Fremden sein Herz auszuschütten. Und ab und zu erteilt uns dieser Fremde dann auch einen wirklich guten, klugen Rat, der uns die Augen öffnet oder eine Frage beantwortet, die uns lange beschäftigt hat. In diesen Fällen haben unsere Geistführer Menschen in unserem Umfeld als Übermittler ihrer Botschaft genutzt, um uns zu helfen.

Ich war fast 20.000 Kilometer von zu Hause weg, als ich erfuhr, dass mein Vater gestorben war. Mehrere Stunden lang ging ich wie benebelt umher. Am späten Abend sprach mich eine Frau freundlich und warmherzig auf der Straße an. Sicher konnte sie meiner Körpersprache und meinem Gesichtsausdruck entnehmen, dass etwas passiert sein musste, aber ich glaube, ein Geistführer hat sie dazu ermutigt, die Straße zu überqueren und mich anzusprechen.

Vor einigen Jahren suchte ich im Rahmen der Recherche für ein Buch einen Experten auf einem bestimmten Gebiet. Ich schaltete den Fernseher ein und sah zufällig ein Interview mit jemandem, der über genau das Thema sprach, über das ich mehr erfahren wollte. Normalerweise sehe ich nachmittags nie fern, aber an jenem Tag verspürte ich plötzlich einen inneren Antrieb, den Fernseher einzuschalten. Ganz offensichtlich kam der von einem Geistführer, der mich in die richtige Richtung führte.

Ein anderes Mal suchte ich die Quelle eines bestimmten Zitats. Ich griff zu einem Zitatebuch, und dabei fiel versehentlich ein anderes aus dem Regal auf den Boden. Ich traute meinen Augen kaum, als dieses Buch genau auf der Seite aufschlug, auf der das gesuchte Zitat stand. Auch hier müssen wieder meine Geistführer am Werk gewesen sein und mir geholfen haben. Wenn Sie erst einmal anfangen, bewusst auf solche Vorkommnisse zu achten, werden Sie feststellen, dass viele scheinbare Zufälle in Wirklichkeit die Folge dessen sind, dass Ihre Geistführer Ihnen still und effizient helfen.

Die Kommunikation kann auf überraschenden Wegen zu Stande kommen, wir müssen nur bereit sein zuzuhören. Meine Freundin Jane war völlig verzweifelt, als ihr Partner sie ohne ein Wort des Abschieds verließ. Sie war felsenfest davon überzeugt, dass er mit einer guten Erklärung wiederkommen würde und alles wieder in Ordnung käme. Als sie mit einigen Freundinnen darüber sprach, sah plötzlich der vierjährige Sohn einer dieser Freundinnen von seinem Spiel auf und bemerkte: »Er kommt nicht zurück.« Er sagte das im Brustton der Überzeugung und wandte sich sofort wieder seinem Spiel zu. »Wenn er es nicht auf so ungewöhnliche Weise gesagt hätte, hätte ich ihn ignoriert«, erzählte mir Jane. »Schließlich war er nur ein kleines Kind.«

Doch der Junge hatte Recht. Janes Partner war in eine komplizierte geheime Sache verwickelt gewesen und plötzlich aus der Stadt verschwunden. Sie sah und hörte nie wieder etwas von ihm. Ganz offensichtlich sprach Janes Geistführer durch den kleinen Jungen zu ihr.

Die Kontaktaufnahme funktioniert natürlich in beide Richtungen. Auch wir können unsere Geistführer bitten, uns oder anderen über Mittelspersonen zu helfen. Wenn Sie zum Beispiel den Eindruck haben, dass einer bestimmten Freundin Mut zugesprochen werden sollte oder sie Hilfe braucht, dann können Sie Ihren Geistführer bitten, Ihrer Freundin durch eine Mittlerin oder einen Mittler in ihrem Umfeld genau die richtigen Worte zu sagen.

Ich habe das bei Freunden so gemacht, die in einer Ehekrise steckten. Sie sprachen kaum noch miteinander und schienen sich immer weiter voneinander zu entfernen. Ich wusste, dass Madeleine sich von Jeff sehnlichst wünschte, dass er ihr sagte, wie sehr er sie liebte. Jeff betete sie an, aber er brachte es einfach nicht fertig, »Ich liebe dich« zu sagen. Ich bat meinen Geistführer, Jeff dazu zu bringen, dass er die drei Zauberworte sagte, die ihre Beziehung retten würden. Tief im Inneren war ich überzeugt, dass es bereits zu spät war, die Ehe noch zu kitten, aber eines Abends kam Jeff tatsächlich mit einem Blumenstrauß und einer Flasche Wein nach Hause und sagte Madeleine, wie sehr er sie liebte. Inzwischen sind über 20 Jahre vergangen, die beiden sind immer noch zusammen, und ich bin mir sicher, sie werden einander immer aufrichtig lieben.

Auch im Schlaf kommunizieren wir mit unseren Geistführern. Meist tun wir das unbewusst, aber wir können diese wertvolle Zeit auch nutzen, um die Antworten zu bekommen, die wir brauchen.

Wenn Sie im Bett liegen und auf den Schlaf warten, dann denken Sie an all die Fragen, auf die Sie von Ihren Geistführern gern eine Antwort hätten. Es spielt keine Rolle, wie viele Fragen Sie haben, aber Sie müssen jede einzelne konkret formulieren. Vielleicht machen Sie sich wegen irgendwelcher Vorgänge an Ihrem Arbeitsplatz Sorgen. Sie können es nicht genau benennen, aber Sie haben einfach das Gefühl, dass etwas nicht stimmt. So viel zu wissen genügt schon. Wenn Sie allerdings eine detaillierte Antwort von Ihrem Geistführer haben möchten, müssen Sie dieses Gefühl in eine klare Frage fassen. Sie könnten zum Beispiel fragen: »Wird sich die Situation an meinem Arbeitsplatz nächste Woche verbessern?« Oder: »Werden die Spannungen bei der Arbeit in den nächsten Tagen nachlassen?«

Wenn Sie die Frage gestellt haben, entspannen Sie sich und schlafen Sie in dem Vertrauen ein, dass Sie eine Antwort auf Ihre Frage erhalten werden. Normalerweise kommt Ihnen die Antwort gleich beim Aufwachen. Es kann aber auch sein, dass sie erst im Verlauf des Tages auftaucht. Auch wenn es noch länger dauert, machen Sie sich keine Gedanken. Das bedeutet einfach, dass die Antwort auf diese Frage noch etwas Zeit braucht. Stellen Sie die Frage am darauffolgenden Abend vor dem Einschlafen noch einmal, und wiederholen Sie das allabendlich, bis Sie eine Antwort bekommen. Wichtig ist, dass Sie ruhig und zuversichtlich darauf vertrauen, dass Sie eine Antwort erhalten werden.

Eine ältere Dame aus meinem Bekanntenkreis, die schon seit 60 Jahren als Medium arbeitet, hat mir einmal erzählt, dass sie über ihre Seele mit ihren Geistführern kommuniziert. »Ich kann spüren, wie die Information in mir aufsteigt, noch bevor sie mir zu Bewusstsein kommt«, erklärte sie. »Meine Geistführer kommunizieren nicht mit Worten wie wir. Sie drücken sich telepathisch aus. Manchmal kommt mir eine Nachricht einfach in den Sinn, aber meistens dringt sie zuerst in meine Seele, bevor sie meinen Verstand erreicht.«

Und schließlich gibt es noch eine weitere äußerst effektive Methode der Kontaktaufnahme mit den Geistführern: Stille. Dieses Vorgehen ähnelt der Meditation, doch hier versucht man, das eigene Denken völlig einzustellen, so dass Botschaften von den Geistführern ins Bewusstsein einfließen können. Bei der Meditation konzentriert man sich normalerweise auf ein bestimmtes Mantra oder einen Satz. Bei dieser Methode versucht man dagegen, sich auf überhaupt nichts zu konzentrieren. Am Anfang ist das schwierig, weil wir es nicht gewohnt sind, unser Denken komplett zum Stillstand zu bringen. Am besten praktizieren Sie diese Technik unmittelbar nach einer progressiven Entspannung, wenn Sie körperlich völlig gelöst sind. Sagen Sie Ihrem Verstand, er solle still sein, und warten Sie dann ab, was geschieht.

Wenn Sie dies zum ersten Mal versuchen, denken Sie wahrscheinlich schon nach wenigen Sekunden an alles Mögliche. Doch mit etwas Übung gelingt es Ihnen, die Phasen der Gedankenruhe immer weiter auszudehnen, bis Sie drei oder vier Minuten lang ohne einen einzigen bewussten Gedanken verweilen können. Sobald Sie diesen Zustand erreicht haben, können Ihre Geistführer ganz leicht mit Ihnen kommunizieren.

Vielleicht entdecken Sie, dass Sie mit Ihren Geistführern auf eine Art und Weise in Kontakt treten können, die hier nicht genannt wird. Es gibt viele Möglichkeiten, Kontakt aufzunehmen. Meine Freundin, die die Herbstblätter aufsammelt, ist der einzige Mensch, den ich kenne, der auf diese Art und Weise mit seinen Geistführern kommuniziert. Doch für sie ist es etwas vollkommen Normales, und sie erhält mit dieser Methode genau die Hilfe und Unterstützung, die sie braucht. Es wäre ihr nie in den Sinn gekommen, den Kontakt über ein Ouija-Brett oder ein Pendel herzustellen, weil ihre individuelle Methode so wunderbar funktioniert. Vielleicht entdecken Sie eine andere Methode, die perfekt zu Ihnen passt, oder Sie wählen jeweils die Möglichkeit, die Ihnen für die entsprechende Gelegenheit geeignet erscheint. Experimentieren Sie, bis Sie eine Methode gefunden haben, mit der Sie sich wohl fühlen.

Bilde ich mir das alles nur ein?

Viele Menschen zweifeln an der Echtheit der Informationen, die sie von ihren Geistführern erhalten, und denken, das Ganze sei reine Einbildung. Unsere Einbildungs- und Vorstellungskraft ist grenzenlos. Die Welt, wie wir sie heute kennen, gäbe es nicht, wenn die Menschen nicht ihre Vorstellungskraft eingesetzt, sich etwas ausgedacht und es dann in die Realität umgesetzt hätten. Thomas Edison sah in seiner

Fantasie die Glühbirne und den Phonographen vor sich, bevor er sich an ihre Realisation machte. Bevor er mit der Glühbirne Erfolg hatte, musste er 700 Fehlversuche in Kauf nehmen. Das spricht Bände über seine Entschlossenheit und Ausdauer, doch der Schlüssel zu allem war seine Vorstellungskraft.

In Ihrer Vorstellung können Sie an jeden beliebigen Ort im Universum reisen. Sie können sich in der Zeit vor- und zurückbewegen. Ihre Vorstellungskraft erschafft Ihre Wirklichkeit. Mit anderen Worten: Sie erschafft Ihre Welt. Ein Großteil der Informationen, die Sie von Ihren Geistführern erhalten, entspringen vielleicht Ihrer Fantasie, aber deshalb sind sie kein bisschen weniger real. Seien Sie offen für alles, was Ihre Fantasie Ihnen sagt. Sie ist ein wertvolles Instrument der Kommunikation mit Ihren Geistführern.

Die klassischen Methoden der Kontaktaufnahme zu unseren Geistführern sind allesamt auch heute noch hilfreich. Michael, der berühmte Channel und Titelheld von *Michael: Mensch sein. Bücher von und über Michael, Band 1,* und des nicht mehr ins Deutsche übersetzten *More Messages from Michael*[113], »sprach« zunächst durch ein Ouija-Brett. Danach bediente er sich verschiedener anderer Methoden, darunter auch des automatischen Schreibens. Jane Roberts entdeckte »Seth« zuerst durch ein Ouija-Brett.

Auch wenn diese Methoden Spaß machen, so sind sie doch kein Gesellschaftsspiel. Gehen Sie durchaus spielerisch, aber mit ernsthaftem Interesse damit um, dann werden sie Ihnen gute Dienste leisten.

13 Ihre Geistführer mithilfe der Intuition finden

In meinen Kursen zur Entwicklung medialer Fähigkeiten stellte ich immer wieder fest, dass viele Menschen allein durch ihre Intuition Kontakt zu ihren Geistführern aufnehmen können. Sie sind in der Lage, ihre Geistführer zu spüren, zu fühlen oder sogar zu sehen, und brauchen sich der klassischen Methoden wie automatisches Schreiben, Tischerücken, Ouija-Brett oder Pendel gar nicht zu bedienen.

Meine Freundin, die aus Herbstblättern liest, ist ein Beispiel für einen Menschen, der über seine Intuition mit seinen Geistführern kommunizieren kann. Die meisten Menschen, die intuitiv mit ihren Geistführern Kontakt aufnehmen, spüren oder sehen sie.

Ihre Geistführer spüren

Wenn Sie lernen wollen, Ihre Geistführer zu spüren, brauchen Sie einen Ort, an dem Sie sich wohl fühlen und wo Sie ungestört sind. Ich habe eine schöne Stelle im Freien, die ich im Sommer nutze. Wenn es kühl oder nass ist, halte ich mich aber auch lieber drinnen auf.

Wenn Sie in der Wohnung üben wollen, ziehen Sie vorübergehend den Telefonstecker, schalten Sie Ihr Handy aus, und sagen Sie Ihrer Familie, dass Sie eine Zeit lang nicht gestört werden wollen. Vielleicht erzählen Sie Ihrer Familie lieber, dass Sie meditieren, und nicht, dass Sie Ihre Geistführer kontaktieren wollen. Nebenbei bemerkt stimmt beides, denn für die Kontaktaufnahme zu unseren Geistführern setzen wir tatsächlich eine Art Meditation ein.

Setzen oder legen Sie sich bequem hin. Wenn Sie möchten, decken Sie sich zu, denn bei vielen Menschen sinkt die Körpertemperatur während des Meditierens etwas ab.

Schließen Sie die Augen, und machen Sie eine progressive Entspannungsübung. Welche Sie wählen, ist gleichgültig, es kommt nur darauf an, dass Sie sich vollkommen entspannen. Bei einer Methode, die ich besonders schön finde, stelle ich mir vor, ich stünde auf einem Felsen mit Blick über den Strand und das Meer. Zehn Stufen führen hinunter zum Strand. Ich gehe hinunter und verdopple meine Entspannung mit jedem Atemzug. Wenn ich den Strand erreicht habe und mich auf den warmen, anschmiegsamen Sand lege, bin ich vollkommen entspannt.

Dann nehme ich mir normalerweise ein paar Minuten Zeit, alle Negativität abzubauen, die sich in meinem Körper angesammelt hat, seit ich diese Übung zum letzten Mal gemacht habe. Wir hegen alle hin und wieder negative Gedanken, und diese können unseren Fortschritt im Leben stark behindern. Vor einigen Jahren riet ich zum Beispiel einmal jemandem, der extrem negativ über Geld dachte, er solle jedes Mal, wenn er Kontakt zu seinen Geistführern aufnahm, alles Negative verabschieden. Mit der Zeit konnte er seine

Negativität loslassen, und heute geht es ihm finanziell wesentlich besser.

Nicht immer habe ich so viel Zeit, dass ich diesen Teil der Übung machen kann, aber ich versuche dann, wenigstens ein paar Augenblicke lang alle Hindernisse zu klären, die mich hemmen könnten.

Danach ruhe ich mich einen Moment lang aus und genieße die Vorfreude auf den Kontakt mit einem meiner Geistführer. Ich spüre die Wärme des Sandes an meinen nackten Armen und Beinen. Ich spüre, wie die leichte Brise über meinen Körper streicht. Ich höre den Möwen zu und lausche dem Klang der Wellen, die sich am Strand brechen. Ich rieche die reine, salzige Luft. Es ist ganz so, als wäre ich wirklich am Strand und nähme alle Sinneseindrücke in mich auf. Wenn mir dieses Bild so klar vor Augen steht, dass ich schockiert wäre, wenn ich meine Augen öffnete und entdeckte, dass ich gar nicht dort bin, dann bin ich bereit für den Kontakt mit meinen Geistführern. Dies ist ein Zustand entspannten Gewahrseins. Ich bin körperlich völlig entspannt, aber zugleich geistig hellwach und aufnahmefähig.

Ein paar Augenblicke später verspüre ich normalerweise ein Kribbeln im Rücken. Es steigt an meiner Wirbelsäule entlang zum Nacken hoch. Das ist das Zeichen, dass mein Geistführer da ist.

Vielleicht erleben Sie etwas vollkommen anderes. Vielleicht wissen Sie einfach plötzlich, dass er oder sie da ist, oder Sie verspüren ein Kribbeln in den Zehen oder Fingern. Womöglich fühlen Sie eine plötzliche Wärme, oder es überkommt Sie ein Gefühl der Geborgenheit, etwa wie als Kind, wenn Ihre Mutter Sie in die Bettdecke eingekuschelt hat. Es könnte auch sein, dass Sie eine sanfte Berührung an der Schulter oder einer anderen Körperstelle spüren. Oder Sie reagieren emotional, und starke Gefühle wallen in Ihnen auf.

Vielleicht befällt Sie der Drang zu lachen oder zu weinen oder beides zugleich. Womöglich durchdringt auch ein Gefühl wunderbarer, unbeschreiblicher Liebe jede Zelle Ihres Körpers.

Welche Gefühle Sie auch erleben mögen – Sie werden plötzlich wissen, dass Ihr Geistführer bei Ihnen ist. Es ist einfach das schönste Gefühl der Welt.

Es ist sehr gut möglich, dass Sie das bereits erleben, wenn Sie diese Übung zum ersten Mal machen. In meinen Kursen gelingt dieser Kontakt etwa 35 Prozent der Teilnehmenden gleich beim ersten Versuch. Die anderen müssen mehrmals üben, bis ihr Geistführer sich meldet.

Letzten Endes ist es aber gleichgültig, ob Ihre Geistführer beim ersten oder beim hundertsten Mal erscheinen. Wenn sie erst einmal gekommen sind, können Sie Kontakt zu ihnen aufnehmen, wann immer Sie wollen, daher lohnt sich die Mühe, ganz gleich, wie lange es dauert.

Dafür, dass Geistführer nicht gleich beim ersten Mal erscheinen, kann es eine ganze Reihe von Gründen geben. Vielleicht sind Sie während der versuchten Kontaktaufnahme müde oder gestresst oder zu angestrengt. Womöglich stehen Sie der ganzen Sache skeptisch gegenüber. Oder Sie glauben, dass Sie eigentlich etwas anderes tun sollten, statt sich hier so ganz allein und in aller Ruhe zu entspannen. Auch Geräusche von außen, wie zum Beispiel ein lauter Fernseher im Nebenzimmer, beeinflussen das Ergebnis.

Machen Sie sich keine Vorwürfe, wenn Ihre Geistführer nicht sofort erscheinen. Haben Sie Geduld, und versuchen Sie es einfach so lange immer wieder, bis Sie Erfolg haben. Sie werden feststellen, dass Ihre Geistführer Sie in der Zukunft reichlich für die Zeit entschädigen werden, die Sie für die Übung aufgebracht haben.

Ihre Geistführer sehen

Meist ist es einfacher, die Geistführer anderer Menschen zu sehen als die eigenen. Es kann jedoch durchaus irritierend sein, den Geistführer eines anderen Menschen zu sehen. Er kann wie ein Flackern oder ein Schatten wirken, so dass Sie sich womöglich fragen, ob Sie wirklich etwas gesehen haben. Zuweilen erscheinen Geistführer als Farbkugeln, als Klang oder als Geruch. Ebenso gut können sie sich in menschlicher Gestalt offenbaren, wobei sie dann häufig ungewöhnliche oder altmodische Kleidung tragen. Meist sind die Geistführer identifizierbar. Dann erscheinen sie zum Beispiel als indianische oder chinesische Weise, als aufgestiegene Meister oder als spirituelle Führer.

Für mich ist es immer ein Kompliment, wenn ich den Geistführer eines anderen sehen darf. Es bedeutet, dass der Geistführer dieses Menschen mir so weit vertraut, dass er mir erlaubt, ihn zu sehen. Begegnen Sie den Geistführern anderer Menschen immer mit Liebe, Umsicht und Respekt, und genauso werden sie auch Sie behandeln.

Möglicherweise erleben Sie sogar eines Tages, dass Ihr Geistführer sich Ihnen zeigt, ohne dass Sie ihn darum gebeten haben. Dann gibt es wahrscheinlich einen Grund dafür. Vielleicht möchte Ihr Geistführer Ihre Zweifel ausräumen. Womöglich will er Ihr Selbstvertrauen stärken oder Ihnen seine besondere Unterstützung anbieten, wenn Sie sie brauchen.

Seien Sie dankbar, wenn sich Ihr Geistführer für Sie sichtbar macht. Wahrscheinlich sind Sie überrascht und vergessen daher, sich bei ihm zu bedanken. Ihre Geistführer verzeihen Ihnen zwar jedes unmanierliche Benehmen, aber es ist dennoch schön für sie, wenn Sie ihnen regelmäßig für ihre Hilfe danken. Jeder freut sich, wenn man ihm dankt für das, was er tut. Geistführer bilden da keine Ausnahme.

Wenn wir unsere Geistführer sehen wollen, müssen wir lernen, mit den inneren Augen zu sehen. Am einfachsten geht das mit einem Spiegel.

Kaufen Sie einen Spiegel von guter Qualität. Die Größe ist unwichtig. Ich habe jedoch festgestellt, dass ich mit einem Spiegel etwa im Format 60 mal 30 Zentimeter am besten zurechtkomme. Hängen Sie den Spiegel so an die Wand, dass Sie genau in die Mitte schauen können, wenn Sie auf einem bequemen Stuhl sitzen.

Jetzt brauchen Sie einen kleinen, kreisrunden Aufkleber von etwa einem Zentimeter Durchmesser. Bringen Sie diesen kleinen Punkt unmittelbar über der Spiegelmitte an, so dass Sie, wenn Sie sitzen, die Augen ein wenig heben müssen, um auf den kreisrunden Punkt zu schauen.

Schließlich brauchen Sie noch eine große weiße Kerze. Zünden Sie die Kerze an, und stellen Sie sie in Höhe des unteren Spiegelrandes links von sich ab. Schalten Sie das Licht aus, und setzen Sie sich auf den Stuhl. Sie sollten sowohl die Kerze als auch ihr Spiegelbild im Blick haben.

Entspannen Sie sich, und schauen Sie auf den kleinen Punkt, den Sie auf Ihren Spiegel geklebt haben. Bleiben Sie so entspannt wie möglich, aber halten Sie Ihren Blick die ganze Zeit fest auf den Punkt gerichtet. Nach einiger Zeit ermüden Ihre Augen. Ignorieren Sie dieses Gefühl.

Über kurz oder lang werden Sie im Spiegel verschwommen einige Dinge sehen. Schauen Sie sie nicht an, sondern konzentrieren Sie sich weiter auf den Punkt. Plötzlich ist es, als würde der kreisrunde Aufkleber verschwinden, und Sie können die Dinge im Spiegel klar erkennen.

Jetzt ist der Moment, in dem Sie vielleicht Ihren Geistführer sehen. Das kann, muss aber nicht der Fall sein. Vielleicht erhalten Sie eine klar erkennbare Nachricht, die im Spiegel in Form von Worten erscheint. Es kann aber auch sein, dass

Sie eine Szene so deutlich sehen, als spiele sie sich tatsächlich vor Ihnen ab. Und manchmal sehen Sie Ihre Geistführer.

Es besteht die Gefahr, dass Sie bei ihrem Anblick so aufgeregt sind, dass Sie Ihre Position verändern und im selben Moment alle Visionen im Spiegel verschwinden. Wenn das geschieht, und bei den ersten Versuchen ist dies ziemlich wahrscheinlich, dann versuchen Sie nicht, die Übung gleich noch einmal zu machen. Warten Sie lieber bis zum nächsten Abend. Bis dahin haben Sie sich erholt und sind bereit für einen neuen Versuch.

Schimpfen Sie nicht mit sich selbst, wenn Sie den Blick abwenden und das Bild verlieren. Das passiert hin und wieder sogar erfahrenen Menschen. Es ist ganz natürlich, dass man sich von dem aufregenden Erlebnis vereinnahmen lässt und ganz vergisst, dass man den Blick stets fest auf den Punkt gerichtet halten sollte.

Sie werden feststellen, dass Ihr Spiegel Ihnen eine äußerst praktische und nützliche Möglichkeit bietet, Ihre Geistführer zu sehen. Er fördert Hellsichtigkeit und den Blick in die Zukunft. Wenn er auf diese Art und Weise verwendet wird, wirkt ein Spiegel ganz ähnlich wie eine Kristallkugel. In die Zukunft blicken kann man mithilfe einer Kristallkugel, aber auch auf vielerlei andere Arten. Ich habe Menschen gesehen, die einen Tropfen Tusche dazu verwenden, oder andere, die vom Daumennagel, aus einem Glas Wasser oder eben aus einem Spiegel lesen konnten.

Behandeln Sie Ihren Spiegel gut. Halten Sie ihn sauber und frei von Staub. Verwenden Sie ihn nicht für profane Dinge wie zum Beispiel zum Frisieren. Nutzen Sie ihn ausschließlich für Ihre besonderen magischen Zwecke, dann wird er Ihnen gute Dienste leisten.

Direkten Kontakt mit Geistführern herstellen

Alle bisher beschriebenen Methoden haben bereits vielen Menschen dabei geholfen, mit ihren Geistführern in Kontakt zu treten. Ich selbst verwende häufig ein Pendel oder das automatische Schreiben, daher weiß ich aus eigener Erfahrung, wie wertvoll und nützlich diese Techniken der ersten Spiritisten sein können.

Es gibt aber Zeiten, in denen Sie direkten Kontakt zu Ihren Geistführern aufnehmen möchten, ohne dazu ein Ouija-Brett, ein Pendel, einen Tisch oder Stift und Papier benutzen zu müssen. Zum Glück kann das sehr leicht gelingen.

Schließen Sie einfach die Augen, und atmen Sie dreimal tief durch. Halten Sie dabei den Atem nach jedem Einatmen kurz an, und atmen Sie dann langsam aus. Entspannen Sie sich, so gut es geht. Das ist nicht immer so einfach. Wenn Sie zum Beispiel im Büro an Ihrem Schreibtisch sitzen, können Sie wahrscheinlich kaum ein paar Sekunden lang die Augen schließen und sich schon gar nicht deutlich sichtbar entspannen. Aber mit ausreichender Übung können Sie diese Übung tatsächlich innerhalb weniger Sekunden und an jedem beliebigen Ort ausführen. Mit der Zeit gelingt sie Ihnen sogar mit offenen Augen.

Führen Sie diese Übung nicht am Arbeitsplatz durch, zumindest nicht am Anfang. Sie wird Ihnen wesentlich leichter fallen und Sie haben deutlich mehr davon, wenn Sie sie abends im Bett oder in einem bequemen Sessel machen.

Wenn Sie in der beschriebenen Weise tief durchgeatmet haben, denken Sie nicht mehr an Ihren Atem. Die tiefen Atemzüge dienen dazu, Ihr Gehirn mit zusätzlichem Sauerstoff zu versorgen und Sie zu entspannen. Sie werden nun regelmäßig in tiefen Zügen weiteratmen, brauchen jetzt aber nicht mehr daran zu denken.

Stimmen Sie sich auf Ihr inneres Selbst ein. Denken Sie an etwas Angenehmes, und bleiben Sie so ruhig wie möglich. Achten Sie auf alle Gedanken und Gefühle, die jetzt in Ihnen aufsteigen. Es ist wichtig, dass Sie nur an Angenehmes denken, denn die geistige Welt erfasst Ihre Stimmungen und Gedanken sofort und reagiert entsprechend. Da Sie Wohlstand, Liebe und Glück anziehen wollen, statt Armut, Hass und Elend, ist positives Denken sehr wichtig.

Versuchen Sie, Ihre Gedanken nicht zu analysieren. Nehmen Sie sie einfach wahr, und bleiben Sie still und ruhig. Diese Gedanken können, müssen aber nicht von Ihren Geistführern kommen.

Wenn Sie im Einklang sind mit Ihrem inneren Selbst, ist es ganz leicht, Ihre Geistführer zu rufen. Sagen Sie zum Beispiel: »Ich bin bereit und warte. Bitte helft mir. Ich bin bereit zu empfangen.« Wenn Sie ein bestimmtes Problem haben, das Sie beschäftigt, dann können Sie um Hilfe bei seiner Lösung bitten. Meist habe ich kein spezielles Problem, sondern möchte einfach nur Kontakt herstellen, um Ermutigung und Unterstützung zu erhalten.

Wenn Sie Ihre Geistführer angerufen haben, dann verweilen Sie still und ruhig, und warten Sie ab, was passiert. Vielleicht spüren Sie plötzlich eine Wärme um sich herum. Die Antwort könnte auch eine sanfte Berührung an einer bestimmten Körperstelle sein. Oder Sie fühlen sich einfach wohl und geborgen. Eine Bekannte verspürt immer ein Kneifen im kleinen Finger. Achten Sie auf alles, was geschieht. Ich hatte oft schon das Gefühl, dass mir kein Kontakt gelungen war, nur um dann später festzustellen, dass ich sehr wohl eine Antwort erhalten, dies aber zunächst gar nicht bemerkt hatte.

Womöglich müssen Sie diese Übung mehrmals machen, bevor Sie merken, dass Ihre Geistführer reagieren. Andererseits kann sie auch gleich beim ersten Versuch gelingen.

Die Ehe eines Freundes war gescheitert, und ich schlug ihm vor, Kontakt mit seinen Geistführern aufzunehmen. Zu seinem Erstaunen erhielt er sofort Antwort in Gestalt von Gedanken, die ihm ins Bewusstsein drangen. Sie ließen ihn die Gründe für das Scheitern der Beziehung erkennen und machten ihm deutlich, was er tun musste, um sein Leben wieder in Ordnung zu bringen. Ich hatte nicht erwartet, dass er gleich beim ersten Mal eine so aufschlussreiche Begegnung mit seinen Geistführern erleben würde, war aber dankbar dafür, weil er nun ein neues Leben beginnen konnte.

Manche Menschen wiederholen gerne unablässig einen bestimmten Satz, wenn sie mit ihren Geistführern Kontakt aufnehmen. Mich lenkt das eher ab, aber ich möchte das hier erwähnen, weil viele es als sehr hilfreich empfinden. Sie haben Freude an der Wiederholung und das Gefühl, dass sie ihnen hilft, sich zu entspannen und in Einklang mit ihren Geistführern zu kommen.

Viele Menschen geraten in Panik, wenn sie auf diese Weise zum ersten Mal Kontakt aufnehmen. Aber Sie brauchen wirklich nicht zu erschrecken. Es kann Ihnen nichts geschehen, und Sie können jederzeit die Augen öffnen. Es ist vollkommen normal, wenn Sie etwas nervös oder ängstlich sind, aber lassen Sie nicht zu, dass diese Gefühle Ihren Kontakt zur geistigen Welt zunichtemachen.

Sobald Sie in irgendeiner Form Kontakt verspüren, bedanken Sie sich im Stillen. Ihre Geistführer erhalten diese Nachricht und wissen dann, dass Sie bereit sind, ihnen zu begegnen.

Jetzt können Sie auch alle Fragen stellen, die Sie haben. Sprechen Sie die Fragen einfach in Gedanken vor sich hin. Vielleicht erhalten Sie sofort eine Antwort, es könnte aber auch ein paar Tage dauern. Ganz gleich, wann sie kommt, bedanken Sie sich immer dafür. Erhalten Sie die Antwort nicht sofort, dann wiederholen Sie die Übung am nächsten Tag und stellen Sie Ihre Frage noch einmal. Tun Sie das so lange, bis die Antwort da ist.

Selbst wenn Sie nicht in einem bestimmten Punkt Hilfe benötigen, können Sie Fragen stellen. Vielleicht erfahren Sie ja den Namen Ihres Geistführers. Fragen Sie nach den anderen Geistführern, die sich um Sie kümmern. Diese Methode, Kontakt zu Ihren Geistführern aufzunehmen, ist besonders nützlich, denn mit etwas Übung gelingt es Ihnen damit beinahe sofort. Das heißt, Sie können mit Ihren Geistführern sprechen, wenn Sie im Verkehrsstau stehen, während Sie einen Kurs besuchen, in der Badewanne liegen, in der Bank in der Schlange stehen oder sogar während eines Spaziergangs in freier Natur.

Eine Freundin meiner Frau hatte immer schon den Wunsch, ein Musikinstrument zu spielen, doch nie hatte sie die Gelegenheit dazu, es zu lernen. Einen oder zwei Tage nachdem sie dies ihren Geistführern gegenüber erwähnt hatte, bot ihr ein Nachbar eine Flöte an. Es war genau das Instrument, das sie hatte spielen wollen. Genauso leicht fand sie einen Lehrer. Unmittelbar danach merkte sie, dass sich bei ihren Geistführern etwas verändert hatte. Sie fragte, was geschehen sei, und entdeckte, dass sie zwei neue Geistführer hatte, die einzig und allein deshalb gekommen waren, damit sie sich musikalisch weiterentwickeln konnte. Ganz offensichtlich hatten es ihre Geistführer möglich gemacht, dass sowohl die Flöte als auch der Lehrer zu ihr kommen konnten, und leisteten ihr dann weiteren Beistand durch zwei zusätzliche musikalische Geistführer.

Warum halfen ihr ihre Geistführer so bereitwillig, ein Musikinstrument zu erlernen? Nun, sie haben einfach getan, was alle Geistführer tun. Denn die Geistführer sind da, um uns zu helfen, und setzen hinter den Kulissen alles Mögliche in Bewegung, damit wir die richtigen Chancen erhalten. Es liegt jedoch immer an uns, diese Chancen auch zu nutzen. Die Freundin meiner Frau hätte sehr leicht auch denken können, sie sei zu alt, habe zu viel zu tun oder könne aus irgendeinem anderen Grund nicht mit dem Flötespielen anfangen. Dann hätten ihre Geistführer die Sache auf sich beruhen lassen. Weil sie aber die Gelegenheit beim Schopfe packte, halfen sie ihr, einen Lehrer zu finden, und sie werden ihr weiterhin helfen, ihre neuen Fähigkeiten zu entwickeln, solange sie nur das Interesse daran bewahrt und bereit ist, tatsächlich zu tun, was sie dafür tun muss.

14 Geistführer und emotionale Ausgeglichenheit

Unser Leben wird von Emotionen beherrscht. Viel zu oft sagen wir aus Wut etwas, das wir später bereuen! Das liegt daran, dass unsere Emotionen einfach stärker sind als unser Verstand. Natürlich können wir uns immer entschuldigen, sobald wir uns wieder beruhigt haben, aber wir können unsere verletzenden Worte nicht mehr ungesagt machen, und womöglich kann derjenige, an den sie gerichtet waren, sie sein ganzes Leben lang nicht mehr vergessen.

Ich wohnte einmal für kurze Zeit bei einer Frau, die sehr eifersüchtig war. Ich habe zwar selbst schon unter den Folgen aller möglichen Gefühle gelitten, aber Eifersucht war nie dabei. Deshalb war das eine neue Erfahrung für mich. Ich war verblüfft, als ich mitbekam, dass Mandys Freund mit keiner anderen Frau sprechen durfte, wenn die beiden miteinander ausgingen, weil Mandy sonst sofort Verdacht schöpfte und eifersüchtig wurde. Sie war auch eifersüchtig, wenn er allein ausging. Sie war eifersüchtig auf den beruflichen Erfolg einer Schulfreundin, auf Kolleginnen und Kollegen – fast schien es, als wäre sie eifersüchtig auf alles und jeden. Daher führte sie ein verbittertes, stark eingeschränktes Leben, vergällt durch ihre eigenen Gefühle. Als ihre Beziehung in die Brüche ging, suchte sie endlich einen Therapeuten auf. Sie litt immer noch unter ihren Emotionen, als ich sie das letzte Mal sah, ging jedoch bewusster damit um.

Mandy ist natürlich ein Extremfall. Aber wir haben alle hin und wieder Probleme mit unseren Emotionen. Zum Glück können unsere Geistführer uns dabei helfen. Wir sind nicht allein. Unsere Geistführer sind glücklich, wenn sie uns dabei unterstützen können, unsere Grenzen zu überwinden und das, was wirklich in uns steckt, ans Licht zu bringen.

Wut

Wut ist das meistverbreitete negative Gefühl. Jeder war schon einmal wütend. Interessanterweise glauben Ärzte, dass Zorn und Wut Krebs auslösen können. Wütende Menschen fügen sich daher selbst wahrscheinlich ebenso viel Schaden zu wie anderen.

Wenn Sie das nächste Mal merken, dass Sie wütend werden, halten Sie einen Moment inne und atmen Sie dreimal tief durch. Wenn möglich, trinken Sie auch ein großes Glas kaltes Wasser. Dieses Innenhalten hat zwei große Vorteile. Wenn wir tief durchatmen, füllen wir unsere Lungen und unser Gehirn mit Sauerstoff. Es leuchtet ein, dass Sauerstoff für unser Gehirn wichtig ist; denn wenn wir wütend sind, reden wir oft, ohne zu denken. Eine Extraportion Sauerstoff hilft in diesen Fällen unserem Verstand auf die Sprünge.

Zweitens gibt eine kurze Pause unseren Geistführern die Chance einzugreifen. Hören Sie auf die leise Stimme in

Ihrem Inneren. Hören Sie ihr zu, und Sie werden feststellen, dass sie Ihnen zu Ruhe und Vernunft rät.

Ich musste diese Lektion vor vielen Jahren lernen. Ich brachte einen Freund zum Flughafen, und wir waren bereits spät dran. Ein Wagen überholte uns, nur um sofort wieder abzubremsen und vor uns herzuschleichen. Ich war außer mir. Wie konnte er mir das antun, wo ich doch sowieso schon spät dran war? Ich tobte und drückte mächtig auf die Hupe. Mein Freund, der ja eigentlich derjenige war, der den Flug erwischen wollte, legte eine Hand auf meinen Arm.

»Hör auf und denk nach«, sagte er. »Du hast zugelassen, dass du wegen seines Verhaltens wütend wurdest.«

»Er hat mich wütend gemacht!«, gab ich zurück.

»Nein, das hat er nicht. Du hast zugelassen, dass du wütend geworden bist. Deine Gedanken und Gefühle suchst du dir selbst aus. Keiner kann dich wütend machen, wenn du es nicht zulässt.«

Ich nickte, weil mein Freund Recht hatte. Ich hielt wieder etwas Abstand zu dem Wagen vor uns und fuhr in einem gemäßigten Tempo zum Flughafen. Mein Freund hat seinen Flug gerade noch erwischt, und ich habe eine wertvolle Lektion gelernt.

Ich hätte einen Unfall verursachen können, wenn ich weiter zu dicht aufgefahren oder im dichten Verkehr überholt hätte. Die Wut hätte mein Denken vernebelt, und ich hätte womöglich eine Dummheit begangen. An jenem Tag war mein Freund sozusagen mein Geistführer. Vielleicht hat ja sogar tatsächlich mein Geistführer ihm die Worte in den Mund gelegt.

Unmittelbar vor unserer Ankunft am Flughafen erzählte mein Freund mir eine faszinierende Geschichte über den Buddha. Eines Tages sprach der Buddha auf einem Dorfplatz, als plötzlich einer der Dorfbewohner ihn beschimpfte.

Der Buddha hielt inne und sagte zu dem Mann: »Wenn du mir ein Blatt Papier anbietest und ich mich weigere, es anzunehmen, was passiert dann mit dem Papier?«

»Dann bleibt's natürlich bei mir«, erwiderte der Dorfbewohner. Der Buddha lächelte sanft. »Und genau das geschieht mit deinen Beschimpfungen«, sprach er. »Ich nehme sie nicht an. Daher bleiben sie also bei dir.«

Seither hat mir mein Geistführer viele Male in ähnlichen Situationen einen guten Rat erteilt. Weil ich mich weigerte, wütend zu werden, und lange genug stillhielt, bis er sich mit klugen Worten einschalten konnte, blieb mir sehr viel emotionaler Schaden erspart.

Mein Geistführer sagte mir zum Beispiel auch, dass ich, wäre ich im Körper meines Gegenübers geboren und hätte ich dieselbe Kindheit gehabt und dieselben Erfahrungen gemacht wie er oder sie, auch genauso handeln würde. Als mir das erst einmal klar war, konnte mich vieles, das mich davor wütend gemacht hätte, gar nicht mehr berühren.

Außerdem riet mir mein Geistführer, für die Menschen zu beten, die mich wütend machten. Zuerst hielt ich das für einen schlechten Rat. Als ich jedoch darüber nachdachte, fiel mir ein, dass Gedanken Energie und Kraft enthalten – und da ergab es plötzlich einen Sinn. Die Menschen, für die Sie beten, merken sofort, dass sich Ihre Haltung ihnen gegenüber verändert hat, und auf beiden Seiten löst sich die Wut auf.

Der wichtigste Rat, den mein Geistführer mir zum Thema Wut gab, war, dass ich mir stets die Frage stellen sollte, ob die Sache es wert sei, dass ich deswegen wütend wurde. In mindestens 99 Prozent der Fälle ist sie es nicht. Warum also wertvolle Zeit und Energie verschwenden und riskieren, dass man sich selbst schadet, indem man völlig unnötigerweise wütend wird?

Wenn Sie das nächste Mal merken, dass Sie wegen etwas wütend werden, halten Sie inne und hören Sie auf Ihren Geistführer. Sie werden es nicht bereuen.

Neid

Eines der Zehn Gebote lautet: »Du sollst nicht begehren deines Nächsten Haus, du sollst nicht begehren deines Nächsten Weib, Knecht, Magd, Rind, Esel noch alles, was dein Nächster hat.« (2. Mose 20, 17) Ganz offensichtlich sind die Menschen schon sehr, sehr lange neidisch auf den Erfolg und die Errungenschaften anderer!

Eine Bekannte reagierte äußerst aufgebracht, als eine Freundin vor ihr befördert wurde. Sie beneidete ihre Freundin um ihren neuen Status, ihr neues Büro und ihr höheres Gehalt und war der Meinung, dass sie eigentlich vor ihrer Freundin hätte befördert werden sollen.

Statt in Ruhe über die ganze Sache nachzudenken, ging sie zu ihrem Vorgesetzten und verlangte, dass die Beförderung rückgängig gemacht würde. Die Folge war, dass sie beides verlor: die Freundin und die Arbeitsstelle.

Aber selbst dann konnte sie nicht aufhören, über das schwere Unrecht nachzugrübeln, das ihr ihrer Meinung nach angetan worden war. Erst Jahre später erkannte sie endlich, dass damals die Richtige befördert worden war.

»Sie arbeitete mehr als ich und hatte eine bessere Einstellung zu ihrer Arbeit«, erzählte sie mir mit Tränen in den Augen. »Warum konnte ich das damals bloß nicht erkennen?«

Der Grund, aus dem sie das damals nicht hatte sehen können, war ihr Neid, der sie völlig vereinnahmte. Und die Gefühle sind dem Verstand immer einen Schritt voraus.

Gier

Gier kann sich auf vielerlei Art zeigen. Ich unterhielt mich einmal mit einer Frau, deren Brüder das Testament ihrer Mutter gerichtlich anfochten. Die Brüder waren der Meinung, dass ihnen ein größerer Anteil an Haus und Grundstück zustünde als der Schwester. Die Schwester war davon überzeugt, dass ihre Brüder gierig und unfair waren. Wenn das stimmt, dann waren sie offensichtlich erheblich zu gierig. Was nützt einem all das Geld, wenn man sich mit seiner Familie überworfen hat?

Als Kind verbrachte ich das Wochenende manchmal bei einem Freund. Bei jeder Mahlzeit achtete er genau darauf, wie viel Essen auf meinen Teller kam, und verglich es mit dem, was er bekam. Wenn er das Gefühl hatte, ich hätte mehr bekommen als er, dann beklagte er sich so lange bei seiner Mutter, bis sie ihm nachreichte. »Du bist gierig«, sagte sie dann, während sie ihm noch etwas auf den Teller legte.

Interessanterweise hat er sich seither nicht geändert. Er ist heute noch genauso gierig wie damals. Inzwischen richtet sich seine Gier jedoch darauf, aus seinen verschiedenen Geschäften mehr Gewinn zu schlagen, als ihm rechtmäßig zusteht. Finanziell geht es ihm ausgesprochen gut, aber ich bezweifle, dass er glücklich ist. Er lacht, wenn ich ihn an seine Gier beim Essen erinnere, aber ich weiß nicht, ob er den Zusammenhang zwischen seiner Gier und den katastrophalen Beziehungen zu seinen Exfrauen und Exgeschäftspartnern erkennen kann.

Wenn Sie versucht sind, mehr zu wollen, als Ihnen zusteht, dann halten Sie einen Moment inne und hören Sie, was Ihr Geistführer dazu zu sagen hat. Er wird Ihnen stets die Wahrheit mitteilen, auch wenn diese vielleicht unangenehm für

Sie ist. Sie können sich darauf verlassen, dass er es Ihnen sagt, wenn Sie gierig sind.

Lust

Lust ist ein interessantes Gefühl, denn es kann plötzlich und unerwartet auftreten. Außerdem stecken enorme Kraft und Energie dahinter. Daher fällt es den meisten Menschen sehr schwer, in bestimmten Situationen lange genug innezuhalten und auf ihre Geistführer zu hören.

Bei meiner Arbeit mit Strafgefangenen erfuhr ich, dass die meisten bereuten, dass sie vor ihrer Tat nicht ein paar Sekunden abgewartet hatten. Viele wären dann nicht im Gefängnis gelandet.

Eine Möglichkeit des Umgangs mit der Lust ist, einfach zu beobachten, was sie mit Ihrem Körper macht. Bekämpfen Sie sie nicht, und geben Sie ihr nicht nach. Beobachten Sie sie einfach nur. Dabei lässt das Gefühl der Lust nach, und Sie geben zugleich Ihren Geistführern die Möglichkeit, mit Ihnen zu sprechen.

Stress

Es heißt, die Einzigen, die keinen Stress hätten, seien die Toten auf dem Friedhof. Wir brauchen ein gewisses Maß an Stress, um unser Leben zu meistern. Es gibt jedoch guten Stress (Eustress) und schlechten Stress (Disstress). Ein Sportler, der den Weltrekord brechen will, braucht Stress, um eine optimale Leistung erbringen zu können. Die meisten Schauspieler und Sänger erleben Stress in Form von Lampenfieber, bevor sie die Bühne betreten. Dieser Stress hilft ihnen, zur

Höchstform aufzulaufen. Dass Achterbahnen und andere scheinbar gefährliche Attraktionen auf Volksfesten so beliebt sind, liegt an dem Stress, den die Fahrgäste dabei erleben. Bungeejumping, Fallschirmspringen und andere Sportarten, die das Element der Gefahr enthalten, erhöhen unser Stressniveau. All das ist guter Stress.

Stress durch zu großen Leistungsdruck am Arbeitsplatz, durch schwierige Beziehungen und aufgrund von zu wenig Zeit für das Notwendige kann jedoch Krankheiten auslösen und sogar zu vorzeitigem Tod führen.

Auch zu wenig Stress kann tödlich sein. Ich war noch ein Kind, als unser Nachbar pensioniert wurde. Er hatte keinerlei Hobbys oder Interessen und starb 18 Monate nach seiner Pensionierung.

Das Geheimnis liegt darin, guten Stress willkommen zu heißen, weil er uns glücklich macht und stimuliert, und schlechten Stress zu meiden. Sie denken, das sei unmöglich?

Wenn Sie am Arbeitsplatz ständig unter Druck stehen und Ihr Chef dauernd schlechte Laune hat, dann mag jeder Versuch, den Stress zu reduzieren, aussichtslos erscheinen. Doch mithilfe Ihrer Geistführer können Sie viel Stress abbauen.

Wenn Ihr Chef Ihnen ausgerechnet dann, wenn Sie intensiv an einer Sache arbeiten, eine umfangreiche neue Aufgabe aufhalsen will, dann haben Sie mehrere Möglichkeiten. Sie können tief aufseufzen, die Aufgabe übernehmen und damit Ihr Stressniveau erhöhen.

Aber es ist auch möglich, so mit der Situation umzugehen, dass Ihr Stressniveau unverändert bleibt. Natürlich können Sie jederzeit Nein sagen. Diese Reaktion würde allerdings das Stressniveau bei Ihrem Chef anheben und die Arbeit für Sie noch unerfreulicher machen. Stattdessen könnten Sie auch sagen: »Ich fange sofort damit an, wenn ich mit diesem Projekt fertig bin.« Dann weiß Ihr Chef, dass die Aufgabe erledigt wird, aber dass es etwas dauern kann. Eine weitere Möglichkeit wäre zu fragen: »Soll ich gleich damit anfangen, oder ist es Ihnen lieber, wenn ich dies hier erst abschließe?« Alle diese Möglichkeiten reduzieren Ihr Stressniveau.

Bleiben Sie im Kontakt mit Ihren Geistführern, wenn Sie das Gefühl haben, zu stark unter Stress zu stehen. Sie können im Stillen ein Gespräch mit ihnen führen und sie um Rat und Hilfe bitten. Ihre Geistführer könnten zum Beispiel vorschlagen, dass Sie eine neue Aufgabe mit dem Ausdruck des Bedauerns ablehnen, wenn Sie bereits überarbeitet sind. Es ist sehr gut möglich, dass Ihnen Ihre Geistführer eine Lösung vorschlagen, auf die Sie allein nicht gekommen wären. Hören Sie auf Ihre Geistführer, und folgen Sie ihrem Rat.

Andere negative Gefühle

Machen Sie sich klar, dass Sie nicht Ihre Gefühle sind. Wenn Sie innehalten und Ihre negativen Gedanken und Gefühle beobachten, dann werden Sie entdecken, dass diese von außerhalb Ihres Selbsts kommen. Daher haben Sie es in der Hand, ob Sie diese Gefühle zulassen oder nicht. Was Sie tun, bleibt natürlich Ihnen überlassen, aber Sie müssen wissen, dass Sie sich selbst Schaden zufügen, wenn Sie negative Gedanken hegen. Atmen Sie ein paar Mal tief durch, bevor Sie sie zu sich hereinlassen. Hören Sie auf Ihre Geistführer. Wenn Sie Ihre Geistführer nicht spüren, dann laden Sie sie zu sich ein.

»Ich brauche deine Hilfe«, könnten Sie zum Beispiel sagen. »Bitte gib mir einen Rat, wie ich mit dieser Situation umgehen soll.« Gehen Sie dann einfach weiter Ihrer Beschäftigung nach. Sie werden feststellen, dass Ihr Geistführer Ihnen plötzlich die Antwort gibt, die Sie gesucht haben. Oft geschieht dies, wenn Sie es am wenigsten erwarten.

Ich erinnere mich, wie ich vor Jahren wegen einer bestimmten Sache völlig außer mir war. Ich kann mich schon gar nicht mehr daran erinnern, worum es eigentlich ging, aber damals war es mir enorm wichtig. Während ich noch auf die Antwort meines Geistführers wartete, riefen ein paar Freunde an und schlugen vor, ins Kino zu gehen. Schnell war ich wieder fröhlich und erlebte einen schönen Abend. Mitten im Film gab mir mein Geistführer plötzlich die Antwort, um die ich ihn gebeten hatte. Ich staunte nicht schlecht, hatte ich doch ein paar Stunden lang mein Problem ganz vergessen. Mein Geistführer hatte mit Absicht gewartet, bis ich wieder entspannt und ruhig war, bevor er mir die Nachricht zukommen ließ, die ich brauchte.

Haben Sie Geduld. Bitten Sie Ihren Geistführer immer dann um Rat, wenn Sie nicht weiterwissen. Sie bekommen stets eine Antwort. Vielleicht erhalten Sie nicht unbedingt den Ratschlag, den Sie hören wollen oder erwarten, aber Ihr Geistführer wird Ihnen immer so antworten, wie es für alle Beteiligten richtig und gerecht ist.

Interessanterweise werden die meisten emotionalen Probleme durch ein geringes Selbstwertgefühl ausgelöst. Zum Glück können uns unsere Geistführer helfen, mehr Selbstwertgefühl zu entwickeln. Darüber sprechen wir im nächsten Kapitel.

15 Selbstvertrauen und Selbstwertgefühl entwickeln

Vor etlichen Jahren führte ich für einen Zeitschriftenartikel, den ich schreiben sollte, ein Interview mit einem Mann. Er hatte enorme Schwierigkeiten überwunden und große Erfolge gefeiert. Als Teenager war er Mitglied einer Gang gewesen, und mehrere seiner Freunde waren wegen verschiedenster Straftaten im Gefängnis gelandet.

»Wie ist es Ihnen gelungen, aus diesem Milieu herauszukommen?«, fragte ich ihn. »Und wie konnten Sie sich retten, als einige Freunde von Ihnen kriminell wurden?«

Er rutschte in seinem Sessel hin und her und schien nicht so recht zu wissen, was er darauf antworten sollte.

»Das kommt Ihnen vielleicht unglaubwürdig vor«, sagte er dann. »Aber als ich noch sehr klein war, hatte ich eine Lehrerin, die mich wirklich begeistert hat. Sie brachte uns alles über George Washington und sein Leben bei. Fast alles andere, was ich in der Schule gelernt habe, habe ich vergessen, aber an das, was Mrs Bagust uns gesagt hat, kann ich mich beinahe wortwörtlich erinnern. Sie war eine Inspiration, und zum ersten Mal in meinem Leben wollte ich mehr wissen. Über George Washington hab ich gelernt, was ich nur konnte.« Er lächelte versonnen und schüttelte den Kopf. »Warum George Washington? Wer weiß. Nun, jedenfalls lieferten wir uns eines Tages einen Kampf mit einer anderen Gang, und ich wurde verletzt. Nur eine kleine Stichwunde, nichts Schlimmes, aber ich kam ins Krankenhaus. Die Polizei fragte mich, wer mir die Wunde zugefügt hatte, aber ich wollte es nicht verraten. Der Polizist sah mich angewidert an und sagte, ich sei ein armseliger Schläger und würde entweder früh draufgehen oder im Knast enden.

Über seine Worte habe ich lange nachgedacht. Ich hatte ja nichts anderes zu tun. Und plötzlich dämmerte es mir. Was hätte George Washington in dieser Situation getan? Nun, er hätte sich wahrscheinlich gar nicht erst mit der Gang eingelassen. Er hätte fair gekämpft und sich nicht so blind geprügelt wie wir. Ich beschloss auf der Stelle, mir George Washington zum Vorbild für mein Leben zu nehmen. Immer wenn ich drauf und dran war, etwas zu tun, fragte ich mich: ›Hätte George Washington das auch so gemacht?‹ Ich weiß, das klingt seltsam, aber im Grunde habe ich meinen Erfolg George Washington zu verdanken.«

Ich fand seine Worte ganz und gar nicht seltsam, denn ich machte seit Jahren etwas Ähnliches. Statt mich zu fragen, was George Washington getan hätte, bitte ich meinen Geistführer um Hilfe. Meist erhalte ich eine direkte Antwort. Geht mein Geistführer jedoch nicht so direkt auf meine Frage ein, wie ich das gerne hätte, dann überlege ich, ob mein Geistführer stolz auf mich wäre, wenn ich das täte, was ich vorhabe. Fällt die Antwort positiv aus, dann mache ich weiter. Ich wünschte, ich könnte behaupten, dass ich nie weitergemacht hätte, obwohl die Antwort negativ war. Wenn ich es allerdings trotzdem tat, habe ich es hinterher jedes Mal bereut.

Mit den Jahren habe ich gelernt, dass ich wesentlich weniger Fehler mache, wenn ich auf meinen Geistführer höre und so handle, dass er einverstanden ist.

Eine faszinierende Nebenwirkung des Ganzen ist, dass mein Selbstvertrauen und mein Selbstwertgefühl gewachsen sind. Zu wissen, dass ich jederzeit jemanden an meiner Seite habe, der klüger ist und mehr weiß als ich, der mir hilft und mich unterstützt, gab mir sehr viel mehr Selbstsicherheit und ein wunderbares Gefühl der Geborgenheit.

Wenn Sie Ihren Geistführer ständig und regelmäßig in Anspruch nehmen, werden Sie dasselbe auch bei sich feststellen. Dafür ist er ja da! Ihr Geistführer möchte, dass Sie selbstbewusst und erfolgreich sind.

Vor einigen Jahren habe ich in einer Entzugsklinik einen Vortrag über dieses Thema gehalten. Etwa ein Jahr später sprach mich auf der Straße ein junger Mann an, der damals in der Klinik gewesen war.

»Sie werden es nicht glauben, was mit mir seit Ihrem Vortrag passiert ist«, erzählte er mir. »Ich war eigentlich ständig bekifft oder betrunken. In der Klinik machte ich einen Entzug, aber wenn Sie nicht gekommen wären, wäre ich danach schnurstracks wieder zurück in die Abhängigkeit gerutscht. Wenn ich heute in Versuchung gerate, dann frage ich meinen Geistführer, ob ich das wirklich tun soll. Bis jetzt hat er noch nie Ja gesagt! Ich fasse keine Drogen mehr an! Und wissen Sie was? Ich habe jetzt einen Job und eine Freundin.«

Außerdem hatte er mehr Selbstvertrauen und Selbstwertgefühl. Er sagte mir, früher wäre er nie auf mich zugekommen und hätte mich angesprochen, denn das hätte er sich einfach nicht getraut.

Der junge Mann hatte die meiste Zeit seines Lebens die leise Stimme seines Geistführers ignoriert. Kaum hörte er auf diese Stimme, nahm sein Leben eine Kehrtwendung, und ich bin mir sicher, dass er auf dem besten Weg zu einem erfolgreichen und erfüllenden Leben ist.

Unsere Geistführer kümmern sich immer um uns. Dennoch haben mir viele Menschen, die in regem Kontakt zu ihren Geistführern stehen, erzählt, dass sie sich in Zeiten, in denen sie sie dringend gebraucht hätten, von ihnen verlassen fühlten. Doch in Wahrheit sind unsere Geistführer immer da, auch wenn wir es nicht merken. Unsere Geistführer drängen sich uns nicht auf. In schwierigen Zeiten arbeiten sie wahrscheinlich sogar noch viel mehr für uns als sonst. Nur hören wir manchmal einfach nicht zu. Unsere Geistführer sprechen uns ständig Mut zu und wollen uns dabei helfen, im Leben weiterzukommen.

Die meisten Menschen wünschen sich mehr Selbstvertrauen. Zugleich aber finden die meisten, dass sie ein gutes Selbstwertgefühl haben. Das ist ein Widerspruch, denn Selbstvertrauen ist die direkte Folge eines positiven Selbstbildes, also eines guten Selbstwertgefühls.

Ich bin sicher, Sie werden die folgenden Anzeichen eines geringen Selbstwertgefühls bei sich selbst oder bei Menschen in Ihrem Umfeld wiedererkennen: Beleidigungen, Koabhängigkeit, Eifersucht, Faulheit, Gewalt, Gier, Grausamkeit, Launenhaftigkeit, übertriebener Materialismus, Sarkasmus, Schüchternheit, Selbstsucht, Ungeduld und Wut.

Kennen Sie jemanden, der andere ständig erniedrigt oder beleidigt, nur über sich selbst spricht, andere unterbricht, sie einschüchtert, sich über alles und jeden beklagt oder jammert, wenn die Dinge nicht so laufen, wie er oder sie will? Ein solcher Mensch leidet unter einem geringen Selbstwertgefühl.

Zu wissen, dass das eigene Selbstwertgefühl zu schwach ist, ist das eine. Ein gesundes, positives Selbstbild zu entwickeln ist das andere. Das lässt sich nicht über Nacht erreichen, aber zum Glück ist es mithilfe unserer Geistführer schneller zu schaffen, als Sie vielleicht denken.

Zuerst einmal müssen wir erkennen, was ein gutes Selbstwertgefühl ist. Menschen mit einem starken Selbstwertgefühl haben ein gesundes Ego. Sie sind im Einklang mit sich selbst. Sie sind warmherzig, freundlich, charismatisch und unterstützen andere. Sie haben ein gutes Empfinden für den eigenen Wert. Sie sind zuversichtlich und fühlen sich jeder Situation gewachsen.

Das Selbstwertgefühl der meisten Menschen ist weder sehr groß noch sehr klein, sondern irgendwo dazwischen. Wahrscheinlich erkennen Sie eigene Züge sowohl im Bereich des starken wie auch des schwachen Selbstwertgefühls.

Wie können wir ein starkes, gesundes, hohes Selbstwertgefühl entwickeln? Die Antwort ist unglaublich einfach: Wir müssen zuhören.

Konstruktives Zuhören

Es ist wichtig, auf verschiedene Arten zuzuhören. Erstens müssen wir anderen Menschen zuhören. Wirklich zuhören. Jeder hat etwas zu sagen, und wir sollten lernen, mit Interesse zuzuhören und den anderen nicht zu unterbrechen. Wenn wir das tun, achten wir den anderen und heben sein Selbstwertgefühl. Zugleich stärken wir unser eigenes.

Zweitens müssen wir zuhören, was in der Welt um uns herum vor sich geht. Wir sollten auf positive Meldungen in den Medien achten, auf Berichte über wahre Helden und darüber, wie Menschen widrige Umstände überwunden haben. Wir ziehen alles an, woran wir denken, und wenn wir diese positiven Nachrichten in unserem Denken verankern, dann übernehmen wir nach und nach die positiven Haltungen der Menschen, über die wir lesen. Erinnern Sie sich an den Mann, den ich interviewt habe und der sich stets fragte, was George Washington in der jeweiligen Situation getan hätte? Nach und nach übernahm er die positiven Eigenschaften dieses großen Mannes und erzielte selbst viele Erfolge.

Drittens müssen wir auf uns selbst hören. Beobachten Sie sich im Umgang mit anderen. Zeigen Sie ein hohes oder ein niedriges Selbstwertgefühl? Seien Sie nicht wütend auf sich, wenn Sie feststellen, dass Ihr Selbstwertgefühl in einer bestimmten Situation schwach ist. Ein anderes Mal werden Sie wieder ein starkes Selbstwertgefühl an den Tag legen. Wenn Sie sich dabei erwischen, dass Sie Charakterzüge zeigen, die Sie lieber nicht hätten, dann beschließen Sie einfach, dass Sie es beim nächsten Mal besser machen.

Viertens müssen wir auch auf unsere Geistführer hören. Das ist der wichtigste Punkt. Wohin wir auch gehen, überall nehmen wir jemanden mit, der möchte, dass wir unsere Sache gut machen, und der uns zum Erfolg führt. Wir müssen innehalten und zuhören, was unsere Geistführer uns sagen. Womöglich glauben wir, dass unsere Geistführer uns den ganzen Spaß verderben, wenn sie uns raten, etwas bleiben zu lassen. Doch der Rat, den sie uns geben, ist immer der richtige. Erinnern Sie sich noch an die Strafgefangenen, vor denen ich gesprochen habe? Hätten sie zugehört, säßen sie jetzt nicht im Gefängnis. Ihre Geistführer werden Ihnen nie einen Rat erteilen, der anderen Lebewesen Schaden zufügt. Sie sind dazu da, Ihnen zu helfen und Sie zu unterstützen, aber sie achten zugleich alles Leben.

Es ist eine wunderbare Tatsache, dass wir in uns die Kraft haben, uns zu verändern und zu den Menschen zu werden, die wir sein können. Tun Sie es Schritt für Schritt. Hören Sie auf die vier verschiedenen Arten zu, und seien Sie bereit zu einem Quantensprung nach vorn.

16 Ihre zahllosen Geistführer

Im vorletzen Jahrhundert erzählten viele Medien ihren Klienten, sie hätten 49 Geistführer. Das war jedoch lediglich eine List zur Kundenbindung – denn die Klienten sollten 49-mal wiederkommen, um alle ihre Geistführer kennenzulernen. Tatsächlich aber würden diese Medien aus vergangenen Zeiten ganz schön staunen, wenn sie wüssten, wie viele Geistführer uns wirklich zur Seite stehen. Denn Tatsache ist, dass wir Zugang zu einer unbegrenzten Anzahl von Geistführern haben, die uns zu unterschiedlichen Zeiten im Leben helfen. Als Sie noch ein Kind waren, hatten Sie vielleicht andere Geistführer als jetzt. Es stehen immer die Geistführer für uns zur Verfügung, die wir in den verschiedenen Stadien unserer Entwicklung brauchen.

Wir haben allerdings auch eine unbegrenzte Anzahl an Geistführern, die uns immer dann zu Hilfe kommen, wenn wir sie darum bitten. Wenn Sie an einem künstlerischen Projekt arbeiten, dann können Sie einen kreativen Geistführer herbeirufen, der Ihnen hilft. Und wenn Sie ein Haus bauen, dann bitten Sie einen handwerklich begabten Geistführer um Unterstützung.

Vielleicht möchten Sie ja, dass William Shakespeare Ihnen hilft, ein bestimmtes Projekt zu vollenden. Sie können anrufen, wen Sie möchten, und er oder sie wird immer bereit sein, Ihnen zu helfen. Seien Sie nicht enttäuscht, wenn ein anderer kommt. William Shakespeare hat bestimmt immer noch viele Eigenschaften des Barden aus Stratford-upon-Avon, aber er hat auch viele neue Erfahrungen in anderen Inkarnationen gesammelt und sich dadurch weiterentwickelt und verändert.

Spezialisten unter den Geistführern

Im praktischen Alltag möchten Ihre Geistführer, dass Sie unabhängig handeln und Ihre eigenen Entscheidungen treffen. Doch wenn Sie Hilfe brauchen, sind sie immer bereit, Sie anzuleiten und zu unterstützen. Für die ganz normalen Alltagsprobleme sind Ihre persönlichen Geistführer am besten geeignet. In bestimmten Fällen möchten Sie jedoch vielleicht den Rat eines Spezialisten. Ihre Zahl und Art ist unbegrenzt. Im Folgenden finden Sie eine Aufzählung der wichtigsten speziellen Geistführer.

Intellektuelle Geistführer

Wenn Sie studieren oder in der Forschung tätig sind, dann wünschen Sie sich vielleicht die Unterstützung eines intellektuellen Führers. Er oder sie kann Sie sanft in die richtige Richtung lenken, damit Sie die Informationen finden, die Sie brauchen.

Das geschieht durchaus auf überraschende oder ungewöhnliche Weise. Ende der 1960er Jahre lebte ich in London und forschte über keltische Traditionen. Eines Tages fuhr ich wieder einmal mit einem Doppeldeckerbus. Für gewöhnlich setzte ich mich bei einer Busfahrt unten hin, denn dann kann man am Ziel wesentlich einfacher aussteigen. Doch an jenem Tag ging ich nach oben, obwohl unten noch viele Plätze frei waren. Auf einem Sitz lag ein Buch über keltische Mythologie, das ich noch nicht kannte. Jemand musste ausgestiegen sein und das Buch versehentlich liegen gelassen haben. Ich notierte mir Autor, Titel und Verlag und konnte es ein paar Tage später tatsächlich kaufen. Wenn ich an jenem Tag nicht aus irgendeinem unerfindlichen Grund nach oben gegangen wäre, dann hätte ich dieses spezielle Buch wahrscheinlich nie gefunden. War es Zufall oder hatte ein intellektueller Geistführer mich sanft veranlasst, nach oben zu gehen?

Weise Geistführer

Ein weiser Geistführer ist jemand, der in seinem Leben, wahrscheinlich in zahlreichen Inkarnationen, viel Wissen erworben hat und bereit ist, seine Weisheit zu teilen, wenn er darum gebeten wird.

Ein weiser Geistführer ist immer dann besonders hilfreich, wenn Sie vor einer wichtigen Entscheidung stehen, die Ihr ganzes Leben verändern könnte. Das gilt zum Beispiel für eine Heirat oder für ein Stellenangebot in einem anderen Land, weit weg von zu Hause, von Freunden und Familie.

In einer solchen Situation ist es klug, wenn Sie einen weisen Geistführer fragen, ob die Entscheidung, die Sie treffen wollen, die richtige ist.

Emotionale Entscheidungen zu treffen ist am schwersten. Wenn Sie einen weisen Geistführer fragen, ob Sie jemanden heiraten sollen, und er Nein, Ihr Herz aber Ja sagt, was sollen Sie dann tun? Der weise Geistführer hätte nie ohne guten

Grund verneint. Denken Sie gründlich nach, und stellen Sie dann weitere Fragen. Warum ist der weise Geistführer gegen die Heirat? Die Antwort könnte Sie überraschen. Hören Sie gut zu, und denken Sie dann ein paar Tage lang über die Entscheidung nach. Wenn es Ihnen gelingt, einen leidenschaftslosen Blick auf die Situation zu werfen, dann werden Sie feststellen, dass der weise Geistführer Recht hat.

Ich bin einer ganzen Reihe von Leuten begegnet, die den Rat ihres weisen Geistführers ausgeschlagen und infolgedessen sehr gelitten haben. Alle Ihre Führer wirken immer nur zu Ihrem Besten und erteilen Ihnen nie einen schlechten Rat. Sie greifen allerdings auch nicht ein, wenn Sie ihre Vorschläge ignorieren. Sie sind hier auf dieser Erde, um zu lernen und zu wachsen. Und am meisten lernt man durch Fehler. Denken Sie daher gut nach, bevor Sie Ihre weisen Geistführer um Hilfe bitten. Es ist besser, sich mit der Bereitschaft an sie zu wenden, ihren Rat zu befolgen, ganz gleich, wie er ausfällt, statt erst um Hilfe zu bitten und sie dann auszuschlagen.

Handwerklich begabte Geistführer

Ich bin kein Handwerker. Schon vor Jahren habe ich feststellen müssen, dass es mich bei allen Reparaturen billiger kommt, gleich einen Fachmann zu rufen, als erst zu versuchen, es selbst zu machen. Wenn Sie ein praktisch veranlagter Mensch sind, dann haben Sie wahrscheinlich auch einen praktisch veranlagten Geistführer. Wenn es Ihnen in dieser Hinsicht aber geht wie mir, dann können Sie immer einen handwerklich begabten Geistführer rufen, wenn Sie ihn brauchen.

Vor Jahren hörte ich zu meiner Überraschung, dass ein Freund ein kleines Segelboot gebaut hatte. Dieser Freund hatte nie eine besondere handwerkliche Begabung gezeigt, aber eines Winters baute er in seiner Freizeit das Boot. Er erzählte mir, der Drang, das Boot zu bauen, sei nach und nach immer stärker geworden. Er bekämpfte den Wunsch, so lange er konnte, aber eines Tages erwischte er sich dabei, wie er Pläne und Werkzeug kaufte.

Die Anfertigung des Bootes verlief reibungslos. »Es fühlte sich so an, als ob mir jemand bei jedem Handgriff helfen würde«, erzählte er mir. »Ich wusste instinktiv, welches Werkzeug ich benutzen musste. Meine Frau dachte, ich würde mir die Finger absägen, aber irgendwie wusste ich, wie man alles macht. Ich habe die Erfahrung sehr genossen und fand sie enorm entspannend.«

Wie konnte dieser Mann ohne jede Erfahrung erfolgreich ein Segelboot bauen? Mein Freund selbst ist skeptisch, aber ich bin überzeugt, dass ihm ein handwerklich begabter Geistführer geholfen hat.

Wenn Ihr Auto Kilometer vom nächsten Ort entfernt eine Panne hat, dann denken Sie daran, einen handwerklich begabten Geistführer zu Hilfe zu rufen. Es ist sehr gut möglich, dass er Ihre Hände direkt zur Ursache des Problems lenkt und Ihnen dabei hilft, es zu lösen.

Kreative Geistführer

Kreativität kann sich auf vielerlei unerwartete Weise zeigen. Ich habe einmal eine Ausstellung mit Bildern besucht, die Strafgefangene gemalt hatten. Keiner von ihnen hatte sich vorher mit Malerei beschäftigt, und doch war das Niveau ihrer Arbeiten extrem hoch. Zugegeben, im Gefängnis hatten sie viel Zeit, ihre Fähigkeiten zu entwickeln, aber sie hatten nur sehr wenig Anleitung bekommen. Ganz offensichtlich erhielten sie Hilfe und Ermutigung von anderer Seite – von kreativen Geistführern.

In Kapitel 13 habe ich von einer Freundin erzählt, die Flötespielen lernte. Sie hatte zwei kreative Geistführer, die nur darauf warteten, ihr zu helfen, und es sofort taten, als sie schließlich um Unterstützung bat. Bitten Sie einen kreativen Geistführer um Hilfe, wenn Sie sich mit künstlerischer oder kreativer Arbeit befassen.

Motivierende Geistführer

Wir brauchen alle hin und wieder Motivation und Ermutigung. Als ich zum ersten Mal daran dachte, die Sicherheit einer gut bezahlten Arbeitsstelle aufzugeben und mich selbstständig zu machen, drängten mich Familie und Freunde, dort zu bleiben, wo ich war. Natürlich dachten sie dabei an mich. Sie wollten nicht, dass ich ein unnötiges Risiko einging und mich auf etwas einließ, was mit einem Fehlschlag enden könnte.

Doch wir müssen alle hin und wieder ein Risiko eingehen und unbequeme Entscheidungen treffen. Wenn wir nicht ab und zu über den eigenen Tellerrand hinausblicken, wird unser Leben öde und langweilig. Und ich möchte als alter Mann nicht bereuen müssen, dass ich bestimmte Dinge nicht getan habe, weil es mir an Mut gefehlt hat.

Wenn Sie bereit sind, ein Risiko einzugehen und etwas Neues oder anderes zu wagen, dann bitten Sie Ihre motivierenden Geistführer um Hilfe. Sie werden Ihnen den Mut zusprechen, den Sie brauchen. Sie werden Sie allerdings nicht ermutigen, sich auf halsbrecherische Risiken einzulassen. Wenn nötig, raten sie durchaus auch zur Vorsicht.

Liebevolle Geistführer

Unsere Geistführer sorgen für uns. Sie urteilen nicht, und sie achten auf uns. Unser Wohlergehen liegt ihnen am Herzen, auch wenn sie hin und wieder ein wenig unpersönlich wirken. Das ist Absicht, denn sie wollen, dass wir auf eigenen Füßen stehen und selbstständig sind.

Aber es gibt Zeiten, in denen wir Liebe und Schutz brauchen. Wenn Sie allein, gestresst oder depressiv sind, kann Ihnen ein liebevoller Geistführer enorm helfen.

Ein liebevoller Geistführer kann Sie auch unterstützen, wenn Sie gerade dabei sind, sich auf eine neue Beziehung einzulassen. Meinem australischen Freund Daryl fiel es sehr schwer, seiner Freundin Jenny seine Liebe und Hingabe zu zeigen. Er hatte eine schwierige Scheidung hinter sich und befürchtete, Jenny könnte ihn ebenfalls ablehnen. Ich schlug ihm vor, liebevolle Geistführer zu bitten, ihm die richtigen Worte einzugeben.

Das Ergebnis übertraf seine Erwartungen bei Weitem. »Zum ersten Mal im Leben kann ich ›Ich liebe dich‹ sagen, ohne dass mir die Worte im Halse stecken bleiben. Es sind so einfache Worte, aber früher habe ich sie einfach nicht herausbekommen. Jetzt kann ich kaum glauben, was ich sage. Ich spreche endlich alles aus, was ich schon immer sagen wollte, aber früher einfach nicht geschafft habe.«

Geistführer für Spiel und Spaß

Es mag seltsam klingen, dass wir auch einen Geistführer für Spiel und Spaß haben. Aber es gibt Geistführer für jeden erdenklichen Zweck. Wir neigen oft dazu, das Leben allzu ernst zu nehmen. Wir lachen nur selten und gönnen uns kaum Zeit für die einfachen Freuden. Wenn Sie das Gefühl haben, dass Sie zu viel Zeit mit Ihrer Arbeit verbringen und zu wenig Spaß haben, dann rufen Sie einen Geistführer für Spiel und Spaß, der Ihnen hilft, zu entspannen und die kleinen Freuden des Lebens wieder zu genießen. Das wird Ihnen und Ihren Lieben unendlich guttun.

Ich sprach einmal mit einem Mann, der mehr als 80 Stunden in der Woche in seinem eigenen Unternehmen arbeitete. »Wie kommen Ihre Frau und Ihre Familie damit zurecht?«, fragte ich.

»Die freuen sich über das Geld, das ich nach Hause bringe«, antwortete er.

Ich bin mir sicher, wenn dieser Mann sich etwas mehr Freizeit gönnen und sie mit seiner Familie verbringen würde, wären alle noch viel reicher.

Manche Menschen vergessen regelrecht, was Spaß ist. Sie nehmen alles ernst und sehen das Leben als hartes Geschäft. Doch als Kinder haben sie sehr wohl gelacht und mit ihren Freunden gespielt. Irgendwann haben sie diese Fähigkeit, das Leben einfach zu genießen, verloren.

Wann haben Sie zum letzten Mal ein paar schöne Stunden mit Ihren Lieben verbracht? Wann haben Sie zum letzten Mal so sehr lachen müssen, dass es wehgetan hat? Wenn es allzu lange her ist, dann rufen Sie Ihre Geistführer für Spiel und Spaß herbei. Sie sind immer bereit und warten nur darauf, Ihnen zu helfen.

Geistführer für Kinder

Kinder-Geistführer arbeiten normalerweise am liebsten mit Kindern. Sie sind die »unsichtbaren Freunde«, die wir oft hatten, als wir noch klein waren. Leider aber setzt unsere Erziehung meist alles daran, diese unsichtbaren Freunde aus unserem Leben zu vertreiben. Sie gelten als pures Produkt der kindlichen Fantasie.

Doch auch als Erwachsene können wir zu Geistführern für Kinder Kontakt aufnehmen. Wenn Sie Probleme mit einem Kind haben, dann können Sie einen Geistführer für Kinder um Rat fragen, wie Sie mit der Situation umgehen sollen. Sie könnten auch einen Geistführer für Kinder anrufen und ihn bitten, besonders auf das Kind aufzupassen, um das Sie sich sorgen.

Eine Freundin von mir hatte eine äußerst schwierige Kindheit. Ihre Eltern trennten sich, als sie vier Jahre alt war, und ihre Mutter war Alkoholikerin. Während ihrer ganzen Kindheit wurde sie abwechselnd verwöhnt und misshandelt. Mit 15 lief sie von zu Hause weg und meldete sich jahrelang weder bei ihrem Vater noch bei ihrer Mutter. Heute ist sie Anfang 40, glücklich verheiratet und hat selbst eine Familie.

»Ich finde, ich habe etwas verpasst«, erzählte sie mir einmal. »Ich sehe, wie meine Kinder spielen und fröhlich sind, und dann denke ich an meine eigene Kindheit. Eigentlich hatte ich gar keine.« Sie hat einen Kinder-Geistführer, der ihr hilft, sich an die glücklichen Zeiten in ihrer Kindheit zu erinnern und die traurigen und schwierigen Phasen loszulassen.

»Natürlich hat es in meiner Kindheit auch glückliche Zeiten gegeben«, sagte sie. »Nach und nach hole ich sie mir wieder heran und lasse Schmerz und Verletzungen los.« Ganz offensichtlich klappt das gut, denn sie ist wesentlich glücklicher und zufriedener als früher.

Geistführer als Begleiter

Als ich 21 war, versetzte mich mein Arbeitgeber nach Glasgow. Ich kannte dort niemanden und war schon darauf vorbereitet, mich einsam zu fühlen. Als ich am Hauptbahnhof in Glasgow ankam, sprach mich ein Gepäckträger an, und ich konnte als gebürtiger Neuseeländer kein einziges Wort verstehen. Eine Zeit lang kam ich mir vor wie in einem Land, in dem man eine völlig andere Sprache spricht. Aber nach ein paar Tagen hatte ich mich an den Glasgower Dialekt gewöhnt, und schon sah die Welt freundlicher aus. Es dauerte trotzdem noch ein Weilchen, bis ich Freunde fand, aber ich war nie einsam, denn ich spürte stets und überall einen unsichtbaren Begleiter. Dieser Begleiter blieb bei mir, bis ich Freunde gefunden hatte, dann verschwand er still und leise.

Wenn Sie einsam sind oder jemanden zum Reden brauchen, dann rufen Sie einfach Ihren begleitenden Geistführer. Benutzen Sie Ihren geistigen Begleiter aber nicht als Ersatz für Freunde. Ihre Geistführer möchten, dass Sie glücklich sind und sich in dieser Welt zurechtfinden. Sie sind gerne Ihre Begleiter, wenn Sie sie brauchen, aber sie wollen nicht an die Stelle von echten Freunden aus Fleisch und Blut treten.

Unterstützende Geistführer

Unsere Geistführer unterstützen uns nach Kräften. Wir können sie jederzeit um Hilfe bitten. Es mag aber Situationen geben, in denen Sie mehr als das übliche Maß an Unterstützung brauchen. Dann sollten Sie Kontakt zu einem unterstützenden Geistführer aufnehmen.

Monique ist eine attraktive Frau Mitte dreißig. Sie war glücklich verheiratet und hat drei Kinder. Ihr Mann Bob war beruflich erfolgreich und sorgte ausgezeichnet für die Familie. Alles wirkte rundum perfekt. Eines Tages spielte ihr siebenjähriger Sohn Jason mit einem Freund im Vorgarten Ball. Er rannte hinter dem Ball her aus dem Garten auf die Straße und wurde von einem vorbeifahrenden Auto überrollt. Wäre der Rettungswagen nicht so schnell gekommen und hätten die Sanitäter ihn nicht so gut versorgt, wäre er gestorben.

Der kleine Junge lag sieben Wochen im Koma und kämpfte um sein Leben.

Monique wich die ganze Zeit nicht von seiner Seite. Später erzählte sie Freunden, dass sie in dieser Zeit um zusätzliche Unterstützung gebeten hatte. Ihre unterstützenden Geistführer halfen ihr, die schwere Belastung zu überstehen. Monique erhielt enorme Unterstützung durch ihre Familie, die fest zusammenhielt, und ihren großen Freundeskreis. Doch ihre unterstützenden Geistführer schenkten ihr zusätzliche Hilfe, als sie sie am dringendsten brauchte. Wenn Sie in einer Situation sind, in der Sie alle zusätzliche Hilfe und Unterstützung brauchen, die Sie bekommen können, dann denken Sie daran, Ihre unterstützenden Geistführer anzurufen.

Fördernde Geistführer

Fördernde Geistführer helfen uns, wenn wir an etwas Besonderem arbeiten und dabei Unterstützung benötigen. Wenn Sie zum Beispiel Sportler sind und für einen Wettkampf trainieren, dann kann Ihr fördernder Geistführer Sie in Ihrer Motivation und in Ihrer klaren Ausrichtung auf Ihr Ziel unterstützen.

Ein ehrgeiziger Gärtner, den ich kenne, nahm sich vor, in einem bestimmten Jahr bei einer Ausstellung den Preis für den größten Kürbis zu gewinnen. Sein fördernder Geistführer unterstützte ihn und gab ihm sogar Tipps zur Pflege und Ernährung der Pflanze. Heute hängt ein großes Foto von dem Siegerkürbis in seinem Wohnzimmer.

Egal, woran Sie arbeiten, wenn Sie dazu für einen begrenzten Zeitraum zusätzliche Hilfe brauchen, rufen Sie Ihre fördernden Geistführer.

Heilende Geistführer

Ich glaube, dass wir alle die Gabe des Heilens besitzen und sowohl uns selbst als auch andere heilen können. Bei manchen Menschen zeigt sich diese Eigenschaft deutlicher als bei anderen, aber wir alle besitzen sie. Mithilfe von heilenden Geistführern können wir diese Fähigkeit ausbauen.

Wenn jemand, den Sie kennen, krank ist, schicken Sie ihm einen heilenden Geistführer. Setzen Sie sich irgendwo in Ruhe hin, entspannen Sie sich, und visualisieren Sie, wie ein heilender Geistführer Ihren Bekannten heilt. Schicken Sie auch heilende Gedanken. Tun Sie das mindestens einmal am Tag, bis der Betreffende wieder vollkommen gesund ist.

Sie können auch Geistführer zur Förderung Ihrer eigenen Heilung rufen. Wenn Sie sich nicht wohl fühlen, dann stellen Sie sich vor, wie ein heilender Geistführer Sie mit Energie umhüllt und mit strahlender Gesundheit und Vitalität erfüllt. Tun Sie das so lange, bis Ihre Gesundheit wieder vollkommen hergestellt ist.

Bei einem Vortrag fragte mich eine Frau, ob es unsere zahllosen Geistführer wirklich in so unbegrenzter Zahl gebe. »Unsere Geistführer können doch jederzeit Gestalt und Aussehen ändern, wenn sie das wollen«, sagte sie. »Bestimmt sind all die anderen einfach nur unser persönlicher Geistführer, der seine Gestalt und Identität passend zur jeweiligen Situation gewandelt hat.«

Das war eine gute Anmerkung, und ich habe seither viel darüber nachgedacht. Nach meinem Wissen sind diese Geistführer Wesen, die uns nur dann zu Hilfe kommen, wenn wir sie rufen. Ich erinnere mich ganz deutlich, dass ich während meiner ersten Wochen in Schottland sowohl einen Geistführer als Begleiter als auch meinen üblichen Geistführer hatte. Mein persönlicher Geistführer verwandelte sich nicht in einen Begleiter, aber da ich nicht bewusst um einen begleitenden Geistführer gebeten hatte, nehme ich an, dass mein »normaler« Geistführer ihn für mich gerufen hatte, weil er spürte, dass ich einen Begleiter brauchte.

Da die geistige Welt aus Gedankenformen besteht, können Sie jederzeit genau den Geistführer rufen, den Sie gerade brauchen. Wenn Sie zum Beispiel mit einer bestimmten Sportart oder einer kreativen Tätigkeit beginnen wollen, dann rufen Sie einen Geistführer, der sich damit auskennt.

Eine Freundin wollte ihr Hobby, die Schauspielerei, zum Beruf machen. Alle waren dagegen, besonders ihre Eltern, aber sie bat um einen Geistführer, der ihr helfen würde, den richtigen Anfang zu finden und bei der Sache zu bleiben. Heute, etliche Jahre später, ist sie erfolgreich in ihrem Beruf, und ihre Eltern sind ihre größten Fans. Wenn sie nicht einen speziellen Geistführer um Hilfe gebeten hätte, säße sie bestimmt immer noch hinter einem Bankschalter.

Es ist wunderbar beruhigend zu wissen, dass es diese spezialisierten Geistführer gibt und dass sie bereitwillig auf uns warten. Wir müssen sie nur um Hilfe bitten.

17 Der spirituelle Zirkel

Menschen, die ähnlich denken, ziehen einander an. Es ist nur natürlich, dass Menschen mit gleichen Interessen Zeit miteinander verbringen und über die Themen sprechen wollen, die sie gemeinschaftlich beschäftigen. Daher werden Sie sehr wahrscheinlich in Kontakt mit anderen kommen, die sich ebenfalls spirituell weiterentwickeln möchten. Sie können sehr viel von anderen Menschen lernen – und diese wiederum von Ihnen. Manche sind vielleicht auf ihrem spirituellen Weg schon weiter als Sie, andere hingegen haben ihre Suche gerade erst begonnen.

Schlagen Sie solchen ähnlich denkenden Menschen vor, in einer losen Gruppe regelmäßig über spirituelle Themen zu sprechen. So können Sie Dinge wie zum Beispiel das automatische Schreiben gemeinsam in einer sicheren Umgebung üben. Sie können sich gegenseitig Bücher ausleihen und Tests und Experimente durchführen, die Sie sich allein nicht zutrauen. Außerdem werden Sie merken, dass Gruppensitzungen den Kontakt zur geistigen Welt erleichtern.

Die Energie, die eine Gruppe aussenden kann, ist wesentlich stärker und lebendiger als die eines Einzelnen. Das vereinfacht den Kontakt zu den Geistern und beruhigt diejenigen, die bei der Vorstellung, mit ihren Geistführern in Kontakt zu treten, vielleicht noch ein bisschen nervös sind.

Das Beste an diesen Gruppen ist aber meiner Erfahrung nach, dass jeder seine Talente deutlich schneller entwickelt. Selbst heute noch scheuen sich viele Menschen, über ihr Interesse an Engeln und Geistführern zu sprechen. Daher lesen sie zwar viel über diese Themen, haben aber nur selten Gelegenheit, sich darüber auszutauschen oder ihr Wissen zu vertiefen. Nach meinem Schulabschluss habe ich sieben Jahre lang mit jemandem zusammengearbeitet und hatte nicht die leiseste Ahnung, dass er sich für Übersinnliches interessierte. Erst als wir uns viele Jahre später bei einer PSI-Tagung wieder über den Weg liefen, erkannten wir, dass wir ein wichtiges gemeinsames Interesse hatten.

Ausschlaggebend ist, dass die Gruppe oder der Kreis in einem überschaubar kleinen, formlosen Rahmen bleibt. Sobald die Gruppe zu groß wird, geht schnell die Hälfte der Zeit für formale Angelegenheiten drauf, und die Entwicklung der Spiritualität wird notgedrungen vernachlässigt.

Einmal gehörte ich einer Gruppe an, die im Laufe der Zeit durch ein Mitglied vollkommen aufgerieben wurde. Dieses Mitglied war eifersüchtig auf die Fähigkeiten anderer und sorgte mit diversen hinterhältigen Methoden dafür, dass diese die Gruppe verlassen mussten. Als sie gingen, kamen auch viele andere Mitglieder nicht mehr, und die Gruppe löste sich auf.

Halten Sie Ihre Gruppe klein, und überlegen Sie gut, wen Sie dazu einladen. Es spielt keine Rolle, wenn die Mitglieder auf unterschiedlichen Entwicklungsstufen stehen. Diejenigen, die schon weiter sind und mehr wissen, können den anderen helfen.

Es steht Ihnen frei, ob Sie einen festen Themenplan aufstellen oder zulassen, dass sich alles spontan ergibt. Es ist immer gut, regelmäßig Gastreferenten einzuladen. Ihre Ideen unterstützen die Gruppe in ihrem inneren Wachstum und liefern Gesprächsstoff für die anschließenden Diskussionen.

Wenn Sie die Gruppe zusammenstellen, dann schreiben Sie eine Liste der Dinge, die Sie mit der Gruppe machen möchten. Vor ein paar Wochen sprach ich vor einer sehr aktiven Gruppe von zehn Teenagern. Kopf der Gruppe ist eine siebzehnjährige Schülerin. Als sie die Gruppe gründete, hatte sie sehr genaue Vorstellungen davon, was erlaubt sein sollte und was nicht.

So war es zum Beispiel nicht erlaubt, bei den Treffen zu rauchen. Natürlich waren auch Drogen verboten. Die Schülerin sorgte dafür, dass die Mitglieder abwechselnd nach den Treffen ein Abendessen zubereiteten. An dem Abend, an dem ich vor der Gruppe sprach, war das Essen hervorragend, und sie sagte mir, es sei immer so gut, denn darauf würde sie Wert legen. Nichts davon hat etwas mit spiritueller Entwicklung zu tun, aber weil sie die Gruppe gegründet und die Grundregeln festgelegt hatte, sorgte sie auch dafür, dass sie eingehalten wurden, und jetzt sind sie ein selbstverständlicher Bestandteil des Gruppenlebens.

Achten Sie darauf, dass die Treffen regelmäßig an einem bestimmten Ort und zu einer bestimmten Zeit stattfinden. Ein oder zwei Stunden pro Woche reichen wahrscheinlich aus. Wenn man sich nur einmal im Monat trifft, kann das Interesse schnell nachlassen, und jemand, der einmal ein Treffen verpasst, muss dann unter Umständen zwei Monate bis zum nächsten warten.

Die Treffen sollten nicht zu lange dauern. Die meisten Menschen sind sehr beschäftigt, und nicht jeder hat die Zeit, drei oder vier Stunden pro Woche in einer spirituellen Gruppe zu verbringen. Wenn Sie sich regelmäßig jede Woche um eine bestimmte Zeit an einem bestimmten Ort treffen, dann werden auch Ihre Geistführer das wissen und bereitwillig darauf warten, dass Sie kommen.

Sorgen Sie zudem dafür, dass die Treffen Spaß machen. Arbeiten Sie mit Musik, gemeinsamem Singen, Kerzen, Räucherwerk und farbigem Licht. Fördern Sie Lachen und Fröhlichkeit. Es muss nicht ernst und formal zugehen, wenn Sie Kontakt zu Ihren Geistführern aufnehmen. Die Geistführer schätzen eine fröhliche Atmosphäre genauso wie wir Menschen auch. Sie werden sogar feststellen, dass viele Geistführer einen ausgeprägten Sinn für Humor haben und Sie mit kleinen Scherzen überraschen.

Bringen Sie Abwechslung in das Programm. In der einen Woche können Sie es zum Beispiel mit dem automatischen Schreiben versuchen, in der nächsten eine Séance abhalten und in der darauffolgenden Woche das Lesen von Objektenergien ausprobieren. Am besten beginnen und enden Sie jede Woche gleich, vielleicht mit einem Lied oder Gebet, aber wechseln Sie auch dieses regelmäßig.

Eine Gruppe, vor der ich hin und wieder spreche, lädt einmal im Monat einen Überraschungsgast ein. Nur derjenige, der den Abend organisiert, weiß, wer eingeladen ist. Alle anderen lernen den Gast und sein Thema erst kennen, wenn sie kommen. So bleibt in dieser Gruppe das Interesse der Mitglieder wach. Keiner möchte ein Treffen verpassen, denn es könnte ja ein besonders gutes werden!

Wenn Ihre Gruppe klein ist, können Sie alle an einem Tisch sitzen. Ist die Gruppe dafür zu groß, stellen Sie am besten die benötigte Anzahl Stühle im Kreis auf. Das ist angenehmer, als wenn die Stühle in Reihen angeordnet sind und jeder den Organisator anschaut, was allzu sehr an Schulunterricht erinnert. Wollen Sie vor oder nach dem Treffen noch zusammensitzen, so sollte das in einem anderen Raum geschehen. So bleibt ein Zimmer allein dem spirituellen Kontakt vorbehalten. Wenn Ihnen kein weiterer Raum zur Verfügung steht, dann sorgen Sie dafür, dass der gesellige Austausch nach dem Treffen stattfindet und nicht davor.

Ernennen Sie einen Protokollführer. Am besten wechseln sich die Mitglieder mit dem Verfassen des Protokolls ab. Gleich nach dem Ende der Sitzung sollte er oder sie aufschreiben, was passiert ist. So werden die Ereignisse dauerhaft festgehalten, und oft lassen sich die Botschaften der Geister dadurch leichter deuten.

Hin und wieder notiere ich auch für mich selbst den Ablauf des Abends, wenn ich wieder zu Hause bin. Das tue ich nur zu meinem eigenen Nutzen. Ich schreibe alles auf, woran ich mich erinnern kann, aber natürlich liegt der Schwerpunkt in meinem Bericht auf den Dingen, die mich betreffen. Ich habe festgestellt, dass sich so häufig etwas klärt, das mich zunächst vielleicht verwirrt hat. Wenn Sie Ihre Erlebnisse zu Papier bringen, gewinnen Sie mit der Zeit einen wertvollen Überblick über Ihren spirituellen Fortschritt.

Vorschläge für den Ablauf der Gruppentreffen

1. Treffen Sie sich in einem anderen Raum, und betreten Sie dann gemeinsam den Gruppenraum. Wer zu spät kommt, zerstört die mediale Energie, die sich bereits aufgebaut hat. Daher könnten Sie es zur Regel machen, dass alle, die zu spät kommen, den Raum erst dann betreten dürfen, wenn sich eine natürliche Pause im Ablauf einstellt.

2. Alle setzen sich. Achten Sie darauf, dass nicht jeder immer wieder am selben Platz oder stets neben seinen Freunden sitzt. Wechseln Sie die Plätze, und sorgen Sie dafür, dass mit der Zeit jeder jeden kennen lernt.
3. Wenn alle Platz genommen haben, beginnen Sie mit einem Ritual. Dazu können sich zum Beispiel alle an den Händen halten, während Sie ein Gebet oder eine Anrufung sprechen. Am besten lassen Sie jede Woche jemand anderen dieses Gebet sprechen. So werden alle daran beteiligt. Danach können Sie ein, zwei Kirchenlieder oder spirituelle Lieder singen. Oder Sie halten eine kleine Zeremonie ab, bei der Musik läuft und vier Kerzen angezündet werden, eine in jeder Himmelsrichtung.
4. Jetzt ist eine kurze Meditation sinnvoll, damit sich alle entspannen können. Schließen Sie zum Beispiel alle die Augen, und machen Sie eine progressive Entspannungsübung, damit jeder innerlich so ruhig wie möglich wird.
5. Schalten Sie das Licht aus, und lassen Sie alle Mitglieder ein paar Minuten lang in der Stille für sich meditieren. Laden Sie sie ein, hinterher darüber zu sprechen, was sie in dieser Zeit gesehen, gespürt oder gefühlt haben. Vielleicht sehen manche ein Licht oder spüren eine Temperaturveränderung im Raum. Andere merken vielleicht, dass jemand da ist, oder erhalten eine Botschaft, die sie gerne mitteilen möchten. Dieser Teil des Abends kann für alle Anwesenden äußerst wertvoll sein.
6. Je nachdem, wie lange die Gruppe sich schon trifft, werden ein oder mehrere Mitglieder eine Nach-

richt von ihrem Geistführer erhalten. Lassen Sie ihnen Zeit, darüber zu sprechen. Im Laufe der Wochen werden immer mehr Mitglieder Kontakt zu ihrem Geistführer herstellen können, daher wird dieser Teil des Abends zusehends mehr Zeit beanspruchen. Manche Geister erscheinen nur bei einem oder zwei Treffen und kommen dann nie wieder.

Nicht jeder wird über sein Erlebnis sprechen wollen. Respektieren Sie das. Es gibt aber auch Leute, die der Gruppe jede Woche ihre ganze Lebensgeschichte erzählen wollen. Sprechen Sie nach dem Treffen in Ruhe mit ihnen. Machen Sie ihnen deutlich, dass Sie sie nicht vom Erzählen abhalten wollen, dass dieser Teil des Abends aber jedem die Gelegenheit bieten sollte, etwas mitzuteilen.

7. Als Leiter oder Leiterin der Gruppe müssen Sie ein ausgewogenes Verhältnis herstellen zwischen Ihrem Bedürfnis nach Kontakt zu Ihrem eigenen Geistführer und Ihrer Aufgabe, für einen reibungslosen und geregelten Ablauf des Abends zu sorgen. Wenn Sie spüren, dass die Energie abflaut, können Sie zum Beispiel etwas Musik spielen oder gemeinsam ein Lied singen. Bei einer Gruppe, an der ich teilnahm, bat uns der Leiter etwa nach der Hälfte der Zeit, aufzustehen und Dehnübungen zu machen. Das hat den Ablauf keineswegs unterbrochen, vielmehr konnten wir uns danach alle besser entspannen, und es entstand eine ideale Atmosphäre für die Kommunikation mit der geistigen Welt.
8. Spielen Sie zum Abschluss Meditationsmusik, sprechen Sie ein Dankgebet, oder singen Sie ein

fröhliches Lied. Beenden Sie den Abend mit einem Abendessen, am besten in einem anderen Raum. Natürlich möchten die Mitglieder jetzt gerne darüber sprechen, was an diesem Abend passiert ist, aber ermutigen Sie sie dazu, sich auch über andere Aspekte ihres Lebens zu unterhalten. Es ist wichtig, dass Sie einander als ganze Menschen kennenlernen und nicht nur als Gesichter, die sich einmal in der Woche über einen Tisch hinweg anschauen.

Sie werden feststellen, dass der Raum, in dem Sie diese Treffen abhalten, mit der Zeit eine eigene Atmosphäre entwickelt. Regelmäßige Teilnehmer werden es jedes Mal spüren, sobald sie eintreten. Sie können sich dann sofort entspannen. Diese besondere Atmosphäre schafft die richtige Stimmung und versetzt alle Teilnehmenden in eine erwartungsfrohe Haltung.

Manchmal haben Sie sicher bestimmte Fragen an Ihre Geistführer. Achten Sie dann darauf, dass Sie diese Fragen in der Gruppe stellen. Hin und wieder mag es auch Fragen geben, die Sie lieber für sich allein stellen. Andere Male haben Sie vielleicht überhaupt keine Fragen und warten einfach zufrieden ab, was passiert.

Vielleicht aber möchten Sie gar keine eigene Gruppe gründen, sondern lieber einem bereits bestehenden Kreis beitreten. Das ist eine hervorragende Möglichkeit, mehrere ähnlich denkende Menschen zugleich zu treffen. Wenn Sie das Gefühl haben, dass Sie gut zu der Gruppe passen, dann werden Sie Mitglied. Wenn die Gruppe für Sie nicht die richtige ist, dann besuchen Sie so lange andere Gruppen, bis Sie eine gefunden haben, die Ihnen gefällt. Jeder Kreis hat seine eigenen Methoden, und vielleicht müssen Sie ein paar Kompromisse schließen.

Spirituelle Entwicklung ohne Gruppe

Sie können sich selbstverständlich auch allein weiterentwickeln. Die Energie in der Gruppe ist stark und aufgeladen und sorgt oft für schnelleren Fortschritt, aber wenn es Ihnen Ihre persönliche Situation nicht erlaubt, einer Gruppe beizutreten, oder Sie das einfach nicht möchten, dann ist es vollkommen in Ordnung, wenn Sie allein für sich üben. Der bekannte Mystiker Tudor Pole sagte häufig: »Jedermann ist sein eigenes Medium.«[114]

Wenn Sie selbstständig arbeiten wollen, brauchen Sie viel Disziplin. Halten Sie sich jede Woche eine bestimmte Zeit für die Kontaktaufnahme zu Ihren Geistführern frei. Wenn Sie wollen, machen Sie daraus eine Zeremonie oder ein Ritual. Mit Kerzen oder Räucherwerk stellen Sie leicht die richtige Atmosphäre her. Statt laut ein Kirchenlied zu singen, können Sie still für sich eine Passage aus einem Buch lesen. Es spielt keine Rolle, wo Sie Ihre wöchentliche Sitzung abhalten, aber sorgen Sie dafür, dass Sie an dem Ort nicht gestört werden.

Ob Sie nun lieber allein oder in der Gruppe arbeiten, die gezielte Konzentration wird Ihnen auf jeden Fall helfen, mit Ihren Geistführern Kontakt aufzunehmen.

Séancen

Streng genommen sind die Treffen Ihres spirituellen Zirkels Séancen, weil sie in der Absicht abgehalten werden, Kontakt zu den Geistführern aufzunehmen. Ganz anders sieht jedoch die allgemeine Vorstellung von einer Séance aus. Die meisten Menschen denken, man säße dabei in einem abgedunkelten Raum zusammen und hielte sich an den Händen, wobei alle möglichen seltsamen Dinge geschehen.

Erwartet werden kuriose Geräusche oder vielleicht ein Geist oder eine schwebende Trompete. Insbesondere hofft man, mit einem Toten sprechen zu können, vorzugsweise einem verstorbenen Verwandten oder einem Star wie Marylin Monroe oder Elvis Presley. Und natürlich gehören seltsame Instrumente wie ein Ouija-Brett oder eine Geistertrompete dazu. Diese Vorstellungen haben ihren Ursprung im bereits besprochenen Spiritismus, der heute kein gutes Ansehen mehr genießt. In den 1850er Jahren, als der Spiritismus den Gipfel seiner Popularität erreicht hatte, wurden in den Vereinigten Staaten Woche für Woche Tausende von Séancen abgehalten. Viele waren reiner Betrug, aber sie boten auch großartige Unterhaltung in Zeiten, in denen es weder Radio noch Fernsehen gab. Die Medien bedienten sich unterschiedlichster Tricks, damit die Menschen immer wieder kamen.

Der erste Geist, der sich bei einer Séance zeigte, war der Geistführer des Mediums. Er wurde normalerweise als »Kontrollgeist« bezeichnet. Damals wie heute ist der erste persönliche Geistführer, dem ein Teilnehmer begegnet, sein »Geistführer der Freude«. Üblicherweise ist es ein kleines Kind, warmherzig, fürsorglich und »allwissend«. Das geht auf Matthäus 18,3 zurück, wo Jesus seinen Jüngern sagt: »Wahrlich, ich sage euch: Wenn ihr nicht umkehret und werdet wie die Kinder, so werdet ihr nicht ins Himmelreich kommen.«

Der Kontrollgeist des Mediums ist oft sein Geistführer der Freude.

Zu den anderen berühmten Geistführern der Séancen des 19. Jahrhunderts gehörten »der Indianer«, der sich um die Umwelt kümmerte und verlorene Gegenstände auffand, »der Arzt«, der Rat in gesundheitlichen und medizinischen Fragen erteilte, »der Chemiker«, der in Ernährungsdingen beriet, der »Doktor der Philosophie«, der in persönlichen Angelegenheiten Rat und Unterstützung gab, »die Nonne« oder »die Heilige«, die für die Teilnehmenden ein Martyrium auf sich genommen hatte, und »der Meisterlehrer«, ein sehr alter, weiser Geist. Es galt als ausgesprochen günstiges Zeichen, wenn der Meisterlehrer eine Séance besuchte.[115]

Bei den meisten Séancen, die in der Blütezeit des Spiritismus abgehalten wurden, kamen die Stimmen aus einer Geistertrompete, die in der Luft schwebte und durch den Raum glitt. Wenn jeder Teilnehmer seine Botschaft erhalten hatte, fiel die Trompete zu Boden. Das war zugleich das Signal für das Ende der Séance.

Außerdem produzierten diese Geistertrompeten so genannte Apports. Das sind Geschenke der Geister, die unterschiedliche Form annehmen können. Manchmal sind es kleine Schmuckstücke oder Muscheln, Blüten, Münzen und Fossilien. Es können sogar Gegenstände sein, die die Teilnehmenden verlegt haben. Im Dunkeln klingt das Geräusch, mit dem sich die Apports in der Trompete ankündigen, seltsam und aufregend, denn man weiß ja nie, wem das Apport zugedacht ist. Es hört sich ungefähr so an wie eine Münze, die durch ein spiralförmiges Rohr kullert. Viele kommerzielle Wunschbrunnen, wie man sie vor allem in amerikanischen Einkaufszentren findet, funktionieren nach diesem Prinzip.

Manchmal erscheinen Apports auch einfach. Bei einer Séance, an der ich teilnahm, war der Tisch über und über mit Herbstblättern bedeckt, als wir das Licht wieder anschalteten. Das Seltsame daran war, dass die Séance im Frühling stattfand!

Bei einigen Séancen im 19. Jahrhundert ließ die Trompete jeder Teilnehmerin und jedem Teilnehmer eine Münze in die geöffnete Hand fallen. Als das Licht wieder angeschaltet wurde, entdeckten alle, dass ihre Münze jeweils im Jahr ihrer Geburt geprägt worden war!

In jenen glücklichen Tagen des Spiritismus gehörte es bei vielen Séancen dazu, dass sich ein Geist aus einem Geisterkabinett materialisierte. Dieses Kabinett war oft in einer Ecke des Raums durch ein schwarzes Tuch abgeteilt, das zugleich als Vorhang und Leinwand diente. Das Medium betrat das Kabinett, und ein Assistent erklärte, das Medium begebe sich nun in Trance, damit sich das Ektoplasma im Raum aufbauen könne. Man sprach ein Gebet und sang ein Kirchenlied, dann wurden die Teilnehmenden gebeten, die Füße auf den Boden zu stellen und die Hände mit den Handflächen nach oben in den Schoß zu legen. Wenn alles gut ging, erschien dann eine Materialisation, entweder aus dem Kabinett oder aus der Mitte des Raumes heraus.

Leider griffen hierzu viele Medien auf Tricks zurück und brachten damit den Spiritismus in Verruf. Man schätzt, dass um die Wende zum 20. Jahrhundert die Hälfte der amerikanischen Bevölkerung Spiritisten waren.[116] Was glauben Sie, wie viel Prozent wohl heute Spiritisten sind? Das zeigt, wie dramatisch die Beliebtheit des Spiritismus gesunken ist.

Leider führte das Verhalten der falschen Medien dazu, dass Skeptiker behaupten konnten, alle Medien seien Betrüger, was nicht zutrifft. Heute läuft eine Séance normalerweise eher wie das Treffen eines spirituellen Zirkels ab.

Drop-in-Kommunikatoren

Hin und wieder erhält man bei einer Séance auch eine Geisterbotschaft, die keinem der Anwesenden gilt. Die Geister, die diese Botschaften übermitteln, werden als Drop-in-Kommunikatoren bezeichnet. Offensichtlich wollen diese Geister Kontakt mit ihren Lieben aufnehmen, doch es gelingt ihnen nicht. Ich finde sie besonders faszinierend, denn sie schließen Betrug oder Selbsttäuschung völlig aus.

Vor etwa 20 Jahren nahm ich an einer Séance teil, bei der die Stimme des weiblichen Mediums plötzlich um eine Oktave tiefer wurde. In einem männlichem Tonfall sagte sie: »Bitte helft mir. Gestorben am 8. August in Chicago. Automechaniker. Leichtes Stottern.«

Dann empfing das Medium Botschaften für andere Leute im Raum. Als wir das Übermittelte danach besprachen, stellten wir fest, dass niemand mit der Botschaft des Mechanikers etwas anfangen konnte. Doch bei der nächsten Séance eine Woche später meldete er sich wieder. Diesmal sagte er uns, er heiße John Campbell und möchte gerne, dass seine Familie erfahre, dass es ihm gut gehe.

Einer der Anwesenden erklärte sich bereit, die Meldungen über Sterbefälle durchzusehen und zu kontrollieren, ob in den letzten paar Jahren jemand mit diesem Namen am 8. August gestorben war. Diese Aufgabe erwies sich als schwieriger, als wir gedacht hatten, denn Chicago erstreckt sich über ein riesiges Gebiet, und die wichtigsten Zeitungen vermelden nicht alle Sterbefälle in den weiter entfernten Vororten.

Im Laufe der nächsten Wochen erhielten wir weitere Informationen von John Campbell. Offensichtlich hatte er nie geheiratet, war zum Zeitpunkt seines Todes jedoch verlobt gewesen. Er interessierte sich für Autorennen und wollte unbedingt professioneller Rennfahrer werden. Da er zum Zeitpunkt seines Todes als Automechaniker gearbeitet hatte, war es ihm wohl nicht gelungen, dieses Ziel zu verwirklichen. Er starb bei einem Verkehrsunfall, weil er eine Kurve falsch eingeschätzt hatte. Diese traurige Geschichte ließ uns alle in der Gruppe nicht mehr los, und wir bemühten uns sehr, seine Familie ausfindig zu machen, in der Hoffnung, die Botschaft überbringen und mehr über ihn und sein Leben erfahren zu können.

Wir fanden mehrere John Campbells, die um den 8. August herum gestorben waren, aber keiner war Automechaniker gewesen. Wir fanden außerdem einen John Campbell, der an diesem Tag geboren worden und Automechaniker gewesen war. Der war allerdings verheiratet gewesen und hatte eine Familie gehabt.

John Campbell meldete sich noch mehrere Male und stellte dann seine Besuche ein. Das Medium versuchte, Verbindung mit ihm aufzunehmen, doch ohne Erfolg. Leider gelang es uns nie, die Geschichte zu verifizieren.

In seinem Lebenswerk beschäftigte sich Dr. Alan Gauld, Dozent für Psychologie an der Universität Nottingham, mit Drop-in-Kommunikatoren. Sein Interesse an dem Thema erwachte Ende der 1950er Jahre, als er noch Student an der Universität Cambridge war. Er trat einem Zirkel bei, der im Laufe des Zweiten Weltkriegs gegründet worden war und bis 1964 bestand. Glücklicherweise führte das Ehepaar, das ihn gegründet hatte, akribisch Protokoll.

Diese Protokolle übergaben sie an Alan Gauld, der sie wissenschaftlich erforschte. Etwa 240 Geister hatten sich über das Ouija-Brett gemeldet, und wie nicht anders zu erwarten, waren die meisten Angehörige der Teilnehmenden. Es hatte allerdings auch 38 Drop-in-Kommunikatoren gegeben. 13 machten so wenige Angaben über sich, dass sie nicht zu identifizieren waren. Weitere 15 konnten ebenfalls nicht identifiziert werden, weil ihre Angaben nicht mit den vorhandenen Unterlagen übereinstimmten. So ein Beispiel ist auch John Campbell, der sich in den Séancen gemeldet hat, an denen ich teilnahm. Doch Dr. Gauld konnte zehn Kommunikatoren identifizieren und als echt bestätigen.

In jedem Fall konnte er sicherstellen, dass der Geist keinerlei Verbindung zu einem der Teilnehmer hatte. Er recherchierte Geburts-, Sterbe- und Heiratsurkunden sowie andere schriftliche Unterlagen. Er verglich Details, die in den Séancen erwähnt wurden, mit den Angaben noch lebender Verwandter und Freunde. Zuletzt musste er ausschließen, dass die Teilnehmenden die Angaben zufällig auf andere Weise erhalten hatten, zum Beispiel, weil sie in einer Zeitung oder Zeitschrift darüber gelesen hatten.[117]

Wenn Sie selbst Séancen abhalten, dann achten Sie gut auf Drop-in-Kommunikatoren, denn sie können überzeugende Beweise für das Leben auf der anderen Seite liefern.

Die Séance im Dunkeln

Vielleicht möchten Sie einmal mit einer traditionellen Séance im Dunkeln experimentieren. Sorgen Sie dafür, dass Sie nur aufrichtige und ehrliche Menschen dazu einladen. Es ist wesentlich besser, eine Séance mit vier Teilnehmern abzuhalten, denen Sie unbesehen trauen können, als eine beeindruckende Séance mit zwölf oder mehr Leuten zu veranstalten und sich dann fragen zu müssen, ob jemand im Dunkeln geschummelt hat.

Doch selbst bei Menschen, denen Sie vertrauen, ist es besser, ein wenig Licht im Raum zu belassen. Eine rote 15-Watt-Birne gibt gerade so viel Licht, dass jeder sehen kann, was vor sich geht. Außerdem scheint sie die Konzentration zu fördern.

Bei den meisten großen Séancen sitzen die Teilnehmenden im Kreis oder in Hufeisenform. Auf einer Seite steht ein

Tisch, auf dem wichtige Dinge platziert werden können. Sind nur eine Hand voll Menschen anwesend, sitzt man besser um den Tisch herum. Alle sollten sich an den Händen fassen, und am besten ist es, wenn sich auch die Füße berühren.

Es ist wichtig, dass Sie die Séance mit einem bestimmten Ziel beginnen. Die meisten Menschen, die an Séancen im Dunkeln teilnehmen, wünschen sich eine Manifestation. Das kann zwar vorkommen, geschieht aber seltener als gemeinhin angenommen. Dass es gleich bei den ersten Versuchen gelingt, ist sehr unwahrscheinlich. Sie brauchen Geduld.

Sie können beginnen, indem Sie einen Kompass in die Mitte des Tisches legen und die Gruppe bitten, durch Konzentration die Nadel in eine bestimmte Richtung zu bewegen. Wenn sie sich dorthin bewegt hat, bitten Sie eine Person, den Raum zu verlassen, und schauen Sie, ob die Nadel sich auch ohne die Konzentration dieser Person bewegt. Tut sie das, bitten Sie eine weitere Person, vom Tisch zu gehen. Wiederholen Sie das so lange, bis die Nadel sich nicht mehr bewegt.

Führen Sie dieses Experiment noch einmal durch, aber bitten Sie dieses Mal andere Teilnehmer, den Tisch zu verlassen. Wenn Sie das ein paar Mal gemacht haben, haben Sie klare Anhaltspunkte dafür, welche Menschen im Raum die stärksten medialen Fähigkeiten haben.

Auch Geisterfotografie kann sich als nützlich erweisen, und mit einer Polaroidkamera[118] können Sie das Ergebnis sogar sofort sehen. Am besten klappt es, wenn ein Teilnehmer den Kreis verlässt und als Fotograf fungiert. Die anderen Teilnehmer konzentrieren sich auf den Kontakt zu ihrem Geistführer. Der Fotograf oder die Fotografin sollte etwa alle fünf Minuten eine Aufnahme machen, am besten aus unterschiedlichen Perspektiven.

Vielleicht haben Sie ja Glück und erhaschen ein Foto von einem Geist. Wahrscheinlicher ist aber, dass auf diesen Fotos Lichtblitze oder Dunstwolken zu sehen sind.

Die Geisterfotografie gibt es seit 1861, als William Mumler aus Boston beim Versuch eines Selbstportraits zufällig den Geist seines verstorbenen Cousins fotografierte. Als er das Experiment wiederholte, entdeckte er, dass sich auf dem Bild weitere Geister zu seinem Cousin gesellt hatten. Die Nachricht verbreitete sich rasch, und schon bald gab Mumler seinen Beruf auf und wurde professioneller Geisterfotograf.

Schreiben Sie ein Protokoll nach jeder Séance, auch wenn sich in Ihren Augen nichts ereignet hat. Sehr wahrscheinlich zeichnet sich allmählich ein Bild kontinuierlichen Fortschritts ab, auch wenn Sie das Gefühl haben, es ginge nicht voran. Wenn Sie anhand der Protokolle merken, dass sich sehr wohl etwas getan hat, wird Sie das ermutigen.

Außerdem lohnt es sich, die Ereignisse für die Nachwelt festzuhalten. Hätte das erwähnte Ehepaar nicht 20 Jahre lang bei jeder Séance Protokoll geführt, so hätte Dr. Gauld nie die Aussagen der Drop-in-Kommunikatoren verifizieren können.

Der Besuch bei einem Medium

Sie können auch Verbindung zu Ihrem Geistführer aufnehmen, indem Sie ein Medium aufsuchen. Ein solcher Besuch ist in jedem Fall ein interessantes Erlebnis. Die meisten Menschen, die ein Medium aufsuchen, wollen mit einem verstorbenen Verwandten Kontakt aufnehmen.

Das Schwierigste an der ganzen Sache ist, ein gutes Medium zu finden. Fragen Sie Gleichgesinnte, ob sie jemanden empfehlen können. Wenn Sie auf diese Weise keine Tipps bekommen, erkundigen Sie sich in einem Esoterikgeschäft oder in einer esoterischen Buchhandlung, die Seminare oder Veranstaltungen zum Thema Engel, Medialität, geistiges Heilen usw. anbieten. Oft verfügen Inhaber oder Angestellte über entsprechende Kontakte.

Machen Sie so wenige Angaben wie möglich, wenn Sie einen Termin vereinbaren. Sie können sogar ein Pseudonym verwenden, um bis zur persönlichen Begegnung Ihre Anonymität zu wahren. Damit schützen Sie sowohl sich selbst als auch das Medium. Denn wenn sich in der Sitzung etwas Persönliches und Beweiskräftiges zeigt, dann möchte auch das Medium nicht, dass man ihm vorwirft, es habe im Vorfeld die Todesanzeigen gelesen oder anderweitig Erkundigungen eingezogen. Auch Sie sind geschützt, denn so wissen Sie, dass alles Relevante, was in der Sitzung auftaucht, wirklich echt ist.

In der Sitzung selbst müssen Sie natürlich mit dem Medium kooperieren, aber beantworten Sie alle Fragen so knapp wie möglich. Sie möchten ja das Medium nicht unabsichtlich beeinflussen. Manche Menschen plaudern arglos mit dem Medium und geben dabei unbemerkt sehr viele Informationen preis. Das braucht das Medium nicht und möchte es auch gar nicht. Seien Sie also freundlich, aber fassen Sie sich kurz.

Wenn möglich, zeichnen Sie die Sitzung auf, damit Sie später darauf zurückgreifen können und eine Bestätigung für alles, was gesagt wurde, haben. Manche Medien gestatten allerdings keine Tonaufnahmen während der Sitzung.

Erwarten Sie keine Wunder, wenn Sie versuchen, zu verstorbenen Verwandten Kontakt aufzunehmen. Oft wird beklagt, Medien böten nur triviale Informationen. Das trifft häufig zu, aber oft versteckt sich auch eine wertvolle Botschaft darin. Bereiten Sie am besten eine Liste mit Fragen vor, die Sie stellen wollen. Für Ihren spirituellen Fortschritt ist eine Sitzung mit einem Medium nicht notwendig, aber sie ist sicher eine interessante und hoffentlich auch beweiskräftige Erfahrung für Sie.

18 Als Medium arbeiten

Ein Medium dient als Sprachrohr für die Geister Verstorbener. Ein Medium kann mit Ihren Geistführern kommunizieren und Ihnen Nachrichten von der anderen Seite zukommen lassen.

Manche Menschen verfügen über angeborene mediale Fähigkeiten, andere tun sich hingegen schwerer. Für sich allein mit dem eigenen Geistführer zu kommunizieren ist eine Sache; etwas ganz anderes aber ist es, öffentlich mit den Geistführern anderer zu sprechen. Viele Medien kommunizieren in einem Trancezustand, und manchen ist es zunächst peinlich, dies zuzulassen, wenn andere dabei sind.

Doris Stokes war eine Frau, die ganz natürlich zum Medium wurde. Schon ihr ganzes Leben lang hörte sie Stimmen, und sie stellte fest, dass sie, wenn sie weitergab, was diese Stimmen ihr sagten, vielen Menschen helfen konnte. Sie übermittelte die Nachrichten zunächst im Freundeskreis in ihrer Küche, doch nach und nach kamen immer mehr Menschen zu den Treffen. Als dann Woche für Woche so viele in ihr Haus drängten, dass selbst Flur und Treppenhaus überfüllt waren, verlegte sie die Zusammenkünfte in Säle und Kirchen.[119] Schließlich wurde sie weltweit bekannt durch ihre Gabe, mit den Geistern zu kommunizieren.

Doris Stokes fing mit Freunden an, die sie unterstützten. So ist es mit Abstand am besten. Umgeben von Menschen, die an einen glauben und denen etwas an einem liegt, fühlt man sich einfach viel wohler und ist entspannter als in einem Raum mit lauter Fremden.

Wie Sie beginnen

Es ist von großem Vorteil, wenn Sie innerhalb Ihres spirituellen Kreises damit beginnen, an Ihren medialen Fähigkeiten zu arbeiten. Das gilt insbesondere dann, wenn Ihre Familie diesen Fähigkeiten kritisch gegenübersteht. Es ist sehr hilfreich, wenn Sie im Kreis von Menschen beginnen können, die an das glauben, was Sie tun. Der Negativität der Skeptiker werden Sie früh genug ausgesetzt sein, daher ist es gut, wenn Sie davor ein wenig Selbstvertrauen aufbauen können.

Meine Freundin Pat Page begann ihre Karriere als professionelles Medium in einem Wohltätigkeitsverein. Sie war als Gastrednerin eingeladen worden, wurde dann aber als Medium vorgestellt. Daher hatte sie das Gefühl, dass sie tatsächlich auch ein wenig Kommunikation mit Geistern in ihre Rede aufnehmen sollte. Es wurde eine komplette Katastrophe. Das Publikum, vor dem sie sprach, bestand aus hartgesottenen Geschäftsleuten, die keinerlei Interesse an der geistigen Welt hatten.

»Ich konnte die Skepsis gleich von Anfang an spüren«, erinnert sie sich. »Ich war sowieso schon nervös genug, aber das machte es noch schlimmer.«

Tatsächlich hätte dieser Abend beinahe das Ende ihrer Karriere bedeutet, noch bevor sie richtig begonnen hatte. Es dauerte zwei Jahre, bis Pat wieder genug Mut gefasst hatte, es noch einmal zu versuchen. Dieses Mal sprach sie vor einer Gruppe von Freunden und Menschen, die ihr wohlgesonnen waren, und es gab keinerlei Probleme.

»Heute kann ich mit der Skepsis umgehen«, sagt Pat. »Ja, beinahe macht sie mir sogar Spaß, denn sie hält mich wach. Aber die Situation zu Beginn überstieg meine Kräfte. Es war wie eine riesige schwarze Wolke, die sich auf mich herabsenkte und mich erstickte. Ich kann Negativität sowieso nicht ausstehen und umgebe mich lieber mit positiven Menschen. Am liebsten habe ich aufgeschlossene Menschen im Publikum. Es ist mir egal, ob sie daran glauben oder nicht, solange sie nur bereit sind, sich alles offen und unvoreingenommen anzuhören.«

Ein anderer Freund hat seiner Frau nicht gesagt, dass er ein Medium ist. Als Handelsvertreter ist er häufig und lange unterwegs. Dabei arbeitet er in den Städten, die er bereist, regelmäßig als Medium. In seiner Heimatstadt jedoch versucht er, sich der Idealvorstellung seiner Frau von einem Ehemann anzupassen, und kein Mensch weiß, dass er ein begnadetes Medium ist. Das geht nun schon mehrere Jahre so, und die Situation belastet ihn zunehmend.

»Ich würde meiner Frau so gern davon erzählen«, sagte er mir. »Was ich da mache, ist eine Form von Betrug. Ich bekomme Schuldgefühle deswegen. Fast ist es, als hätte ich eine Geliebte. Aber immer wenn ich drauf und dran bin, es ihr zu sagen, hält mich etwas davon ab. Ich weiß einfach nicht, was ich tun soll.«

Das Seltsame ist, dass er vor allen anderen in der Lage sein sollte, seine Geistführer in dieser Sache um Rat zu bitten. Aber das will er nicht, denn er macht sich Sorgen, was sie wohl über seine Ehe sagen könnten. Denn wenn ein Partner Geheimnisse vor dem anderen hat, dann gibt es in der Beziehung wohl tiefer gehende Probleme, und denen will er sich nicht stellen. Doch solange er das nicht tut, kommt er weder in seiner persönlichen noch in seiner spirituellen Entwicklung weiter. Wenn er diese Probleme erst einmal gelöst hat, wird er bestimmt ein noch viel besseres Medium, als er ohnehin schon ist.

Ja sagen

Wenn Sie in Ihren medialen Fähigkeiten gefestigt sind und gern als Medium arbeiten möchten, werden Sie feststellen, dass Leute zu Ihnen kommen. Es ist erstaunlich, wie schnell sich eine solche Nachricht herumspricht. Schon bald werden Sie sich von einer Gruppe wohlgesonnener Menschen umgeben sehen, die mit Ihnen auf einer Wellenlänge sind.

Einige Freunde dagegen werden Sie vielleicht verlieren. Das ist natürlich traurig, aber wenn diese Menschen sich nicht ebenso schnell entwickeln möchten wie Sie, dann ist es besser, sie gehen zu lassen. Wenn Sie versuchen, sie festzuhalten und das Unvermeidliche hinauszuzögern, tut es nur umso mehr weh. Seien Sie höflich und liebenswürdig zu den Freunden, die Zweifel an Ihren medialen Fähigkeiten hegen. Wären Sie an ihrer Stelle, würden Sie sich wahrscheinlich ganz genauso verhalten.

Ignorieren Sie die Forderungen skeptischer Menschen, die verlangen, dass Sie Ihre Fähigkeiten »unter Beweis stellen«. Sie werden sie nicht überzeugen können, egal, was Sie tun. Es kommt einzig und allein darauf an, dass Sie wissen, was Sie können. Was andere denken, spielt überhaupt keine Rolle.

Sie werden auch Menschen anziehen, die Ihre Hilfe brauchen. Ein Medium aus meinem Bekanntenkreis hat das Gefühl, ein Magnet zu sein, der unbewusst Menschen in Not anzieht. »Einmal saß ich am Strand und genoss die Sonne. Neben mir war eine Familie mit sieben oder acht Personen. Sie hatten viel Spaß miteinander, lachten und spielten. Ich hatte die Augen geschlossen und war fast schon eingeschlafen, als ich einen Schatten über mir spürte. Ich öffnete die Augen, und einer von der Familie lächelte mich an. Er war etwa 18 oder 19, nehme ich an. Die anderen spielten immer noch vergnügt in der Sonne, aber dieser junge Mann hatte ganz traurige Augen. Wir unterhielten uns ein paar Minuten, und dann übermittelte ich ihm eine Botschaft. Er hörte aufmerksam zu, wischte sich ein paar Tränen aus den Augen, dankte mir und ging wieder zu seiner Familie. Warum kam er an jenem Tag von allen Leuten am Strand ausgerechnet zu mir? So etwas passiert mir ständig. Deshalb sagt mein Mann, ich sei ein Magnet!«

Ich habe festgestellt, dass viele Medien eine besondere, heitere Gelassenheit ausstrahlen. Vielleicht zieht genau das die Menschen an.

Womöglich möchten Sie Ihre mediale Begabung lieber für die Menschen nutzen, die Ihnen nahestehen, als für die Öffentlichkeit. So oder so können Sie anderen helfen. Und Sie werden dabei auch erleben, wie befriedigend und erfüllend das für Sie ist.

19 Teamarbeit

Manche Menschen entwickeln sich spirituell am liebsten allein weiter. Andere brauchen mehr Kontakt zu Menschen und schließen sich Gruppen an. Wieder andere arbeiten am liebsten zu zweit.

Es hat viele Vorteile, sich gemeinsam mit einem anderen weiterzuentwickeln. Dass dabei Egoprobleme auftreten, ist unwahrscheinlich, denn vermutlich sind Sie schon viele Jahre mit der Person, mit der Sie spirituell arbeiten möchten, befreundet. Am besten treffen Sie sich bei einem von Ihnen zu Hause, denn dort können Sie sich leicht entspannen. Außerdem teilen Sie vermutlich auch andere Interessen, nicht nur den Wunsch, Kontakt zu Ihren Geistführern aufzunehmen. Daher werden Sie bei Ihren Treffen wohl unweigerlich über ein breites Themenspektrum sprechen, was die gemeinsame Zeit für Sie beide zum Gewinn macht.

Wenn Sie zu zweit arbeiten, können Sie einander unterstützen und Mut zusprechen. Das ist wichtig, weil hin und wieder der eine schneller vorankommt als der andere. Dann muss derjenige, der schon weiter ist, den anderen motivieren und dafür sorgen, dass sein Interesse erhalten bleibt. Schließlich, und das ist vielleicht am wichtigsten, ist es sehr gut möglich, dass Ihr Geistführer durch Ihren Freund oder Ihre Freundin zu Ihnen spricht.

Vielleicht entdeckt Ihre Freundin, dass sie ein Medium ist, und Ihr Geistführer spricht durch sie zu Ihnen. Das kann zunächst sehr beängstigend sein, aber wenn Sie dabei sind und Ihre Freundin unterstützen und hilfreich begleiten, wird es wesentlich leichter.

Sie sollten gezielt abwechselnd entspannen und meditieren, um festzustellen, ob sich jemand meldet. Die Botschaften sollten Sie unbedingt festhalten, entweder schriftlich oder als Tondokument. So wird daraus eine Art Protokoll, auf das Sie später immer wieder zurückgreifen können.

Ich kenne viele Menschen, die ihre medialen Fähigkeiten erfolgreich zu zweit weiterentwickelt haben. Spontan fallen mir Linda und Joy ein. Sie sind seit über 40 Jahren befreundet und haben fast die ganze Zeit auch gemeinsam an ihrer spirituellen Entwicklung gearbeitet. Sie fingen als Teenager spielerisch mit dem Ouija-Brett an, wuchsen aber schnell darüber hinaus.

»Plötzlich sprach Joy mit einer sehr seltsamen Stimme«, erinnerte sich Linda. »Zuerst hab ich gedacht, sie macht einen Witz, aber dann begriff ich, dass sie eine wichtige Nachricht für mich hatte. Damit fing alles an.«

»Wir waren bloß spielende Kinder«, erzählte Joy. »Aber selbst damals wollten wir wohl beide schon ernsthaft mehr wissen, glaube ich.«

Die beiden sind heute Ende fünfzig und strahlen eine heitere Gelassenheit aus, die jedem sofort auffällt. Im Hinterzimmer der esoterischen Buchhandlung, die sie betrieben haben, gaben sie Kurse zur Entwicklung medialer Fähigkeiten. Zeitweise leiteten sie sogar eine eigene spiritistische Kirche. Heute geben sie noch gelegentlich Workshops und Seminare, aber hauptsächlich stehen sie allen, die das wollen, mit Rat und Tat zur Seite.

»Es ist reine Zeitverschwendung, jemandem einen Rat zu erteilen, wenn er nicht darum gebeten hat«, sagte mir Joy. »Er wird dann nie geschätzt und selten befolgt.« Doch wer die beiden um Rat fragt, bekommt ihn gerne. Woher der Rat stammt, ob von Linda, Joy oder ihren Geistführern, lässt sich schwer sagen.

»Manchmal überraschen uns die Antworten«, sagte Linda. »Ich fange zum Beispiel an, etwas zu sagen, und Joy beendet den Satz. Und hinterher wissen wir dann nicht, ob wir das gesagt haben oder ob es von unseren Geistführern kam. Wir wissen nur, dass der Rat meistens gut ist.«

Linda und Joy sind ein gutes Beispiel dafür, wie nahe zwei Menschen sich kommen können, wenn sich beide mit ihrer spirituellen Entwicklung befassen. Sie arbeiten auch einzeln gut, empfinden ihre Arbeit aber als gelungener, wenn sie sie gemeinsam tun.

»Wir haben einer Frau geholfen, mit dem Tod ihres Mannes fertig zu werden«, erzählte Linda. »Er war viel zu jung unter tragischen Umständen gestorben, und seine Frau wollte ihn nicht loslassen. Es ist gut, zu trauern und traurig zu sein, aber man sollte nicht den Rest seines Lebens damit verbringen. Sie trauerte seit über einem Jahr, und als sie zu uns kam, trug sie immer noch schwarz. Während sie bei uns war, konnten wir ihren Mann am Esstisch sitzen sehen. Er trug einen Anzug mit aufgeknöpfter Krawatte. Sie sagte, so habe er immer ausgesehen, wenn er von der Arbeit nach Hause kam.«

»Wir empfingen ein sehr starkes Gefühl von ihm«, setzte Joy Lindas Erzählung nahtlos fort. »Er wollte, dass seine Frau ihn losließ, damit er weitergehen konnte. Er war traurig, dass seine Frau schon so lange um ihn trauerte. Er wollte, dass sie ihr Leben wieder in die Hand nahm.«

»All das erklärten wir der Frau«, sagte Linda. »Noch während sie bei uns war, konnte man sehen, dass sie sich veränderte und ein wenig fröhlicher wurde. Ein paar Tage später rief sie uns an und dankte uns. Sie fängt nun an, ihr Leben wieder aktiv zu gestalten.«

»Und auch ihr Mann kann sich jetzt weiterentwickeln.«

»Sehen Sie«, sagte Linda. »Wir haben diese Sitzung gemeinsam abgehalten. Jede hätte das auch sehr gut alleine machen können, aber zu zweit war es leichter, reibungsloser und effektiver.« Sie lächelte in Joys Richtung. »Und außerdem macht es gemeinsam mehr Spaß.«

Linda und Joy sind beide verwitwet und haben vor, in einem Strandresort ein neues spirituelles Zentrum einzurichten. »Das Klima ist das ganze Jahr über angenehm«, erklärte Joy. »Und außerdem glauben wir, dass wir dort sehr viel Gutes tun können.«

Vielleicht können Sie sich zusammen mit einer Freundin oder einem Freund genauso entwickeln wie Linda und Joy, die nach all den Jahren gemeinsamer spiritueller Arbeit praktisch dazu in der Lage sind, die Gedanken der jeweils anderen zu lesen.

Suchen Sie sich die Freundin oder den Freund für die gemeinsame spirituelle Arbeit sorgfältig aus. Ihre erste Wahl muss nicht unbedingt die richtige sein. Lassen Sie sich Zeit. Seien Sie vorsichtig, dann werden Sie schließlich zum richtigen Menschen hingezogen. Überstürzen Sie nichts. Beginnen Sie zum Beispiel mit informellen Treffen auf eine Tasse Kaffee oder Tee. Leihen Sie einander Bücher aus, und sprechen Sie nach der Lektüre darüber.

Wenn Sie so weit sind, dann beginnen Sie mit gemeinsamen Experimenten mit den Ouija-Brett und dem Pendel.

Üben Sie zusammen die progressive Entspannung. Sie können dazu die einzelnen Schritte aufschreiben, damit immer einer vorlesen kann, während der oder die andere sich entspannt. Sie werden staunen, wie tief Sie sich entspannen können, wenn Sie sich beim anderen sicher, wohl und geborgen fühlen.

Unterstützen Sie einander. Schreiben Sie Protokolle Ihrer Treffen. Üben Sie Telepathie miteinander. Senden Sie einander Nachrichten, und halten Sie fest, was angekommen ist. Sobald Sie Kontakt mit Ihren Geistführern aufnehmen, werden Sie schnellere und interessantere Fortschritte machen. Aber haben Sie Geduld, bis der Kontakt zu Stande kommt. Linda und Joy arbeiten nun schon seit über 40 Jahren zusammen und lernen immer wieder etwas Neues.

Das Schöne daran, seine Fähigkeiten gemeinsam mit einer Freundin oder einem Freund zu entwickeln, ist, dass man, auch wenn die Ergebnisse einmal enttäuschend sind, auf jeden Fall immer das Zusammensein genießen kann. Machen Sie sich keinen Druck, gehen Sie spielerisch vor, und lassen Sie sich überraschen, wie schnell Sie beide Fortschritte machen werden.

20 Die Verbindung zu früheren Leben

Im Rahmen meiner Tätigkeit als Hypnotherapeut habe ich Hunderten von Menschen geholfen, sich an frühere Leben zu erinnern. Einige Jahre lang war das sogar das Spezialgebiet meiner Praxis, weil damals nur wenige andere Hypnotherapeuten zu Rückführungen bereit waren. Ich wurde als Redner zu Hypnotherapie-Tagungen auf der ganzen Welt eingeladen, schrieb sogar ein Buch zum Thema, in der Hoffnung, es würde mehr Hypnotherapeuten Mut machen, dieses faszinierende Gebiet zu erforschen.[120]

Ich beschäftigte mich also schon seit langem mit Rückführungen in frühere Leben, als ich durch einen »Zufall« die Verbindung zwischen Geistführern und Erfahrungen aus früheren Leben entdeckte.

Emily kam als Klientin zu mir, weil sie abnehmen wollte. Davor hatte sie einen Vortrag von mir über Reinkarnation gehört und brachte auch das zur Sprache. Aber sie wollte keine Rückführung, weil sie schon beim Gedanken daran erschrak.

Bis zum Alter von 14 Jahren war Emily schlank gewesen. In der Pubertät nahm sie jedoch rasch und stark zu. Seither hat sie alle erdenklichen Diäten ausprobiert. Die Hypnose war so etwas wie ihre letzte Rettung. Als sie zu mir kam, wog sie deutlich über 120 Kilo und nahm weiter zu.

Wie üblich begann ich die erste Sitzung mit einem Fragebogen über Essgewohnheiten. Emily hatte ständig ein Verlangen nach Schokolade, was sich noch steigerte, wenn sie gestresst war. Sie trieb kaum Sport und trank lieber Limonade statt Wasser. Alldem lässt sich mit Hypnose abhelfen.

Die erste Sitzung gestaltete ich nach meinem Standardverfahren zur Gewichtsabnahme und gab ihr dann einen Termin für die darauffolgende Woche. In der zweiten Sitzung führte ich sie zu ihrem 14. Geburtstag zurück, um herauszufinden, welches damalige Ereignis die Gewichtszunahme ausgelöst hatte.

Emily ließ sich gut hypnotisieren, und die Rückführung gelang leicht. Sie erinnerte sich, dass ihre Eltern ein Familienfest zur Feier ihres Geburtstags gegeben hatten. Vor dem Abendessen hatte einer ihrer Cousins eine anzügliche Bemerkung wegen ihres beginnenden Brustwachstums gemacht und sie durch die Kleidung hindurch begrapscht. Emily hatte sich in ihr Zimmer eingeschlossen, war aber zum Essen wieder herausgekommen. Kein Erwachsener hatte etwas bemerkt, und ihr Cousin hatte sich entschuldigt. Während des Essens hatte Emily sich am Tisch umgesehen und festgestellt, dass ihr Onkel ihr begehrliche Blicke zuwarf. Sie hatte die Arme zum Schutz verschränkt, und ihr Onkel hatte gelacht: »Du wirst schon noch merken, dass dich viele Männer anschauen«, hatte er gesagt, »schließlich bist du ein attraktives Mädchen.« Emily war rot geworden und hatte den Blick gesenkt.

Diese beiden Vorfälle am selben Abend waren der Auslöser für ihre Gewichtszunahme. Sie hatte diese Erinnerungen aus ihrem Bewusstsein verdrängen können, aber ihr Unbewusstes beschloss, dass sie für Männer unattraktiv werden wollte. Das gelang ihr dadurch, dass sie dick wurde.

Emily war überrascht, dass sie sich nach der Hypnose an diese Zwischenfälle erinnern konnte, und erzählte, wie seltsam und schmutzig sie sich deshalb damals gefühlt hatte. Ich erklärte ihr, dass diese Vorfälle heute, rund 20 Jahre später, keinerlei Bedeutung mehr hätten und dass sie sie nun loslassen dürfe. Sie stimmte dem zu und nahm in Folge schnell ab.

In der vierten Sitzung erlebte Emily eine spontane Rückführung in ein früheres Leben. Das kommt hin und wieder vor, aber bei Emily hatte ich es nicht erwartet, weil sie mit Nachdruck darauf bestanden hatte, sich auf keinen Fall an ein früheres Leben erinnern zu wollen.

In diesem früheren Leben war Emily ein einfacher, derber Mann im England des 15. Jahrhunderts gewesen. Es ist üblich, dass man in aufeinanderfolgenden Leben das Geschlecht wechselt. Das bedeutet, dass wir im Laufe mehrerer Inkarnationen das Leben als beide Geschlechter erfahren. Emily war ein Großgrundbesitzer gewesen, der sein Personal misshandelt und seine Kinder in Angst und Schrecken versetzt hatte. Seine Frau jedoch hatte er angebetet, und er war zärtlich und freundlich zu ihr gewesen. Freunde hatte er anscheinend nicht gehabt, aber er hatte sich regelmäßig mit ein paar Gleichgesinnten zu üblen Saufgelagen in einem Pub am Ort getroffen.

Auf dem Nachhauseweg von einer solchen Sauferei war er eines Nachts auf eine Bäuerin gestoßen, die gerade am Wegrand ein Kind gebar. In seinem Suff war er zunächst entschlossen, ihr ein paar Obszönitäten zuzurufen und weiter seiner Wege zu gehen. Doch da hatte er sich erinnert, dass seine Frau bei einer Geburt beinahe gestorben wäre, war stehen geblieben und hatte gefragt, ob er ihr helfen könne. Er hatte sich über die Frau gebeugt und mit ihr gesprochen, als ihm jemand einen Schlag auf den Kopf versetzt hatte, an dem er gestorben war.

Das war eine dramatische und hoch emotionale Geschichte. Normalerweise sage ich meinen Klienten bei einer Rückführung, dass sie alles mit einer gewissen inneren Distanz sehen werden. So spüren sie nicht den Schmerz, die Trauer und den Kummer, die andernfalls bei einer Rückführung auftreten können. In diesem Fall hatte ich das jedoch nicht getan, weil ich ja gar nicht damit rechnete, dass Emily sich an ein früheres Leben erinnern würde. Daher erwartete ich, dass eine sehr aufgewühlte Emily ins Normalbewusstsein zurückkommen würde.

Sie war ganz aus dem Häuschen, aber durchaus auf positive Weise. »Das ist das Erstaunlichste, was ich je erlebt habe!«, sagte sie.

»Es wird sogar noch erstaunlicher werden«, erklärte ich ihr. »Jetzt, da Sie das Tor zur Erinnerung an dieses frühere Leben aufgeschlossen haben, werden Sie in den nächsten Tagen noch mehr Erkenntnisse gewinnen.«

»Sie ist meine Geistführerin!«

»Wer?«

»Meine Frau in jenem Leben! Sie ist in diesem Leben meine Geistführerin!«

So etwas hörte ich zum ersten Mal. »Sind Sie sicher?«

Emily lachte. »Natürlich! Ich habe sie so deutlich gesehen, wie ich Sie jetzt sehe. Kein Wunder, dass sie sich so gut um mich kümmert!«

Eine Woche später kam Emily wieder in meine Praxis. Sie hatte bereits abgenommen und war sehr glücklich, weil ihr im Laufe der Woche mehrere Leute gesagt hatten, wie gut sie aussah. Außerdem wollte sie mir unbedingt mehr über ihre Rückführung erzählen.

»Ich war in jenem Leben kein ganz so übler Kerl«, sagte sie. »Die Zeiten waren hart, und man musste sich warm anziehen, um zu überleben. Wäre ich meinen Arbeitern gegenüber sanft gewesen, hätten sie mich übers Ohr gehauen. Immerhin war ich gut zu meiner Familie. Es war mein ganzes Glück, einfach zu Hause und im Kreise meiner Familie zu sein.«

Diese Geschichte hörte sich etwas anders an als das, was Emily mir so lebhaft in der Hypnose erzählt hatte. Ich wies sie freundlich darauf hin, und sie nickte.

»Das stimmt. Ich hatte einen Ruf als derber Wüterich. Teilweise war der auch berechtigt, besonders, als ich jung war, aber mit zunehmendem Alter wurde ich milder. Meine Familie liebte mich sehr. Meine Frau hat meinen Tod nie ganz überwunden. Sie tröstete sich damit, dass ich bei dem Versuch gestorben war, jemandem zu helfen. Vielleicht kümmert sie sich deshalb in diesem Leben so intensiv um mich.«

Seit diesem Erlebnis vor vielen Jahren bin ich noch oft Menschen begegnet, die bei der Rückführung in frühere Leben ihre Geistführer wiedererkannt haben. Geistführer sind oft verstorbene Verwandte, daher hätte es mich nicht weiter überraschen sollen, dass Emily spontan eine Rückführung erlebte und ihre Geistführerin fand.

Ich konnte nicht mit allen meinen Rückführungsklienten über dieses Phänomen sprechen. Viele interessieren sich gar nicht für Geistführer, und anderen war es wohl peinlich.

Doch für die Klienten, die ihre Geistführer gesehen haben, war es jedes Mal ein ausgesprochen positives Erlebnis. So hatte ich zum Beispiel erwartet, dass Emily ganz aufgebracht wäre wegen ihres gewaltsamen Todes und ihres rauen Lebens. Aber sie nahm das völlig gelassen, denn für sie stand die Entdeckung im Mittelpunkt, dass ihre Geistführerin in diesem Leben in einem früheren Leben ihre Frau gewesen war. Das

Positive überwog für sie bei Weitem alle anderen Vorkommnisse, die die meisten Menschen emotional nur schwer verkraftet hätten.

Interessant ist außerdem, dass viele Menschen, die ihren Geistführer zuvor noch nie gesehen haben, ihn plötzlich in einer Rückführung erkennen. Diese Menschen empfinden es meist als sehr tröstlich, wenn sie endlich erfahren, wie ihre Geistführer aussehen.

Lassen Sie eine Rückführung nur von einem qualifizierten Hypnotherapeuten vornehmen. Sprechen Sie mit mehreren Therapeuten, bevor Sie sich entscheiden, zu wem Sie gehen. Schließlich sollten Sie sich bei dem Therapeuten Ihrer Wahl wohl fühlen und ihm oder ihr vertrauen können. Er sollte großes Interesse an Rückführungen in frühere Leben haben und sie häufig durchführen. Achten Sie darauf, dass der Hypnotherapeut Sie nicht zu einem bestimmten Leben in einer Epoche zurückführt, für die er sich interessiert. Ihre erste Erinnerung an ein früheres Leben sollte vollkommen willkürlich geschehen dürfen. Die Tatsache, dass Sie Ihren Geistführer sehen möchten, wird Sie ganz von selbst zu einem bestimmten Leben hinführen. Das sollte durch den Einfluss des Therapeuten nicht verhindert werden.

Bitten Sie um eine Aufzeichnung der Sitzung. Sie werden sich ohnehin an das Meiste erinnern, aber ich habe festgestellt, dass manchmal noch weitere Erinnerungen an frühere Leben wach werden, wenn sich die Klienten später die Sitzung noch einmal anhören.

Eine Rückführung in ein früheres Leben können Sie auch selbst versuchen. Wenn Sie die progressiven Entspannungsübungen aus den vorangegangen Kapiteln bereits gut beherrschen, wird Ihnen das recht leicht fallen.

Setzen Sie sich wie üblich an einem ruhigen Ort hin, an dem Sie nicht gestört werden. Sorgen Sie dafür, dass Sie es warm und bequem haben. Wenn es Ihnen hilft, legen Sie sanfte Entspannungsmusik auf.

Entspannen Sie jeden Körperteil, so gut Sie können. Wenn Sie sich völlig locker, gelöst und entspannt fühlen, dann stellen Sie sich vor Ihrem inneren Auge eine Treppe vor. Ich male mir immer eine wunderschöne geschwungene Treppe mit funkelndem Geländer und luxuriösem Teppich aus. Mit jedem Schritt sinke ich in den weichen Flor dieses Teppichs. Aber Ihre Treppe kann natürlich völlig anders aussehen – ganz so, wie Sie es möchten.

Verdoppeln Sie Ihre Entspannung mit jeder Stufe, die Sie diese Treppe hinunterschreiten. Wenn Sie unten angekommen sind, halten Sie einen Moment inne, und prüfen Sie im Geiste nach, ob jeder Körperteil völlig entspannt ist. Dann schauen Sie sich in dem wunderschönen Raum um, in dem Sie sich nun befinden. Die Möbel sind wunderschön, und an den Wänden hängen wertvolle Bilder. Durch ein offenes Fenster scheint die Sonne herein, und von draußen hören Sie den melodiösen Gesang der Vögel.

Rechts von Ihnen befindet sich ein langer Flur mit vielen verschlossenen Türen. Hinter jeder Tür liegt eines Ihrer früheren Leben. Gehen Sie nun langsam den Gang entlang, und halten Sie vor jeder Tür einen Moment inne, bis Sie die Tür finden, die einladend auf Sie wirkt. Öffnen Sie diese Tür. Treten Sie ein. Im selben Augenblick befinden Sie sich an einem wichtigen Zeitpunkt in dem Leben, das Sie nun sehen dürfen.

Wenn Sie genug gesehen haben, dann schließen Sie im Geiste die Augen und zählen Sie bis drei. Wenn Sie die Augen wieder öffnen, dann haben Sie sich zeitlich entweder vorwärts- oder rückwärtsbewegt und befinden sich nun in einer anderen Situation desselben Lebens. Das können Sie so oft wiederholen, wie Sie möchten.

Manchmal schließe ich einfach die Augen, zähle bis drei und lasse mich überraschen, in welche Situation ich gerate. Ein anderes Mal schließe ich die Augen und bitte darum, zu einer Situation geführt zu werden, mit deren Hilfe ich dieses frühere Leben besser verstehen kann. So möchte ich zum Beispiel sehen, womit ich meinen Lebensunterhalt verdient habe, wie meine Partnerin oder mein Partner aussah, welche Hobbys und Interessen ich hatte und so weiter.

Zum Schluss bitte ich darum, zu meinem allerletzten Tag in jener Inkarnation geführt zu werden. Ich begleite mich durch den Augenblick des Todes hindurch und bin dann der Geist unmittelbar nach meinem Tod. So kann ich auf mich hinunterschauen und erkennen, wie ich ausgesehen habe. Manchmal bitte ich sogar darum, bei meiner Beerdigung dabei sein zu dürfen. Dann schaue ich mir an, was für einen Grabstein ich hatte. Das ist vor allem dann hilfreich, wenn man nicht genau weiß, in welcher Zeit man gelebt hat. In früheren Jahrhunderten haben Menschen oft einen Umkreis von wenigen Kilometern um ihren Heimatort nicht verlassen, daher wussten sie häufig nicht, in welcher Zeit oder sogar in welchem Land sie lebten.

Womöglich erkennen Sie Ihren Geistführer schon gleich beim allerersten Mal, wenn Sie eine Rückführung in ein früheres Leben machen. Das geht vielen Menschen so. Es können aber auch durchaus mehrere Rückführungen notwendig sein, bis Sie ihn oder sie erkennen. Haben Sie Geduld. Sicher gibt es einen bestimmten Grund, warum Ihre Geistführer noch nicht erkannt werden möchten. Das müssen Sie respektieren. Wenn die Zeit gekommen ist, werden sie sich zeigen.

Rückführungen in frühere Leben bieten Ihnen die Möglichkeit, Ihre Geistführer zu sehen, aber sie sind auch in vielerlei anderer Hinsicht nützlich. Bestimmte Menschen tauchen in vielen verschiedenen Leben wieder auf. Ihr Geschlecht und die Beziehung, in der Sie zu ihnen stehen, verändern sich, aber Sie werden sie trotzdem erkennen. Wahrscheinlich stellen Sie fest, dass jedes Leben zwar völlig anders verlief, Sie aber jedes Mal eine bestimmte Art von Mensch waren. Zum Beispiel könnten Sie in mehreren Leben Lehrer gewesen sein.

Vielleicht sind Sie in diesem Leben eher praktisch veranlagt. Ihre Hände scheinen ganz von selbst zu wissen, was sie tun müssen. Wenn das der Fall ist, dann werden Sie wahrscheinlich feststellen, dass Sie auch in früheren Leben geschickt mit den Händen waren.

Natürlich könnte auch das genaue Gegenteil zutreffen. Dann sind Sie in diesem Leben vielleicht Klempner oder Maurer und stellen fest, dass Sie im letzen Leben Philosoph waren. Das bedeutet, dass Sie in diesem Leben eine neue Dimension Ihres Seins erkunden.

Rückführungen in frühere Leben sind faszinierend. Ich mache sie sehr gern, weil sie meinen Klienten immer weiterhelfen. Oft bieten sie eine Erklärung für Schwierigkeiten oder Probleme, mit denen der Betroffene in diesem Leben zu kämpfen hat. Sie können die Hintergründe schwieriger Beziehungen aufzeigen.

Und sie bieten Ihnen eine Möglichkeit, Ihrem Geistführer von Angesicht zu Angesicht zu begegnen.

21 Andere unsichtbare Helfer

Millionen geistiger Wesen wandeln unerkannt
über die Erde, egal ob wir wachen oder schlafen.

John Milton, Das verlorene Paradies, Viertes Buch

Wenn Sie Ihre Geistführer und Engel immer bewusster wahrnehmen, werden Sie sich allmählich auch auf die Naturgeister einstimmen. Die Sylphen, Elfen, Feen und Devas leben überall, sind aber für gewöhnlich unsichtbar. Wir Menschen haben unsere Schutzengel, die uns behüten, aber auch jedes andere Lebewesen hat einen Geist, der sich um seine Bedürfnisse kümmert.

Das Engelreich ist in vier große Kategorien unterteilt: Engel, die mit Menschen arbeiten; Engel, die mit Tieren arbeiten; Engel, die mit den Elementen arbeiten; und Engel, die mit den Pflanzen arbeiten.

Die begnadete Mystikerin und Hellsichtige Flower A. Newhouse sah Naturgeister schon von frühester Jugend an. Zum ersten Mal erblickte sie im Alter von sechs Jahren auf der Fähre nach Staten Island eine Gruppe winziger Wassergeister. Begeistert rief sie ihrer Freundin zu: »Schau mal, die süßen Feen!« Ihre Freundin konnte sie nicht sehen und dachte, Flower habe sich ein neues Spiel ausgedacht. Deshalb zeigte sie ihr daraufhin verschiedene frei erfundene Geschöpfe. Flower war verblüfft, denn sie konnte zwar die Wassergeister, aber keines der Wesen sehen, von denen ihre Freundin sprach. Plötzlich wurde ihr klar, dass ihre Freundin sie sich einfach ausgedacht hatte. Flower sah eine Welt, die für die meisten Menschen unsichtbar war, und leider kam sie zu dem Schluss, dass sie darüber wohl nie mit anderen würde sprechen können.[121]

Flower hatte jedoch das Glück, dass drei Lehrer ihr Mut machten, über das zu sprechen, was sie sehen konnte. Und so wurden die Engel ihr Lebenswerk. Schließlich schrieb sie eine Reihe wunderbarer Bücher über Engel.

Es kommt relativ häufig vor, dass Menschen einen kurzen Blick auf diese Geister erhaschen, etwa wenn sie einen Wasserfall betrachten oder im Wald spazieren gehen. Die meisten verwerfen ein solches Erlebnis jedoch als bloßes Spiel des Lichts oder als Ausgeburt ihrer Fantasie. Andere sehen diese Geister zwar, weigern sich dann aber einfach, das Gesehene zu akzeptieren.

Natürlich gibt es auch sehr viele Menschen, die Naturgeister wahrnehmen und sich von ihnen helfen lassen. Naturgeister helfen den Menschen sehr gern, ganz besonders dann, wenn ihre Hilfe geschätzt wird.

Vor Jahren war ich in einem Pub in Cornwall und genoss gerade in Ruhe mein Pint Bier, als ein Unbekannter zu mir kam und sagte: »Sie sehen aus, als ob Sie medial veranlagt wären. Sagen Sie, haben Sie eine Gabe?«

Diese Begrüßung überraschte mich, und vorsichtig erwiderte ich, dass mich das Thema interessiere und dass er ja wohl auch medial veranlagt sein müsse, wenn er das gleich gewusst habe.

Der Mann lachte über diese Antwort und setzte sich. Er war etwa Mitte sechzig und makellos gekleidet in seinem Tweed-Anzug.

Eine halbe Stunde lang fesselte er mich mit seinen Erzählungen über die Elfen und Feen, die er regelmäßig auf seiner Farm sah. Er nannte sie seine »Elementargeister«. Mit großer Begeisterung erzählte er mir, wie er sich um sie kümmerte und sie fröhlich machte, weil er der festen Überzeugung war, dass seine Farm ohne ihre Hilfe nicht halb so erfolgreich wäre.

Unabsichtlich brach ich den Zauber, als ich ihn fragte, ob er noch etwas trinken wolle. Scheu blickte er sich im Raum um, berührte mich an der Schulter und bat mich, zu keinem im Raum ein Sterbenswörtchen zu sagen. Er tippte sich an die Nasenflügel.

»Sie und ich – wir wissen das. Aber die nicht. Sie sind der Erste, mit dem ich je darüber gesprochen habe. Es ist unser Geheimnis.«

Als er gegangen war, fragte ich mich, warum er sich gerade mich ausgesucht hatte, um davon zu erzählen. Ganz offensichtlich hatte er ein großes Bedürfnis, mit jemandem über die hilfreichen Geister auf seiner Farm zu sprechen, und wahrscheinlich habe ich ihm sehr geholfen, indem ich ihm einfach nur zuhörte.

Es muss zahllose Menschen wie diesen Farmer in Cornwall geben, die Naturgeister sehen, aber gelernt haben, nicht mit anderen über sie zu sprechen. Es ist eine traurige Vorstellung, dass wir heute, wo man offen über Dinge reden kann, die noch vor wenigen Jahren tabu waren, immer noch nicht vorbehaltlos von Geistführern und Naturgeistern erzählen können.

Wenn Sie der Natur mit einer gewissen Verehrung begegnen, erhöht sich die Wahrscheinlichkeit, Naturgeister zu sehen. An meinem Wohnort gibt es einen Blumenladen, der zwei Frauen um die dreißig gehört. Beide lieben ihre Arbeit, und ihr Geschäft geht deshalb so gut, weil die beiden wunderschöne Blumenarrangements binden und ausgezeichnet mit ihren Kundinnen und Kunden umgehen können. Alle Kunden kommen wieder, und viele werden sogar Freunde.

Doch obwohl beide sehr gut sind in ihrer Arbeit, behandelt die eine die Blumen mit großer Hochachtung und Respekt, die andere hingegen etwas unvorsichtiger. Eines Tages machte ich eine Bemerkung dazu, und die Frau, die so achtsam mit den Blumen umgeht, sagte: »Ich liebe die Natur und ihre Geheimnisse. Deshalb bitte ich meine Devas immer um Erlaubnis, Blumen zu schneiden, und dann habe ich natürlich auch die Pflicht, mich bestmöglich um sie zu kümmern.«

Sie erzählte mir das völlig entspannt und locker. Ich fragte sie dann, ob ihre Kunden an Naturgeister glaubten. »Manche ja, manche nein. Ich erkenne das immer gleich. Ich erkenne es an dem besonderen Blick in ihren Augen, wenn sie meine Blumen anschauen.«

Diese Kunden gehen offensichtlich respektvoll mit der Natur um. Außer Respekt brauchen Sie aber noch Geduld, Zuversicht und Offenheit. Und wenn der richtige Zeitpunkt gekommen ist, dann werden sich die unsichtbaren Helfer Ihnen zeigen.

Ein Freund von mir sah in seinen Flitterwochen zum ersten Mal Wassergeister. An einem wunderschönen Tag machten seine Frau und er ein Picknick neben einem majestätischen Wasserfall. Dieser war zwar ein beliebtes Touristenziel, aber sie hatten den Tag gut gewählt und den Wasserfall ganz für sich allein.

Mein Freund war sehr verliebt und glücklicher als je zuvor. Vollkommen entspannt, wie er war, ging er ganz in der Schönheit auf, die ihn umgab. Plötzlich bemerkte er ein winziges Persönchen, das auf einem Felsbrocken hinter den Wasserfällen stand. Das Wesen war fast durchsichtig, und mein Freund blinzelte mehrmals, weil er dachte, es müsse wohl eine Illusion sein. Er drehte sich um zu seiner Frau, aber die war eingeschlafen, und er wollte sie nicht stören. So wandte er sich wieder der Gestalt zu, die ihm nun zuwinkte. Mein Freund winkte zurück und sah im selben Augenblick Hunderte Wassergeister, die in dem schäumenden Wasser am Ende des Wasserfalls tanzten und spielten.

»Das war das schönste Erlebnis in meinem ganzen Leben«, erinnert er sich. »Es war, als wären mir Schuppen von den Augen gefallen, und plötzlich konnte ich sehen. Ich konnte gar nicht glauben, dass ich schon dreißig Jahre auf der Welt war und noch nie gesehen hatte, was es um mich herum alles gab.« Mein Freund war entspannt und glücklich und freute sich an der Natur, als er zum ersten Mal diese Wassergeister sah. Die Situation war einfach ideal. Wäre er gestresst, in Eile oder wütend gewesen, wären die Wassergeister unsichtbar geblieben.

Die Natur hat unglaubliche Heilkräfte. Wenn wir es nur zulassen, kann sie nicht nur den Körper, sondern auch unser Herz, unseren Geist und unsere Seele heilen. Grün gilt seit jeher als Heilfarbe. Und wenn wir Zeit in der Natur verbringen, dann können die verschiedenen Grüntöne unseren physischen, mentalen, emotionalen und unseren Geistkörper heilen und neu beleben.

Die Naturgeister wissen das wohl, und Menschen, die in natürlicher Umgebung entspannen und diese heilende Energie nutzen, können durchaus Besuch von ihnen bekommen.

Die verschiedenen Naturgeister

Naturgeister lassen sich in vier Kategorien einteilen: Erd-, Luft-, Feuer- und Wassergeister. In jeder Kategorie gibt es unterschiedliche Arten von Elementargeistern, und wie bereits erwähnt, gibt es auch einen Erzengel, der über sie wacht.

Elfen, Zwerge und Baumdevas gehören zum Element Erde und unterstehen Uriel.

Undinen, Nymphen, Najaden und Wassergeister gehören zum Element Wasser und unterstehen Gabriel.

Zephire, Sylphen und Luft-Devas gehören zum Element Luft und unterstehen Raphael.

Salamander und Flammengeister gehören zum Element Feuer und unterstehen Michael.

Meist stellen sich die Menschen unbewusst zunächst darauf ein, die Geister eines Elements zu sehen, zum Beispiel die der Erde, bevor sie sie auch in anderen Bereichen wahrnehmen. Eine Bekannte sieht zum Beispiel Elementargeister in Bäumen, Büschen und anderen kleinen Pflanzen. Doch bis jetzt hat sie noch keinen einzigen in dem kleinen Bach gesehen, der an ihrem Besitz vorbeifließt. Ihr Mann hingegen kann die Wassergeister im und um den Bach sehen, aber wiederum nicht die Pflanzendevas, die seine Frau wahrnimmt. Doch sie machen sich beide deswegen keine Gedanken, denn sie wissen, dass sie alle unsichtbaren Helfer sehen werden, wenn der richtige Zeitpunkt gekommen ist.

Viele Menschen sehen die Elfen und andere Geister zwar nicht, spüren aber, dass sie da sind. Eva Longbottom erzählte Sir Arthur Conan Doyle: »Ich habe viele Feen mit meinen geistigen Augen gesehen.«[122] Mit anderen Worten, sie glaubte daran, dass es Feen gab, und obgleich sie sie nicht mit ihren normalen Augen sehen konnte, sah sie sie doch ganz leicht mit ihren »geistigen Augen«. Eine Bekannte schildert ihre Erlebnisse mit Feen folgendermaßen:

»Wenn ich draußen bin, besonders bei der Gartenarbeit oder auf Spaziergängen in den Hügeln bei meinem Haus, spüre ich manchmal einen sanften Strich, wie ein Streicheln an meinen Armen oder Wangen. Das vermittelt mir irgendwie Geborgenheit, denn dann weiß ich, dass sie da sind. Natürlich weiß ich tief im Innersten, dass sie immer da sind, aber es ist auch schön, ihre Gegenwart wahrzunehmen.«

Sie erklärte, diese Berührung sei sanft und kaum spürbar. »Ein Insekt, das auf meinem Arm landet, fühlt sich richtig schwer an im Vergleich. Ich bezweifle, dass ich es überhaupt merken würde, wenn ich nicht darauf eingestellt wäre.«

Meine Bekannte hofft, dass sie ihre unsichtbaren Helfer eines Tages sehen kann, ist aber auch nicht traurig, wenn es nie geschieht. »Wenn sie wollen, dass ich sie sehe, dann werden sie das auch zulassen«, sagt sie.

Robert Bray, ein Geologe und Mystiker, sieht Naturgeister in vielen Gesteinsformationen. Er glaubt, dass sie das Wachstum und die übersinnlichen Kräfte der Kristalle und Edelsteine fördern und unterstützen. »Darüber würde ich wirklich nicht mit jedem sprechen«, gibt er zu, »aber wenn ich draußen bei der Feldforschung bin und sie sehe, dann weiß ich, dass wir dicht an etwas von geologischer Bedeutung sind. Dass ich sie sehen kann, verschafft mir einen versteckten Vorteil vor meinen Kollegen. Aber ich habe deshalb auch eine größere Verantwortung. In meinem Beruf graben wir ständig Gestein und Mineralien aus. Ich muss dafür sorgen, dass die Umwelt dabei so wenig wie möglich geschädigt wird.«

Naturgeister gibt es überall auf der Erde, sogar an den Polen. Mit ihrer Hilfe können wir Wunder wirken.

Der Garten von Findhorn

Ein beeindruckendes Beispiel für die Wunderkraft der Naturgeister ist der berühmte Garten der Gemeinschaft in Findhorn in einem windgepeitschten Teil von Nordschottland. Der Boden dort ist sandig und steinig. Eigentlich sollten hier nur Pflanzen überleben können, die an dieses unwirtliche Klima gewöhnt sind, aber die Gemeinschaft baut in diesem Garten viele verschieden Sorten Gemüse und Obst an. Außerdem gedeihen Blumen und Bäume.

Dieser Erfolg wurde möglich, weil die Bewohner die Naturgeister um Rat fragten und diesen Rat auch befolgten. Die begnadete hellsichtige Mystikerin Dorothy Maclean initiierte das Projekt, als sie mit dem Geist einer Erbse Kontakt aufnahm. Aufbauend auf diesen bescheidenen Anfängen kommunizierte sie nach und nach mit allen Devas des Gartens. Dorothy hat nie einen einzigen Naturgeist gesehen, nimmt aber gelegentlich »einen Eindruck von einem Muster, einer Form oder einer Farbe«[123] wahr. Durch ihre Fähigkeit des Hellhörens kann sie die Ratschläge der Naturgeister vernehmen und verstehen. Dorothy entdeckte diese Fähigkeit, als man ihr sagte: »Sei offen und suche im herrlichen Reich der Natur mit Mitgefühl und Verständnis.«[124] Und genau das sollten Sie auch tun, wenn Sie Kontakt mit dieser unsichtbaren Welt aufnehmen möchten. Zunächst war Dorothy Maclean nervös, sie hatte Angst und fühlte sich unfähig. Aber zum Glück hatte Peter Caddy, einer der Mitbegründer von Findhorn, keine derartigen Bedenken. Er sagte: »Unsinn, natürlich kannst du das.«[125] Und tatsächlich, sie konnte es. Tagtäglich erhielt sie praktische Anweisungen für den Garten, und heute sind die Ergebnisse Tag für Tag für die zahllosen Besucher, die diese besondere Gemeinschaft anzieht, mit eigenen Augen zu sehen.

Einmal kam der Gartenbauberater des County zur Untersuchung des Bodens. Er sagte, ihm fehlten bestimmte Nährstoffe, doch die Tests ergaben einen völlig ausgewogenen Befund. Das Projekt war damals, Mitte der 1960er Jahre, noch im Aufbau begriffen, und die Findhorn-Gründer sahen sich nicht in der Lage, ihm von ihren unsichtbaren Helfern zu berichten.[126]

Ich glaube, jeder engagierte Gärtner hat Kontakt zu diesen unsichtbaren Helfern, ob er sich dessen bewusst ist oder nicht. Vielleicht spürt er aus dem Bauch heraus, dass er eine bestimmte Pflanze an eine bestimmte Stelle setzen muss und fragt sich gar nicht, woher dieses Bauchgefühl kommt. Mein Schwiegervater hat die schönsten Orchideen, die ich je gesehen habe. Er interessiert sich nicht im Geringsten für Übersinnliches, doch sein Erfolg bei Orchideen ist im Wesentlichen darauf zurückzuführen, dass er sich bei der Pflege ganz auf sein Gefühl und seine Eingebungen verlässt.

Ein Ehepaar aus meinem Bekanntenkreis erlebt Interessantes im Zusammenhang mit Devas. Als die beiden einen neuen Garten anlegten, fand die Frau, dass sie so viel Hilfe wie nur irgend möglich brauchen könnte, weil sie davor noch nie einen Garten gehabt hatte. Also rief sie die unsichtbaren Helfer zu Hilfe. Ihr Mann war ein erfahrener Gärtner und fand die Idee lächerlich. Heute haben sie einen prachtvollen Blumengarten, den die Frau und ihre unsichtbaren Helfer pflegen, sowie einen eher nichtssagenden Gemüsegarten, den der Mann betreut. Er kann nicht fassen, dass seine Frau mit einer Sache, von der sie kaum etwas versteht, so erfolgreich ist. Er lacht immer noch, wenn seine Frau von den Devas erzählt, die ihr helfen, nimmt die Sache aber allmählich etwas ernster. Ich bin sicher, wenn er sich der Naturgeister erst einmal wirklich bewusst wird, wird sein Gemüsegarten prächtiger gedeihen, als er je erwartet hätte.

Die Devas baten die Gründer darum, im Findhorn-Garten einen Bereich wild zu belassen, damit sie dort ungestört sein konnten. Wenn Sie das in Ihrem Garten tun, dann werden Sie feststellen, dass die Devas Sie in anderer Hinsicht belohnen. Vielleicht gedeiht eine Pflanze, die immer kränkelte, plötzlich. Oder aber Sie ernten reichlicher als üblich von einer Gemüsesorte. Womöglich schmeckt Ihr Gemüse auch besser. Der Lohn kommt vielleicht in verdeckter Form, aber er kommt. Wir haben seit mindestens 20 Jahren einen wild belassenen Teil in unserem Garten, sogar unsere Katze hält sich davon fern. Wir finden alle, dass diese Stelle große Ruhe und tiefen Frieden ausstrahlt und meditieren gern in der Nähe.

22 Neue Wege gehen

Nach dieser Lektüre wissen Sie, wie Sie das Beste aus dem Kontakt zu Ihren Schutzengeln und Geistführern machen können. Es ist tröstlich zu wissen, dass wir stets behütet sind und geleitet werden und dass wir Rat einholen können, wann immer wir ihn brauchen, einfach, indem wir unsere Schutzengel oder unsere Geistführer um Hilfe bitten.

Jetzt liegt es an Ihnen. Spirituelles Wachstum kann Ihr Leben bereichern und Ihnen Glück, Liebe, Freude und wahre Erfüllung bringen. Lassen Sie zu, dass Ihre Engel und Geistführer Ihnen zu einem Leben voller Erfolg, Fülle und beständigem Wachstum verhelfen.

Bitte legen Sie dieses Buch nach dem Lesen nicht einfach beiseite. Das machen die meisten Menschen, wenn sie mit etwas Neuem in Berührung kommen. Ein berühmtes chinesisches Sprichwort lautet: »Ich träumte von 1000 neuen Wegen … Ich wachte auf und beschritt den alten.« Tun Sie das nicht. Träumen Sie von neuen Wegen, und folgen Sie dann dem, der Ihnen richtig erscheint.

Benutzen Sie dieses Buch als Arbeitsbuch. Machen Sie die verschiedenen Übungen. Schreiben Sie Ihre Ergebnisse und Erkenntnisse auf. Wir alle schreiten in Stufen voran. Manchmal kommen wir schnell vorwärts, und dann wieder ist es so, als träten wir auf der Stelle. Wenn Sie Ihre Erlebnisse aufschreiben, können Sie zurückblättern und werden sehen, wie weit Sie tatsächlich schon gekommen sind. Das kann in Zeiten, in denen Sie das Gefühl haben, auf der Stelle zu treten, ungemein beruhigend sein.

Haben Sie Geduld. Nicht alles in diesem Buch werden Sie über Nacht beherrschen. Nichts, was sich wirklich lohnt, lernt man ohne Mühe. Bleiben Sie zuversichtlich, und die Ergebnisse werden sich einstellen, wahrscheinlich sogar schneller, als Sie denken.

Vielleicht stellen Sie fest, dass Sie lieber mit Ihrem Schutzengel als mit Ihren Geistführern arbeiten möchten oder umgekehrt. Das ist in Ordnung. Wir sind alle verschieden, und was Sie anspricht, muss nicht unbedingt auch für jemand anderen das Richtige sein. In der Praxis werden Sie wahrscheinlich merken, dass Sie Ihren Schutzengel für die einen und Ihre Geistführer für andere Dinge konsultieren.

Denken Sie immer daran, dass die allem zu Grunde liegende spirituelle Botschaft dieselbe ist, ganz gleich, ob Sie mit Schutzengeln, Geistführern oder Naturgeistern arbeiten möchten. Sie alle dienen als symbolische Stellvertreter der Liebe und der Hilfe, die wir vom Universum bekommen. Alle unsere Helfer möchten, dass Sie sie für Ihren persönlichen Fortschritt und Ihre Entwicklung auf Ihrem Weg durch diese Inkarnation nutzen. Sie stehen Ihnen mit ihrer Weisheit stets zur Verfügung.

Sie können bei Ihrer geistigen Entwicklung sehr viel allein leisten, aber Sie kommen schneller voran und es macht auch mehr Spaß, wenn Sie mit einem oder einer Gleichgesinnten arbeiten. Wenn Ihnen im Augenblick niemand einfällt, dann bitten Sie Ihren Schutzengel, diesen Menschen zu Ihnen zu bringen. Es wird zu Ihrer beider Vorteil sein, wenn Sie sich begegnen.

Es ist aber auch in Ordnung, wenn Sie es trotzdem lieber allein machen möchten. Es gibt keine richtige oder falsche Art, sich weiterzuentwickeln. So, wie es für Sie am besten ist, ist es auch richtig. Manche brauchen den Zusammenhalt und die Unterstützung einer Gruppe, andere wünschen sich nur einen oder zwei Menschen, die ihnen helfen, und wieder andere arbeiten am liebsten ganz für sich allein. Vielleicht beginnen Sie auch allein und fühlen sich dann nach und nach zu einer bestimmten Gruppe hingezogen. Die Wege des Universums sind unerfindlich, und es sorgt immer dafür, dass Sie zum richtigen Zeitpunkt den richtigen Menschen begegnen, mit denen Sie sich weiterentwickeln können.

Ich hoffe, dieses Buch hat Ihnen gefallen. Wenn es Ihnen hilft, in Kontakt mit Ihrem Schutzengel und Ihren Geistführern zu kommen, macht mich das sehr glücklich.

Anmerkungen

1 Engel

1 Martin Luther, Tischreden, (Nr. 565 der so genannten *Weimarer Ausgabe*). Martin Luthers Tischreden wurden zum ersten Mal posthum 1566 veröffentlicht. Sie enthalten viele Zitate, Sinnsprüche und Ratschläge Luthers, die er bei Tisch gab.

2 Paola Giovetti, *Engel, die unsichtbaren Helfer der Menschen*, Hugendubel 2002.

3 Keith Crim, Roger A. Bullard und Larry D. Shinn, Hrsg., *The Perennial Dictionary of World Religions*, Harper and Row 1989, ursprünglich: *Abingdon Dictionary of Living Religions*, Abingdon Press 1981.

4 Die schwankende Haltung der Kirche gegenüber Engeln begann mit der Verurteilung des Engelglaubens durch Paulus. Im Jahre 325 n. Chr. wurde der Glaube an Engel durch das Konzil von Nizäa jedoch wieder Bestandteil der kirchlichen Lehre. Nur wenige Jahre später erklärte das Konzil von Laodikeia die Anbetung von Engeln jedoch zum Götzendienst. 400 Jahre danach führte die siebte Ökumenische Synode eine begrenzte Anzahl von Erzengeln ein. Alle Bibelzitate in diesem Buch stammen – wo nicht anders angegeben – aus: *Die Bibel oder die ganze Heilige Schrift des Alten und des Neuen Testaments nach der Übersetzung Martin Luthers*, Deutsche Bibelstiftung, Stuttgart 1972.

5 Das Wort »Engel« taucht in der Bibel 292-mal auf (in der King-James-Version, die der Autor zu Grunde gelegt hat, A. d. Ü.). Aber es gibt viele weitere Stellen, an denen von Engeln als Cherubim, Seraphim, Thronen, Mächten, dienstbaren Geistern usw. gesprochen wird. Die wichtigsten Bibelstellen, an denen Engel erwähnt werden, sind: 1. Mose 3, 23–24; 1. Mose 16, 7–13; 1. Mose 22, 10–12; 1. Mose 28, 12; 1. Mose 32, 25; 2. Mose 3, 2; 5. Mose 33,2; Richter 13, 2–5; Richter 13, 20; 1. Könige 19, 4–8; Hiob 38, 7; Psalm 68, 17; Psalm 91, 11–12; Psalm 103, 20; Jesaja 6, 1–7; Daniel 3, 24–28; Daniel 6, 22; Daniel 8, 15–17; Daniel 10, 5–6; Daniel 10, 12–14; Tobias 5, 4 (in den deutschen Bibelausgaben gehört das Buch Tobias zu den Apokryphen, A. d. Ü.); Matthäus 1, 19–24; Matthäus 2, 19–20; Matthäus 13, 41–42; Matthäus 16, 27; Matthäus 18, 10; Matthäus 22, 30; Matthäus 28, 2–6; Lukas 1, 11–12; Lukas 1, 26; Lukas 2, 8; Lukas 2, 21; Lukas 16, 22; Lukas 24, 2–4; Johannes 20, 12; Apostelgeschichte 1, 10–11; Apostelgeschichte 12, 6–9; Apos-

telgeschichte 8, 26; Apostelgeschichte 12, 23; Apostelgeschichte 27, 23–24; 1. Korinther 13, 1; Hebräer 1, 14; Offenbarung des Johannes 22, 8.

6 Linda Georgian, *Schutzengel. Wie wir unsere himmlischen Helfer finden*, Ullstein Tb 2004.

7 Die Hindus haben eine ganze Engel-Kosmologie. Ghandarvas sind die Engel der Musik; Yakshas und Kinnaras sind die halbgöttlichen Engel, wobei die Yakshas höher entwickelt sind; Asparases sind weibliche Engel, Meisterinnen des Tanzes und der Musik. Die Sthanadevatas sind mit einem bestimmten Ort verbundene Gottheiten. Es gibt fünf Arten von Sthanadevatas: Ein Gramadevata kümmert sich um ein Dorf und behütet es; ein Vanadevata beschützt den Wald; ein Grihadevata behütet ein Haus; ein Nagardevata schützt eine Stadt, und ein Kshetrapala behütet Felder und Bauernhöfe.

8 Bhagavadgita III A 11-12. (aus dem Sanskrit übersetzt von Sri Aurobindo, Hinder + Deelmann 1995)

9 Die sogenannten Mormonen, A. d. Ü.

10 Jeanne d'Arc, zitiert in John Ronner, *Do You Have a Guardian Angel?*, Mamre Press 1985.

11 Encyclopedia Britannica, Macropaedia, Band 1, 1875, Encyclopedia Britannica Inc., 15. Auflage 1974.

12 Brian Inglis, zusammen mit Ruth West und der Koestler Foundation, *The Unknown Guest*, Chatto and Windus Limited 1987.

13 C. G. Jung, *Erinnerungen, Träume, Gedanken*, Walter 2005.

14 Hope Price, *Angels. True Stories of How They Touch Our Lives*, Macmillan London 1993.

15 *This England*, Cheltenham, Winter 1982. Bericht des Ich-Erzählers Captain Cecil Wightwick Hayward. Es gibt zahlreiche Berichte über Heimsuchungen durch Engel während des Ersten Weltkriegs. Manche behaupten, alles habe mit der Veröffentlichung der Kurzgeschichte *The Bowmen* in der *London Evening News* am 29. September 1914 begonnen. In dieser Geschichte wird beschrieben, wie eine lange Reihe englischer Langbogenschützen 10.000 Deutsche tötet, die aber keinerlei Anzeichen von Verletzungen aufweisen. Nach dem Erscheinen dieser Geschichte meldeten sich viele Menschen, die behaupteten, auf den Schlachtfeldern Engel gesehen zu haben. In seinem kritischen Buch *Investigating the Unexplained* (Prometheus Press, 1986) bezeichnete Melvin Harris diese Berichte als »tragische Selbsttäuschung«.

16 G. Don Gilmore, »The Nature of Angel Forms«, Artikel in *Angels and Mortals*, zusammengestellt von Maria Parisen, Quest Books 1970.

17 Es ist allerdings immer noch möglich, wie das Beispiel der Engel von Mons zeigt. Ein noch beeindruckenderes Beispiel findet sich in *Eine Gruppe erzeugt Philip* von Iris M. Owen und Margaret Sparrow (Kamphausen 1979). Darin erfahren wir, wie mehrere Parapsychologen in Toronto einen »Geist« erschufen. Dazu erfanden

sie seine Persönlichkeit, glaubten fest daran, dass er echt sei, und entdeckten dann, dass er genau deshalb tatsächlich Realität wurde. Zwar erschien er ihnen nie, erzeugte aber Geräusche, beantwortete Fragen und levitierte Gegenstände. Einige dieser Experimente wurden live im Fernsehen gezeigt, so dass Tausende sie beobachten konnten.

18 Dionysius Areopagita, *Die Hierarchien der Engel und der Kirche*, O. W. Barth 1955. Pseudo-Dionysios war wahrscheinlich ein armenischer Mönch, dessen Schriften bei den frühen Päpsten in hohem Ansehen standen. Seine Hauptwerke sind: *Über die himml. Hierarchie; Über die kirchl. Hierarchie; Über die Namen Gottes; Über die mystische Theologie; 10 Briefe – S. Dionysii Areopagtiae opera omnia*, hrsg. von Balthasar Corderius (Cordier), 2 Bände, Antwerpen 1634. Er wird als Pseudo-Dionysios bezeichnet, weil ihn die ersten Christen fälschlicherweise für den berühmten griechischen Richter gleichen Namens hielten, der in der Bibel erwähnt wird. Erst im Mittelalter erkannten die Gelehrten, dass Pseudo-Dionysios seine Werke im 6. Jahrhundert verfasst hatte und daher wohl nicht der biblische Dionysios sein konnte. Daher wird er heute als Pseudo-Dionysios oder weniger schmeichelhaft als »falscher Dionysios« bezeichnet.

19 Es gibt mindestens 13 weitere Klassifizierungen der himmlischen Hierarchie, und alle unterscheiden sich leicht von dieser Liste des Dionysios Areopagita. So tauscht Francis Barrett in seinem Buch *Der Magus: Ein vollständiges System der okkulten Philosophie* die Positionen der Kräfte und der Gewalten gegeneinander aus. Außerdem fügt er der Liste drei weitere Chöre hinzu: die Unschuldigen, die

Märtyrer und die Bekennenden. Die meisten anderen Engel-Ordnungen sind aufgeführt in Gustav Davidson, *A Dictionary of Angels* (The Free Press 1967).

20 Silver Raven Wolf, *Angels: Companions in Magic*, Llewellyn 1996.

21 Emanuel Swedenborg hat viele Bücher geschrieben, die zum Teil heute noch im Buchhandel erhältlich sind. Sein am ehesten verständliches Buch ist wohl *Himmel und Hölle: Nach Gesehenem und Gehörtem*, erstmals veröffentlicht 1758, auf Deutsch 2005 bei Marix neu aufgelegt. Der Herausgeber ist Hans-Jürgen Hube.

22 James H. Hindes, »The Hierarchies«, Artikel in *Angels and Mortals*, zusammengestellt von Maria Parisen.

23 Der Wortlaut dieses Gebets ist: »Gegrüßet seist du, Maria, voll der Gnade, der Herr ist mit dir, du bist gebenedeit unter den Frauen, und gebenedeit ist die Frucht deines Leibes, Jesus. Heilige Maria, Mutter Gottes, bitte für uns, jetzt und in der Stunde unseres Todes. Amen.«

24 Linda Georgian, *Schutzengel: Wie wir unsere himmlischen Helfer finden*, Ullstein Tb 2004.

25 Sean Kelly und Rosemary Rogers, *Saints Protect Us*, Random House 1993.

26 Te Ua Haumene, zitiert in Bronwyn Elsmore, *Like Them That Dream: The Maori and the Old Testament*, The Tauranga Moana Press 1985.

27 Ruzbehan Baqli, zitiert in Peter Lamborn Wilson, *Engel*, Urania 2001.

28 John Ronner, *Do You Have a Guardian Angel?*, Mamre Press 1985.

29 John Milton, *Das verlorene Paradies*, aus dem Englischen übertragen und herausgegeben von Hans Heinrich Meier, Reclam, 1986, Buch Eins, Z. 53–58.

30 Richard Webster, *Feng Shui for Beginners*, Llewellyn 1997.

2 Ihr persönlicher Schutzengel

31 Thomas von Aquin, zitiert in Marilynn Carlson Webber und William D. Webber, *A Rustle of Angels*, Zondervan Publishing House 1994.

32 Harvey Humann, *The Many Faces of Angels*, DeVorss and Company 1986.

33 Editions 1984. Dieses Buch ist nicht auf Deutsch erschienen. Es gibt aber zahlreiche Biografien von Pater Pio in deutscher Sprache, A .d. Ü.

34 Harvey Humann, *The Many Faces of Angels*, DeVorss and Company 1986.

35 Rosemary Ellen Guiley, *Angels of Mercy*, Pocket Books 1994.

36 Es gibt heute viele Bücher über Nahtoderfahrungen. Für mich ist das Buch, das das Thema zum ersten Mal aufgriff, immer noch das beste: *Leben nach dem Tod* von Raymond A. Moody (Rowohlt 1977, viele Neuauflagen). Interessanterweise machen Menschen aus anderen Kulturen nicht unbedingt dieselben Nahtoderfahrungen wie wir im Westen. So haben Forscher zum Beispiel in Indien herausgefunden, dass Menschen, die ein Nahtoderlebnis hatten, von Boten in die Unterwelt geleitet wurden. Diese Boten sind wahrscheinlich Yamdoots, die Kuriere des Todes. Dort schaute ein Torwächter in einem Buch oder in Papieren nach und sagte dem betroffenen Menschen, dass der Bote einen Fehler gemacht und den Falschen gebracht habe. Wenn sie das erfahren, bringen die Boten den Menschen kurzerhand in seinen Körper zurück. Quelle: Elizabeth L. Hillstrom, *Testing the Spirits*, InterVarsity Press 1995.

37 Southern Centre of Theosophy, Robe, Australia, Hrsg., *Devas and Men*, Adyar, The Theosophical Publishing House 1977.

38 Paola Giovetti, *Engel. Die unsichtbaren Helfer der Menschen*, Hugendubel 1995.

39 Harvey Humann, *The Many Faces of Angels*, DeVorss and Company 1986.

40 Peter King, »Who was the Fourth Man?«, Artikel in *Fate*, März 1967.

41 Harvey Humann, *The Many Faces of Angels*, DeVorss and Company, 1986.

42 Besonders unter britischen Bergsteigern beliebte Süßigkeit, die rasch Energie liefert.

43 Frank Smythe, *Adventures of a Mountaineer*, J. H. Dent and Company 1940.

44 Migene Gonález-Wippler, *The Complete Book of Spells, Ceremonies and Magic*, Crown Publishers, 1978. Die Schekinah wird oft mit Erzengel Metatron verbunden, und man glaubt, dass sie verheiratete Paare während der körperlichen Liebe umgibt.

45 Brad Steiger, *ESP: Your Sixth Sense*, Award Books 1976. William Cox fasste seine Ergebnisse im *Journal of the American Society for Psychical Research*, Vol 50, No. 3 zusammen.

46 Eine »elektrische Schreibmaschine« mit Diskette als Speichermedium, A. d. Ü.

47 Richard Webster, *Omens, Oghams and Oracles*, Llewellyn Publications 1995. Ein Orakelbaum ist ein Baum, zu dem Sie eine persönliche Beziehung haben. Sie können ihn finden, indem Sie Bäume umarmen, die Ihnen gefallen. Wenn einer besonders positiv auf Ihre Umarmung reagiert, dann haben Sie Ihren persönlichen Orakelbaum gefunden.

3 Den Schutzengel selbst erschaffen

48 Bruce A. Vance, *Dreamscape: Voyage in an Alternate Reality*, Quest Books 1996.

49 C. G. Jung, *Erinnerungen, Träume, Gedanken*, Walter Verlag 1997.

50 Thomas von Aquin, zitiert in Hilary Evans, *Gods, Spirits, Cosmic Guardians*, The Aquarian Press 1987.

51 Free Press 1967.

52 Dion Fortune, *Selbstverteidigung mit PSI. Sicherheit und Schutz durch geistige Kraft*, Ansata 1995.

53 James T. Fields, »Fiction and its Eminent Authors«, (Vortrag). Zitat gefunden in Nandor Fodor, *Encyclopedia of Psychic Sciences.*

54 Peter Lamborn Wilson, *Engel*, Kamphausen 1981, Königsfurt Urania 2001.

55 Joel Goldsmith, zitiert in Harvey Humann, *The Many Faces of Angels.*

56 U. a. Goldmann 2006.

4 Mit den Erzengeln arbeiten

57 Sophy Burnham, *Engel – Erfahrungen und Reflexionen*, Walter 1992, Goldmann 1995.

58 Richard Webster, *Talisman Magic*, Llewellyn Publications 1995.

59 Mehr über Farben und Numerologie in Richard Webster, *Die Botschaft der Aura. Ein praktisches Einführungsbuch*, Droemer Knaur 2000, *Mit der Heilkraft der Farben die Aura schützen*, Aquamarin 2008 und *Lo Shu – das Buch der Lebenszahlen,* Neue Erde 1999.

5 Der Dienst der Heilengel

60 Charles W. Leadbeater, Artikel in *The Theosophist*, Band 63, Nr. 1, S. 453.

61 *Die Apokryphen*. Es gibt sie in vielen verschiedenen, teils inhaltlich stark voneinander abweichenden Ausgaben im Buchhandel. Zuweilen werden nur Apokryphen des Alten oder des Neuen Testaments aufgenommen. Von der (evangelischen) Deutschen Bibelgesellschaft gibt es auch komplette Bibeln mit (alttestamentarischen) Apokryphen. Eine gute Zusammenstellung alt- und neutestamentarischer Apokryphen bietet: *Apokryphen zum Alten und Neuen Testament*, Manesse 1988.

62 Im Buch Tobias wird Asmodi als »böser Geist« (3, 8) bezeichnet. Der Name Asmodi bzw. Asmodeus stammt

vom Persischen ashma daeva. Auch die Juden übernahmen ihn als bösen Geist. Er soll es gewesen sein, der Noah betrunken machte und der Musik, Tanz und Träume erfunden hat. Heute leitet er die Spielhallen in der Hölle. (Gustav Davidson, *A Dictionary of Angels*)

63 John Ronner, *Do You Have a Guardian Angel?*

64 Sandra Zimdars-Swartz, *Encountering Mary: From La Salette to Medugorje*, Princeton University Press 1991.

6 Engel, Kreativität und Kunst

65 Peter Lamborn Wilson, *Engel*, Königsfurt-Urania 2001.

66 Encyclopedia Britannica, *Macropedia,* Band 2, S. 1100.

67 William Blake, zitiert in Harvey Humann, *The Many Faces of Angels.*

68 Catherine Blake, zitiert in Robert C. Pooley (Hrsg.) *England in Literature*, Scott, Forseman and Company 1963.

69 William Blake, *Zwischen Feuer und Feuer, Poetische Werke, zweisprachige Ausgabe*, aus dem Englischen neu übersetzt und mit Anmerkungen herausgegeben von Thomas Eichhorn, dtv 1996.

70 Leigh Hunt, *Abu ben Adhem,* in Andrea Wüstner (Hrsg.) *Engel. Gedichte*, Reclam 2001.

71 Malcolm Godwin, *Engel. Eine bedrohte Art*, Zweitausendeins 1991.

72 Georg Friedrich Händel, zitiert in Percy A. Scholes, *The Oxford Junior Companion to Music*, Oxford University Press 1954.

73 Alle Shakespeare-Zitate aus: *Tempel-Studienausgabe, Shakespeares Werke Englisch und Deutsch in zwölf Bänden*, Übersetzung von Schlegel-Tieck, Der Tempel Verlag Darmstadt 1955/1968.

11 Geistführer

74 Julian Hawthorne, *Hawthorne and His Circle.* Dieses Zitat von Nathaniel Hawthornes Sohn ist folgendem Werk entnommen: Nandor Fodor, *Encyclopedia of Psychic Science*, University Books Inc., 1966, Nachdruck des Originals von 1934.

75 Xenophon, *Erinnerungen an Sokrates*, Reclam 2005; Platon, *Apologie des Sokrates*, Reclam 1986 und Raphael Bär (Hrsg.) *Xenophons Apologie des Sokrates vor dem Gericht*, Verlag Bär, 2007.

76 J. B. Greatbarr, Hrsg. *The Saint Augustine Collection*, New Growth Centre 1964.

77 Eugene Burger, *Spirit Theater*, Kaufmann and Greenberg 1986.

78 David P. Abbott, *Behind the Scenes with the Mediums*, The Open Court Publishing Company 1907.

79 George Templeton Strong, *The Diary of George Templeton Strong*, herausgegeben von Allan Nevoins und Milton H. Thomas, Band 2, Macmillan and Company 1952.

80 Paul Kurtz, »Spiritualists, Mediums and Psychics«, Artikel in Paul Kurtz (Hrsg.), *A Skeptic's Handbook of Parapsychology*, Prometheus Press 1985.

81 Nat Freedland, *The Occult Explosion*, Berkeley Publishing Company 1972. 1891 veröffentlichte Nettie Maynard, eines der Medien im Weißen Haus, ihr Buch *Was Abraham Lincoln a Spiritualist?*

82 Alfred Russel Wallace, zitiert in »A Critcal Historical Overview of Parapsychology«, ein Artikel von Ray Gyman in Paul Kurtz, Hrsg., *A Skeptic's Handbook of Parapsychology*. Hyman zitiert aus A. R. Wallace, J. R. Buchanan, D. Lyman, E. Sargent (Hrsg.), *The Psycho-Physiological Sciences and Their Assailants*, Colby and Rich 1878.

83 Hélène Smith war das Pseudonym von Cathérine Elise Muller (1861–1929). Über ihr Leben und Werk forschte der berühmte Schweizer Psychologe Théodore Flournoy. Zwischen beiden entstand eine Freundschaft, und Flournoy schrieb ausführlich über sie.

84 Terence Hines, *Pseudoscience and the Paranormal*, Prometheus Press 1988.

85 Théodore Fournoy, *Des Indes à la Planète Mars*, Atar 1899, zitiert in Hilary Evans, *Gods, Spirits, Cosmic Guardians.*

86 Andrew Jackson Davis, *The Principles of Nature, Her Divine Revelations, an a Voice to Mankind*, 1847.

87 Hereward Carrington, *The Physicl Phenomena of Spiritualism*, Herbert B. Turner and Company 1907.

88 Viscount Adare, *Experiences in Spiritualism with Mr. D. D. Home*, zitiert in Paul Kurtz, *Spiritualists, Mediums and Psychics.*

89 Proceedings of the SPR, London 1889.

90 Sir William Crookes, »Notes of an Inquiry into the Phenomena called Spiritual during the Years 1870–1873.« *Quarterly Journal of Science*, Januar 1874. Nachdruck in Gilbert Roller, *A Voice from Beyond*, Popular Library 1975.

12 Mit Geistführern in Kontakt treten

91 Paul Beard, *Inner Eye, Listening Ear*, Pilgrim Books 1992.

92 Jon Klimo, *Channeling. Der Empfang von Informationen aus paranormalen Quellen*, Hermann Bauer Verlag 1988. Bereits vor etwa 4000 Jahren verwendeten die Chinesen ein Instrument, das der Planchette sehr ähnlich war. Es

bestand aus einem gegabelten Ast, ganz ähnlich wie beim Rutengehen, der von zwei Personen gehalten wurde. Die Geister wurden dann gebeten, Fragen zu beantworten, das Gerät setzte sich in Bewegung und schrieb die Botschaften Buchstabe für Buchstabe auf Papier oder in Sand.

93 Jon Klimo, *Channeling. Der Empfang von Informationen aus paranormalen Quellen*, Hermann Bauer Verlag 1988.

94 David C. Knight, *The ESP Reader*, Grosset and Dunlop Inc. 1969.

95 Ann Bridge, *Moments of Knowing*, Hodder and Stoughton Limited 1970.

96 Casper S. Yost, *Patience Worth: A Psychic Mystery*, Skeffington and Son Limited, 1916. In diesem Buch beschreibt Yost Pearl Curran weiter: »Sie hat durchaus nichts Anomales an sich. Sie ist eine intelligente, pflichtbewusste Frau, Mitglied der episkopalen Kirche, aber in religiösen Dingen nicht sonderlich eifrig, eine begabte Musikerin, eine kluge und gewitzte Gesprächspartnerin und eine charmante Gastgeberin.«

97 Kritik in der New York Times, zitiert in Brad Steiger ESP: *Your Sixth Sense.*

98 Patience Worth, zitiert in Casper S. Yost, *Patience Worth: A Psychic Mystery.*

99 William Stainton Moses, zitiert in Nandor Fodor, *Encyclopedia of Psychic Science.*

100 Mrs Howitt-Watts, *Pioneers of Spiritual Reformation*, 1883. Dieses Buch war größtenteils eine Biografie des Vaters der Autorin. William Howitt schrieb auch selbst viele Bücher, Romane ebenso wie Sachbücher. Sein bekanntestes Werk ist *The History of the Supernatural in all Ages and Nations and in all Churches, Christian and Pagan, Demonstrating a Universal Faith*. Das umfangreiche Werk wurde 1863 in zwei Bänden veröffentlicht.

101 Harvey Day, *Occult llustrated Dictionary*, Kaye and Ward Limited 1975. Die durch automatisches Schreiben empfangenen Schriften von Reverend George Vale Owen wurden in einer Serie in der Zeitung *Weekly Dispatch* veröffentlicht. Wegen dieser Artikel wurde er aus der Church of England ausgeschlossen und spiritistischer Pastor. (In England gibt es eine eigene, anerkannte spritistische Kirche, A. d. Ü.) Er schrieb viele Bücher, darunter die Serie *Life Beyond the Veil* (fünf Bände). Ein Jahr nach seinem Tod veröffentlichte Frederick H. Haines sein Buch *A Voice from Heaven*. Es war durch Botschaften entstanden, die er mittels automatischem Schreiben vom Geist des Reverend Owen empfangen hatte.

102 Jeffrey Goodman, *Psychic Archaeology*, Berkeley Publishing and G. P. Putnam's 1977.

103 Susy Smith, *Widespread Psychic Wonders*, Ace Publishing Corporation 1970.

104 Methuen and Company 1916. Außerdem Sir Oliver Lodge, *Raymond Revised*, Methuen and Company 1922. Auf Deutsch *Raymond: Die Jenseitsprotokolle des Sir Oli-*

ver Lodge, CD-ROM, Verlag Reichmann, Benjawan 2006, vergriffen.

105 *Sir Oliver Lodge: Psychical Researcher and Scientist*, Farleigh Dickinson University Press 1974. Der erwähnte »Myers« war Frederick Myers, ein führender Forscher auf dem Gebiet des Paranormalen und Freund von Oliver Lodge. Er starb 1901.

106 Jon Klimo, *Channeling. Der Empfang von Informationen aus paranormalen Quellen.*

107 C. H. Broad im Vorwort zu Geraldine Cummins, *Swan on a Black Sea*, Routledge and Kegan Paul 1965.

108 Ruth Montgomery, *The World Before*, Coward, McCann and Geoghegen Inc. 1976.

109 Brian Inglis, Ruth West und Koestler Foundation, *The Unknown Guest.*

110 Gambier Bolton, zitiert in Nandor Fodor, *Encyclopedia of Psychic Science.*

111 Max Maven, *Max Maven's Book of Fortunetelling*, Prentice Hall 1992.

112 Hier bezeichnet der Begriff das Lesen von Energien aus Gegenständen und nicht die quantitative Messung psychischer Funktionen in der experimentellen Psychologie, A. d. Ü.

113 Edition Borg 1998 bzw. Berkley Books 1986.

17 Der spirituelle Zirkel

114 Tudor Pole, zitiert in Paul Beard, *Inner Eye, Inner Listening.*

115 Dr. Dees, »In the Dark«, Artikel in *Seance 3*, Frühjahr 1989.

116 Jean Ritchie, *Inside the Supernatural*, Fontana Books 1992.

117 Jean Ritchie, *Inside the Supernatural.*

118 An die Stelle der Polaroidkamera ist heute wohl die Digitalkamera getreten. Von Handykameras ist wegen eventueller Störstrahlung wohl eher abzuraten. (A. d. Ü.)

18 Als Medium arbeiten

119 Doris Stokes und Linda Dearsley, *Voices in My Ear: The Autobiography of a Medium*, Futura Publications Limited 1980.

20 Die Verbindung zu früheren Leben

120 Richard Webster, *Cashing In On Past Lives*, Brookfield Press 1989.

21 Andere unsichtbare Helfer

121 Flower A. Newhouse und Dr. Stephen Isaac, *Die Engel der Natur*, Aquamarin 1996.

122 Eva Longbottom, zitiert in Sir Arthur Conan Doyle, *The Coming of the Fairies*, Weiser 1979.

123 Findhorn-Gemeinschaft (Hrsg.) *Der Findhorn-Garten. Ein neues Zukunftsbild: Mensch und Natur im Einklang.* Frank Schickler 1981.

124 Dorothy Maclean, *Du kannst mit Engeln sprechen,* Aquamarin 2005.

125 Peter Caddy, zitiert in Dorothy Maclean, *Du kannst mit Engeln sprechen,* Aquamarin 2005.

126 Dorothy Maclean, *Du kannst mit Engeln sprechen,* Aquamarin 2005.

Glossar

Apport Ein Gegenstand, der bei Séancen erscheint. Diese Gegenstände können alles sein: Steine, Kristalle, Edelsteine und Schmuck, Blumen oder Dinge, die einer der Teilnehmer zuvor verloren hat.

Automatisches Schreiben Die Fähigkeit, ohne bewusste Kontrolle zu schreiben. Mit anderen Worten: Man wird beim Schreiben von einer Kraft außerhalb seiner selbst gelenkt. Das ist handschriftlich, aber auch auf einer Tastatur möglich. Diese Art des Schreibens erfolgt ohne bewusste muskuläre oder mentale Anstrengung.

Channeln Die Fähigkeit, einer Intelligenz von einer anderen Realitätsebene, die Botschaften philosophischen und spirituellen Inhalts übermittelt, Ausdruck zu verleihen.

Deva Das Wort stammt aus dem Sanskrit und bedeutet »der Strahlende«. Es bezeichnet Naturgeister, insbesondere aber Waldgeister.

Diskarniert Dieser Begriff bedeutet »körperlos« und bezeichnet in Séancen Personen, die zur anderen Seite hinübergegangen sind.

Ektoplasma Eine Substanz, die manche Medien angeblich hervorbringen können. Oft strömt sie aus Mund oder Nasenlöchern und nimmt allmählich menschliche Form an. Häufig bildet sich allerdings lediglich ein Gesicht, ein Arm oder ein Bein statt der vollständigen Gestalt. Ektoplasma reagiert empfindlich auf Licht und entsteht nur im Dunkeln. Den Begriff prägte der Medizin-Nobelpreisträger und führende Parapsychologe Charles Richet (1850–1935).

Engel Vom griechischen *Angelos*, das wiederum vom Hebräischen *mal'akh* stammt und »Bote« bedeutet. Ein Engel ist ein Bote Gottes. Engel sind Geistwesen, die Gott dienen.

Gedankenformen Geschöpfe aus konzentrierter Energie. Wird ein Gedanke unter Zuhilfenahme starker Gefühle konstruiert und in die Welt hinausgesandt, kann er als mächtige Kraft zum Guten wie zum Bösen wirken.

Gefallene Engel Luzifer, der Lichtträger, war der schönste unter Gottes Engeln. Leider widersetzte er sich Gottes Autorität und wurde zusammen mit weiteren Engeln, die sich ihm angeschlossen hatten, aus dem Himmel in die Hölle geworfen.

Geist Der Geist eines oder einer Verstorbenen. Der Begriff bezeichnet zugleich den Teil des Menschen, der den physischen Tod überlebt. Beim Channeln sprechen auch Geister, die noch nie Mensch waren.

Geistführer Die Seelen von Menschen, die ins nächste Leben hinübergegangen sind und den Lebenden helfen. Spiritistische Medien haben oft Geistführer, die viele Male inkarniert waren und große Weisheit entwickelt haben. Daher sind sie oft hoch entwickelte Seelen, zum Beispiel Indianerhäuptlinge, chinesische Weise, ägyptische Priester und andere weise Menschen aus vergangenen Zeiten. Unsere persönlichen Geistführer sind normalerweise, aber nicht immer, verstorbene Verwandte. Es handelt sich dabei um fürsorgliche Seelen, die den Wunsch haben, Menschen in dieser Inkarnation zu helfen.

Henoch Verfasser des Buches Henoch und der einzige Mensch, der je zum Engel wurde. Er ist Metatron, der »König der Engel«, der »dem Thron am nächsten ist«. Er wird folgendermaßen beschrieben: Er soll zwischen 2,5 und 4 Meter groß sein und 36 Flügel sowie unzählige Augen haben, mit denen er über das gesamte Universum wacht.

Himmlische Hierarchie Eine Auflistung der Engel in ihrer heiligen Ordnung. Die erste Hierarchie erstellte Dionysios Areopagita oder Pseudo-Dionysios im 6. Jahrhundert. Sie besteht aus neun Engelchören, die zu drei Triaden zusammengefasst werden. Die Engel der ersten Triade weilen stets in der Gegenwart Gottes, man nennt sie »Gottes treue Engel«. Die Engel der zweiten Triade dienen und organisieren. Sie wirken äußerlich distanziert und helfen den Menschen nach allem, was man weiß, nur hin und wieder. Die Engel der dritten Triade sind am intensivsten mit dem befasst, was hier auf der Erde geschieht.

Erste Triade
1. Seraphim
2. Cherubim
3. Throne

Zweite Triade
4. Herrschaften
5. Kräfte
6. Gewalten

Dritte Triade
7. Fürstentümer
8. Erzengel
9. Engel

Kontrollgeist Der Geist, der hauptsächlich durch ein bestimmtes Medium spricht. Der Kontrollgeist des Mediums kann weitere Geister zu der Séance rufen. Er wird so genannt, weil dieser diskarnierte Geist die Kontrolle übernimmt, während sich das Medium in Trance befindet.

Medialität Die Fähigkeit, Aussagen der Geister Verstorbener zum Zweck der Kommunikation mit den Lebenden zu übermitteln.

Medium Ein Mensch, der den Geistern Verstorbener als Kommunikationsorgan oder Sprachrohr dienen kann. Normalerweise begibt sich das Medium in Trance, und der Geist ergreift für die Dauer der Botschaft, die er übermitteln will, von ihm Besitz. Das Wort *Medium* bedeutet Mittler, und genau diese Aufgabe erfüllt das Medium in einer Séance.

Ouija-Brett Ein Gerät, das man zur Kontaktaufnahme mit dem Geist Verstorbener benutzt. Es zeigt die Buchstaben des Alphabets sowie die Zahlen 0 bis 9. Man stellt ein umgedrehtes Glas oder eine Planchette auf das Brett, das bzw. die sich dann von Buchstabe zu Buchstabe bewegt und so Botschaften übermittelt.

Planchette Die Planchette ist der Indikator oder Zeiger, der zusammen mit dem Ouija-Brett verwendet wird. Ursprünglich bestand sie aus einem dreiseitigen Brettchen mit zwei kleinen Rädern oder Laufrollen und einem Bleistift, der an einer Spitze befestigt wurde. Legte man leicht den Finger darauf, bewegte sich die Planchette, und der Stift schrieb Botschaften. Heute gleitet die Planchette meist auf drei kleinen Rädern oder Filzplättchen über das Brett.

Schutzengel Ein persönlicher Engel, der uns das ganze Leben lang behütet, beschützt und leitet. Der Schutzengel kommt bei der Geburt zu uns, bleibt das ganze Leben lang bei uns und begleitet uns auf die andere Seite, wenn dieses Leben vorüber ist.

Séance Eine Zusammenkunft von Menschen, die versuchen, Botschaften aus der geistigen Welt zu erhalten. Eine Séance wird üblicherweise von einem Medium geleitet.

Sitzung Im Buch wird dieser Begriff im Sinne einer Beratung bei einem Medium verwendet.

Spiritismus Eine Weltanschauung, die an das kontinuierliche Leben glaubt und diesen Glauben auf die mediale Kommunikation mit den Bewohnern der geistigen Welt stützt. Spiritisten glauben, dass der Geist des Menschen den Tod als

Diskarnierter überlebt und mit den Lebenden sprechen kann.

Tischerücken Eine Methode zur Kontaktaufnahme mit den Geistern, die zu viktorianischer Zeit sehr beliebt war. Dabei legten zwei oder mehr Menschen die Finger auf eine Tischplatte und stellten Fragen. Daraufhin bewegte sich der Tisch und klopfte mit einem Bein die Antwort. Einmaliges Klopfen bedeutete »Ja«, zweimaliges Klopfen »Nein« und dreimaliges Klopfen bedeutete »Vielleicht«. Mithilfe der Buchstaben des Alphabets konnten auch ganze Botschaften übermittelt werden. Dann bedeutete einmaliges Klopfen »A«, zweimaliges Klopfen »B« und so weiter.

Trance Veränderter Bewusstseinszustand, der meist mit Hypnose in Verbindung gebracht wird. In diesem Zustand wird die bewusste Aufmerksamkeit vorübergehend von den normalen Sinnen abgewendet. Medien sind in der Lage, sich sehr schnell in Trance zu begeben, damit ihr Kontrollgeist zeitweise von ihnen Besitz ergreifen kann.

Literatur

Adler, Mortimer J., *The Angels and Us*, Macmillan Publishing Co. Inc. 1982.

Andrews, Ted, *Geistführer: Hilfe durch Kontakte mit Schutzengeln und Krafttieren*, Arkana TB 2007.

Beard, Paul, *Inner Eye, Inner Listening*, Pilgrim Books 1992.

Belhayes, Iris and Enid, *Spirit Guides: We Are Not Alone*, ACS Publications 1986.

Bloom, William, *Naturgeister und Devas*, Aquamarin 2003.

Brandon, R., *The Spiritualists*, Alfred A. Knopf 1983.

Burnham, Sophy, *Engel. Erfahrungen und Reflexionen*, Goldmann 1995.

Carlson-Webber, Marilynn und Webber, William D., *A Rustle of Angels*, Zondervan Publishing House 1994.

Davidson, Gustav, *A Dictionary of Angels,* The Free Press 1967.

Doyle, Sir Arthur Conan, *Was ist Spiritismus? Die neue Offenbarung.* Bohmeier 2008, Reprint von 1921.

Henoch. *Das Buch Henoch* (Bereda, Cosmas, Hrsg.), Arcuturus 2004, vergriffen.

Das Buch Henoch ist auch Bestandteil von: Prophet, Claire Elizabeth, *Gefallene Engel und der Ursprung des Bösen: Das verbotene Buch Henoch und seine erstaunlichen Offenbarungen*, Ansata 2008.

Evans, Hillary, *Gods, Spirits, Cosmic Guardians*, The Aquarian Press 1987.

Evans, Hillary, *Visions, Apparitions, Alien Visitors*, The Aquarian Press 1984.

Findhorn-Gemeinschaft (Hrsg.), *Der Findhorn-Garten. Ein neues Zukunftsbild: Mensch und Natur im Einklang,* Frank Schickler 1981.

Elias-Freeman, Eileen, *Touched by Angels*, Warner Books 1993.

Elias-Freeman, Eileen, *Angelic Healing*, Warner Books 1994.

Georgian, Linda, *Schutzengel. Wie wir unsere himmlischen Helfer finden*, Ullstein 2004.

Gilmore, G. Don, *Angels, Angels, Everywhere*, The Pilgrim Press 1981.

Giovetti, Paola, *Engel, die unsichtbaren Helfer der Menschen*, Heyne 1993, Hugendubel 2006.

Goble, Eileen, *Spirit Guides*, The Holistic Centre 1995.

Godwin, Malcolm, *Engel. Eine bedrohte Art*, Heyne 1995, Zweitauensendeins 1996.

Graham, Billy, *Engel – Gottes Geheimagenten*, Haenssler 2002.

Guiley, Rosemary Ellen, *Angels of Mercy*, Rider and Company 1932, The Banton Press 1993.

Hodson, Geoffrey, *The Coming of the Angels*, Rider and Company 1932, The Banton Press 1993.

Hodson, Geoffrey, *Die Engel und die Entwicklung des Lebens*, Aquamarin 2004.

Howard, Jane M., *Im Kontakt mit den Engeln*, Rosenkreuzer Philosophie 2004 und Silberschnur 2007.

Josipovici, Gabriel, *The Book of God*, Yale University Press 1988.

Leadbeater, Charles W., *Invisible Helpers*, The Theosophical Society 1928.

Maclean, Dorothy, *Du kannst mit Engeln sprechen*, Aquamarin 2005.

McLean, Adam (Hrsg.), *A Treatise on Angel Magic*, Phanes Press 1990.

Maskelyne, John Nevil, *Modern Spiritualism*, Frederick Warne and Company 1876.

Moody, Raymond Dr., *Leben nach dem Tod*, Rowohlt 1977, 2001.

Newhouse, Flower A., *Lichtwesen,* Aquamarin 1992.

Newhouse, Flower A., *Die Engel der Natur,* Aquamarin 1996.

Parente, Frater Alessio, *Send Me Your Guardian Angels, Padre Pio*, Editions 1984.

Price, Hope, *Angels: True Stories of How They Touch Our Lives*, Macmillan London 1993.

Price, John Randolph, *Engel-Kräfte: Ihr Zugang zu den 22 himmlischen Energieströmen*, Goldmann 2000.

Ranke-Heinemann, Uta, *Nein und Amen*, Hoffman und Campe 1992.

RavenWolf, Silver, *Die schützende Kraft der Engel im täglichen Leben*, Ullstein 2004.

Roman, Sanaya und Packer, Duane, *Das Praxis-Buch des Channelns: Wie man seinen geistigen Führer findet und zu höherem Wissen gelangt*, Ludwig 2008.

Ronner, John, *Do You Have a Guardian Angel?* Mamre Press 1985.

Ryerson, Kevin und Herolde, Stephanie, *Spirit Communication*, Bantam Books 1989.

Skultans, Vieda, *Intimacy and Ritual; A Study of Spiritualism, Mediums and Groups,* Routledge and Kegan Paul, 1974.

Smith, Robert C., *Schutzengel und Heilengel. Das wunderbare Wirken unsichtbarer Helfer*, Aquamarin 2004.

Southern Centre of Theosophie (Hrsg.), *Devas and Men*, The Theosophical Publishing House 1977.

Steiner, Rudolf, *Das Miterleben des Jahreslaufs in vier kosmischen Imaginationen*, Rudolf Steiner Verlag 2006.

Swedenborg, Emanuel, *Himmel und Hölle. Nach Gesehenem und Gehörtem*, Marix 2005.

Taylor, Terry Lynn, *Warum Engel fliegen können. Lichtvolle Kontakte mit unseren Schutzgeistern*, Goldmann 1991.

Vance, Bruce A., *Mindscape*, Quest Books 1990.

Wester-Andersen, Joan, *Wo Engel wirken*, Econ 2002.

Wilson, Peter Lamborn, *Engel*, Königsfurt-Urania 1981, 2001.